稻米产业经济发展研究

（2013）

杨万江　著

科学出版社

北京

内 容 简 介

　　本书是《稻米产业经济发展研究》年度系列著作的第二部。本书立足于世界粮食产业发展和全球粮食安全问题，以系统化、全面性和权威性数据为基础，通过展示世界稻米产业总体发展轨迹来揭示世界稻米产业发展规律。本书在分析稻米产业科学内涵的基础上，通过构建稻米产业综合指数，筛选确定了中国、越南、菲律宾、孟加拉国、印度、美国、泰国、印度尼西亚、巴西和日本为世界稻米产业重要国家。每个国家独立成章，分别对这十个稻米产业重要国家从产业背景、水稻生产、供求关系、大米食用、市场贸易和展望六个方面进行分析，以揭示这十个重要国家稻米产业的重要特征。

　　本书可作为大专院校农业经济管理专业本科生和研究生的辅助教材，也适合研究农业发展、农产品贸易、粮食经济的科研人员以及政府管理干部和涉农企业高层管理人员参考阅读。

图书在版编目（CIP）数据

　　稻米产业经济发展研究 . 2013／杨万江著 . —北京：科学出版社，2013

　　ISBN 978-7-03-038156-9

　　Ⅰ . ①稻… Ⅱ . ①杨… Ⅲ . ①稻米－产业经济－区域经济发展－研究报告－中国－2013 Ⅳ . ①F326.11

　　中国版本图书馆 CIP 数据核字（2013）第 159611 号

责任编辑：王京苏／责任校对：王晓芳
责任印制：徐晓晨／封面设计：蓝正设计

科学出版社 出版

北京东黄城根北街16号
邮政编码：100717
http://www.sciencep.com

中国科学院印刷厂印刷

科学出版社发行　各地新华书店经销

*

2013 年 7 月第 一 版　开本：787×1092　16
2013 年 7 月第一次印刷　印张：14
字数：315 000

定价：**80.00 元**

（如有印装质量问题，我社负责调换）

作 者 简 介

杨万江，博士，浙江大学农业经济学教授，博士生导师，浙江大学中国农村发展研究院、农业现代化与农村发展研究中心（"卡特"中心）信息数据与评价中心执行主任。2008年受聘担任国家现代农业产业技术体系水稻产业经济研究室主任、岗位科学家，任中国国外农业经济学会常务理事，浙江省委讲师团兼职成员，浙江省农业软科学委员会委员。长期从事农业经济研究工作，主持完成国家社会科学基金、国家自然科学基金和省部级重大项目30余项，出版专著8部，发表学术论文80余篇。

前 言

正如笔者在水稻产业技术体系产业经济研究室成立之初，于 2009 年 4 月 1 日在研究室内部期刊《水稻产业经济研究》(季刊)创刊号中所说，水稻产业经济研究，核心是"水稻经济"(稻米经济)，以表达该研究具有经世济民之意，因而也明确了我们的研究对象是整个"水稻产业"(稻米产业)。

诚然，稻米产业是一个庞大的系统工程，是一个复杂的技术经济系统。正确认识与研究稻米产业，最为基础的是水稻生长发育等科学知识与应用技术，这种基于稻米产业微观视角的认知对于正确认识稻米产业十分重要。在我国，水稻品种繁育技术、生物生长发育技术、水稻环境技术以及收获加工技术等水稻生产技术体系或技术系统，零零总总，十分庞大，内容丰富，已有许多科学家为之奋斗。同时，稻米产业是一个从水稻生产到大米消费的过程，是一个从此地到彼地的流动过程，同时也是一个从过去到现在再到未来的连续发展过程，因此，在经济全球化时代，跳出稻米产业微观技术视角，从宏观角度考察稻米产业发展也很重要。自推出首部报告开始，我们已经从宏观视角对全球稻米产业发展有了一个初步的论述，有了基础。

稻米产业健康发展，对中国农业经济与粮食安全具有十分重要的战略意义，对中国经济持续发展和社会稳定进步的重要性也是不言而喻的。我们应该看到，中国稻米产业健康发展，越来越与世界稻米产业密切相关，与世界稻米产业重要国家密切相联。因此，迫切需要在全球化背景下，充分了解世界稻米产业总体格局的变化，需要充分了解世界若干重要国家稻米产业发展演变格局与不同特点。为此，本书充分利用 4 年来建立的全球稻米产业经济数据库，挖掘权威数据，考察数据关系，旨在完整而系统地展现全球稻米产业发展状况，揭示世界重要国家稻米产业发展演变轨迹，在经济全球化浪潮下进一步深入研究中国稻米产业发展均衡条件，为科学分析中国稻米产业政策奠定坚实基础。

为此，在首部研究报告的基础上，继续推出 2013 年研究报告。本书由 11 章组成。第 1 章为世界稻米产业发展，是对全球稻米产业发展的整体展现，是总论分析。第 2～11 章为世界重要国家稻米产业发展描述，是按国别来分析，属于分论性质。全书各章的逻辑结构与基本思路是以稻米产业纵向关系为基准，置于历史时间维度之下，旨在充分展示稻米产业的重要方面及其演进过程，书中每章一般由 6 节组成，主要包括稻米产业发展的产业背景、水稻生产、供求关系、大米食用、市场贸易和展望 6 个部分。本书所用全球和多国稻米产业发展的历史数据，虽然涉及多方面来源，但尽可能以联合国粮食及农业组织（Food and Agriculture Organization，FAO）和世界银行权威数据为基础，这些也是本书所用的主体数据，其他相关数据只是作为必要的补充而使用，如美国农业部（United States Department of Agriculture，USDA）数据，尽管数据很全面，但因所定义的范畴不同，所以在本书中很少使用。

第 1 章为世界稻米产业发展，按照统一范式从世界总体角度阐释全球稻米产业发展的历史轨迹，探索世界总体发展规律。在第 7 节，通过设计稻米产业综合评价指数，从近 200 个国家和地区中筛选确定了 10 个稻米产业重要国家，以便进行世界稻米产业国别研究。

第 2～11 章，按照统一范式，依重要性程度，按国别独立成章，分别考察了中国、越南、菲律宾、孟加拉国、印度、美国、泰国、印度尼西亚、巴西、日本共 10 个国家稻米产业发展轨迹，这些国家既有共同点，又各具特色。

本书可以顺利完成，关键在于坚持围绕稻米产业各主要领域，以时间维度为经、以国家维度为纬，开展相关数据的收集工作，我们也注意收集世界总体和不同国别的宏观背景与农业经济数据，长期开发、建设、维护和不断更新，形成了"水稻产业经济数据库"（内部使用），使本书有了丰富的数据来源。笔者在此感谢优秀的水稻产业经济团队成员与合作伙伴，感谢他们的无私贡献，感谢我的研究生为本书提供了文献资料。另外，如果没有亲人的支持与帮助，笔者也无法顺利完成本报告。

虽经笔者反复审阅，但书中仍难免存在不足之处，诚望读者批评指正。最后，笔者希望本书能成为一条纽带、一座桥梁，希望有志于从事稻米产业经济研究的国内外同行读者能加入到这个研究领域，通过各种方式把大家紧密联结起来，持之以恒、不懈努力，为推进世界稻米产业经济事业健康发展，为促进稻米产业经济学术研究，贡献自己的一份力量。

浙江大学 杨万江

2013 年 6 月 20 日

目　录

第 1 章

世界稻米产业发展

2012 年，全球表面积约 5.1 亿平方千米，陆地面积 1.49 亿平方千米，占 29%。其中，农用地面积 4882 万平方千米，耕地面积 1381 万平方千米。按照联合国统计，2011 年世界共有 69.74 亿人，共有 224 个国家和地区。全球水稻生产、稻米国际贸易和大米食物消费对全球产业经济与人类发展都具有重要意义。

1.1 产业背景

世界稻米产业发展，由各地区的自然资源条件、人口状况与经济水平等主要因素决定。

1.1.1 自然资源条件

世界总面积总体上稳定，但由于国家的变化，全球统计意义上的总面积（国家加总面积）略有变化。在 1991 年以前，按照国家统计的世界总面积为 13 412 万平方千米，以后下降到 13 407 万平方千米，2010 年上升到 13 427 万平方千米。世界陆地面积也由 12 979 万平方千米下降到 12 971 万平方千米。

全球农用地面积有所增加。1961 年，世界农用地面积 3827 万平方千米，1993～2006 年一度超过 900 万平方千米，2010 年维持在 4882 万平方千米。世界农用地面积占陆地面积比重，由 29.5% 上升到 37.6%，这表明，农用地面积在迅速增加的同时，在土地利用中的重要性也明显提高了。

在过去长期发展过程中，世界耕地面积经历了一个大的增加过程，尤其是苏联解体后，一些国家耕地面积总量大幅度增加，此后，世界耕地面积总量开始缓慢下降。按照 1961～1963 年三年平均计算，世界耕地面积（按照全部国家加总计算）为 102 663 万公顷（1 公顷＝0.01 平方千米），2007～2009 年为 137 632 万公顷，按照初期和末期年度平均方法计算，年均增加 760.2 万公顷，年递增率为 0.65%。经过模拟，世界耕地面积随着时间的变化呈二次多项式轨迹，模型的解释程度达到 89.74%。世界耕地面积长期变化与模拟结果详见图 1-1。

1.1.2 人口状况

世界人口仍然以较快的速度不断增长。2011 年，世界总人口达到 697 374 万人，早在 1960 年还只有 304 020 万人。按照 1960～1962 年三年平均计算，总人口为 308 534 万人，

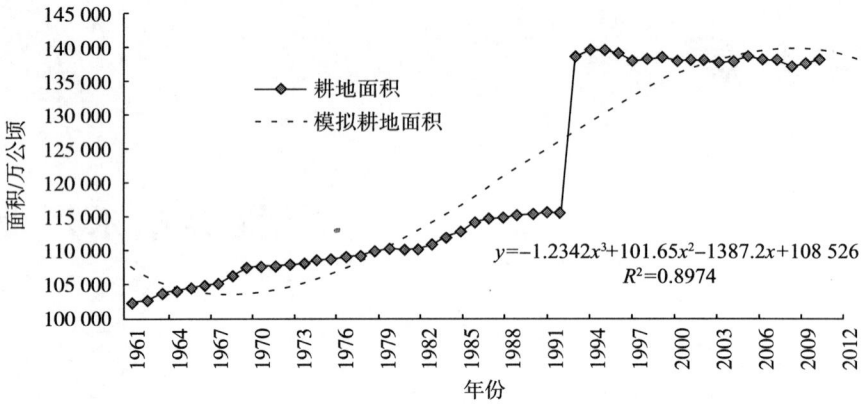

图 1-1 世界耕地面积变化

$$y=-1.2342x^3+101.65x^2-1387.2x+108\,526$$
$$R^2=0.8974$$

按照 2009～2011 年三年平均计算，总人口为 689 466 万人，年均增加 7619 万人，人口年递增率高达 1.65%。如果将世界人口增长过程加以模拟，拟合成的线性方程的解释程度可以达到 99.90%，如果拟合成二次多项式方程，解释程度提高到 99.95%，说明目前仍处在趋势性增长状态。世界总人口长期变化与模拟结果详见图 1-2。

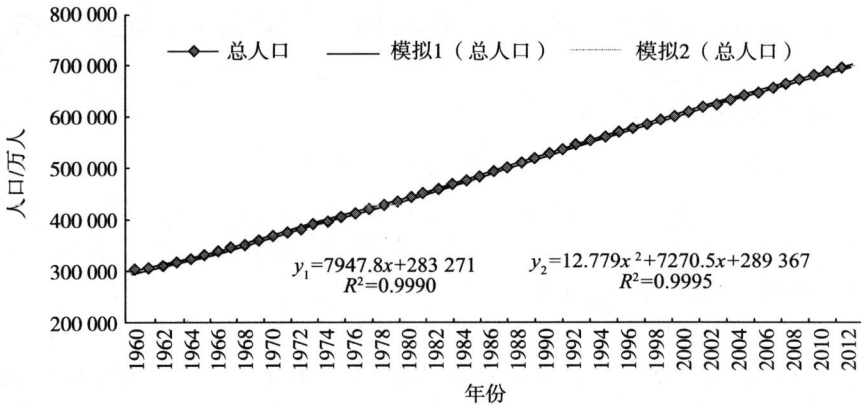

图 1-2 世界总人口变化

$$y_1=7947.8x+283\,271 \quad R^2=0.9990$$
$$y_2=12.779x^2+7270.5x+289\,367 \quad R^2=0.9995$$

从全球总体情况看，世界乡村人口数量仍然十分庞大，并且仍然处在不断增长的状态。1960～2011 年，世界乡村人口数量由 201 485 万人增加到 333 589 万人。按照初期和末期三年平均计算，年均增加乡村人口 2602 万人，年递增率 1.02%。同期，世界城市人口增长更快，全球城市人口数量由 104 388 万人增加到 353 927 万人，按照初期和末期三年平均计算，年均增加 4991 万人，城市人口年递增率 2.52%。

乡村人口和城市人口都在不断增加，但由于增加速度不同，世界人口城乡结构已经发生显著变化。1960～2011 年，世界乡村人口率由 66.5% 下降到 48.0%，如图 1-3 所示，乡村人口率，用二次曲线模拟的解释程度可以达到 99.92%。同期，世界城市人口率由 33.5% 上升到 52.0%，将其变化过程拟合成二次多项式方程，结果表明，世界城市人口率的解释程度可以达到 99.92%。世界城乡人口结构变化情况如图 1-3 所示。

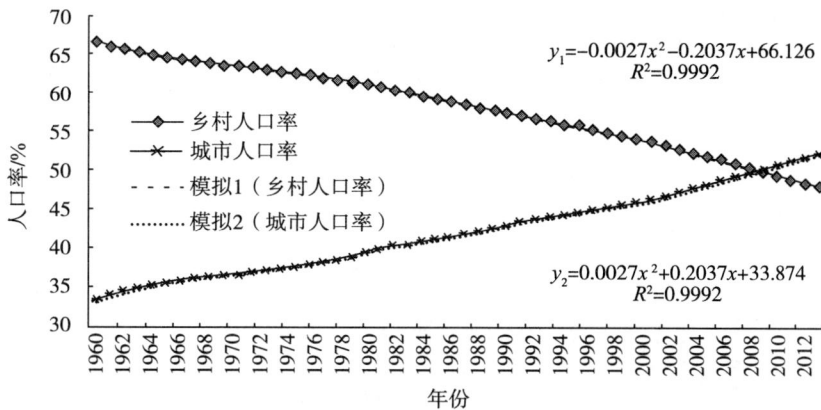

图 1-3 世界城乡人口结构变化

以下图中公式：

$y_1=-0.0027x^2-0.2037x+66.126$
$R^2=0.9992$

$y_2=0.0027x^2+0.2037x+33.874$
$R^2=0.9992$

1.1.3 经济水平

世界经济，长期保持总体向上快速发展的变化状态，一般性的年度波动较小，但存在比较明显的阶段性波动，明显的是在 20 世纪 80 年代初期及 2008 年经济危机的冲击下，世界经济有一个显著的下降过程，近年经济复苏亦显迟缓。2011 年，世界国内生产总值（gross domestic product，GDP）（现值）已经达到 699 819 亿美元。

结合人口状况，按照 2000 年美元不变价格计算，1960～2011 年，世界人均 GDP 由 2378 美元增长到 6103 美元，按照 1960～1962 年和 2009～2011 年三年平均计算，长期年均增加 70 美元，长期年递增率 1.83%。这一变化过程可以拟合成线性方程，解释程度达到 99.00%。世界人均 GDP 变化情况与模拟结果详见图 1-4。

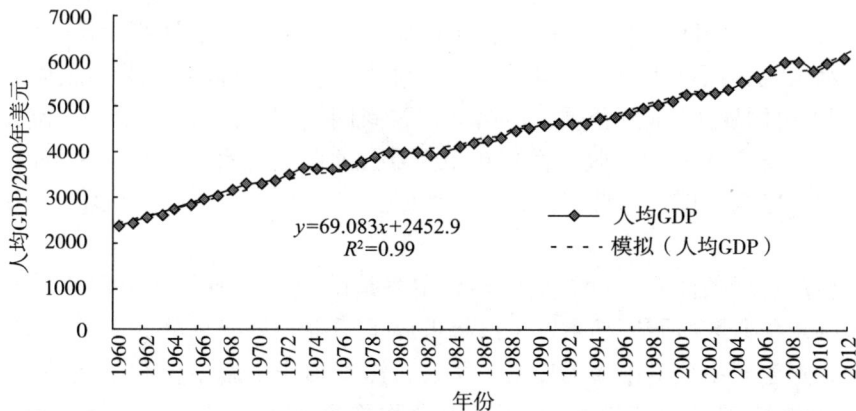

$y=69.083x+2452.9$
$R^2=0.99$

图 1-4 世界人均 GDP 变化

从国民收入（national income，NI）角度看，世界人均国民收入经历了由前期高于人均 GDP 到后期低于人均 GDP 的变化过程。按照 2000 年美元不变价格计算，1970～2011 年，世界人均国民收入由 3311 美元增长到 6089 美元，按照首尾三年平均计算，年递增率为 1.46%。这一变化过程可以拟合成指数函数，解释程度达到 99.01%。世界人均国民收入长期变化与模拟结果详见图 1-5。

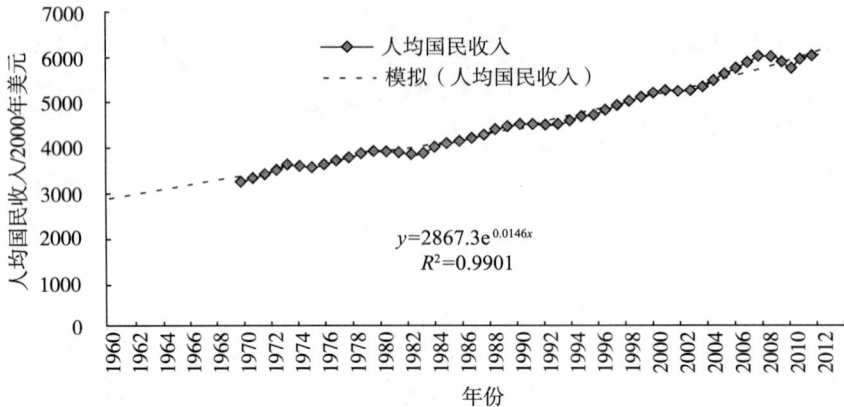

图 1-5　世界人均国民收入变化

1.2　水 稻 生 产

　　世界水稻生产，自第二次世界大战结束以后，在世界总体长期和平与稳定的社会经济环境条件下，利用自然资源条件和技术进步，总体上经历了长期的发展过程，为世界农业经济发展与解决人类粮食安全问题发挥了重要作用，为一些国家经济社会发展发挥了基础性作用。

1.2.1　稻作生产

　　世界稻作历史是人类文明史的发端，是人类进步的标志。世界水稻生产分布比较广泛，种植国家众多。按照 2009～2011 年三年平均计算，世界水稻生产面积在 1000 万公顷以上的国家有 5 个。印度是世界水稻种植面积最大的国家，水稻收获面积达到 4296 万公顷，占世界水稻收获面积 16 148.8 万公顷的 26.60%；中国 3010 万公顷，居第 2 位，占 18.64%；印度尼西亚 1311 万公顷，居第 3 位；泰国 1163 万公顷，居第 4 位；孟加拉国 1162 万公顷，居第 5 位。水稻收获面积在 100 万公顷以上国家还有缅甸、越南、菲律宾、柬埔寨、巴西、巴基斯坦、尼日利亚、马达加斯加、日本、尼泊尔、美国、斯里兰卡和坦桑尼亚。

　　从稻作生产自然条件看，世界稻作差异主要是由生态环境条件决定的，尤其是水资源。根据国际水稻研究所研究结果，可以将世界水稻生产系统划分为四个水稻生态类型，分别是灌溉稻作生态系统、雨灌稻作生态系统、深水稻作生态系统和旱地稻作生态系统。从全球来看，灌溉稻作面积约占 54%，雨灌稻作面积约占 31%，旱地稻作面积约占 11%，深水稻作面积约占 4%。

　　从国家来看，水稻生产大国一般有多种或复合型稻作生态系统。亚洲的东亚和东南亚国家以灌溉稻作为主，包括中国、日本、韩国、巴基斯坦和斯里兰卡；以雨灌稻作为主的国家主要有泰国、缅甸、柬埔寨、老挝；以灌溉稻作和雨灌稻为主的国家包括印度、越南、印度尼西亚、马来西亚、菲律宾和朝鲜；孟加拉国深水稻作分布较广。非洲国家多以旱地稻作为主，但埃及几乎全部为灌溉稻作，马达加斯加以雨灌稻作为主，几内亚和尼日利亚以深水稻作为主。美洲以旱地稻作和灌溉稻作为主，其中美国和巴西都是以旱地稻作为主，以灌溉稻作为辅。

1.2.2 水稻面积

水稻是世界种植面积最为广泛的农作物之一，随着人们对粮食需求的增加，水稻种植面积(收获面积)不断增加，增长态势十分明显。1961～2011年，世界水稻收获面积总体上表现为不断增长的过程，按照1961～1963年三年平均计算，世界水稻收获面积11 832万公顷，2009～2011年增加到16 149万公顷，51年年均14 321万公顷，按照初期和末期三年平均计算，年均增加88.1万公顷，年递增率0.65％。从近期发展来看，世界水稻收获面积增长势头较猛。长期来看，年度波动和阶段性波动都较小，如图1-6所示，增长态势十分明显，这种变化过程，可以用四次多项式方程加以模拟，其解释程度达到96.56％。世界水稻收获面积长期变化情况与模拟结果详见图1-6。

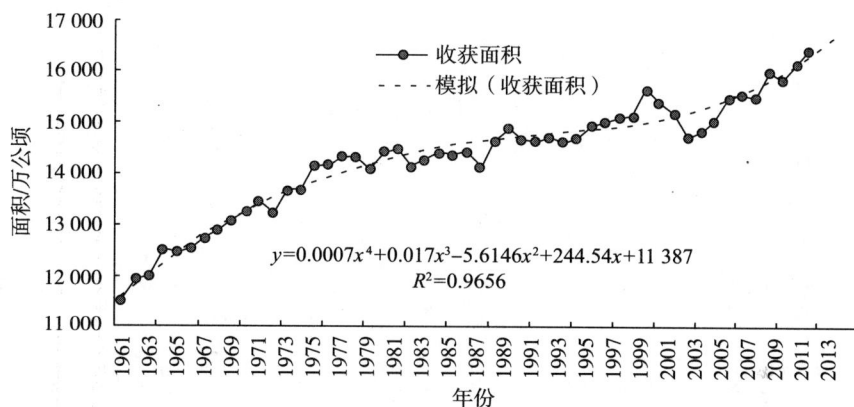

图1-6 世界水稻收获面积变化

1.2.3 水稻产量

水稻生产是世界最重要的粮食生产，水稻产量的变化，对世界水稻农场主和稻农，甚至整个世界粮食(谷物)市场都有越来越重要的影响，世界水稻产量变化事关世界粮食安全。纵观世界水稻产量变化，按照1961～1963年三年平均计算，世界水稻产量22 974万吨，按照2009～2011年三年平均计算，水稻产量提高到70 299万吨，年均增加965万吨，年递增率2.36％。世界水稻产量长期变化情况与模拟结果详见图1-7。

如图1-7所示，在过去51年中，世界水稻产量在波动中不断增长，总体向上发展的态势十分明显，这个过程可以用四次多项式方程来描述，解释程度高达99.24％。

1.2.4 单产变化

按照单位面积计算水稻产量，世界水稻单产总体上在较大波动中不断提高，经历了一个明显的上升过程。按照1961～1963年年度平均计算，世界水稻单产为每公顷1941公斤，按照2009～2011年三年平均计算，单产提高到4353公斤，年均提高49公斤，年递增率1.70％，水稻单产提高速度一般。世界水稻单产长期变化情况与模拟结果详见图1-8。

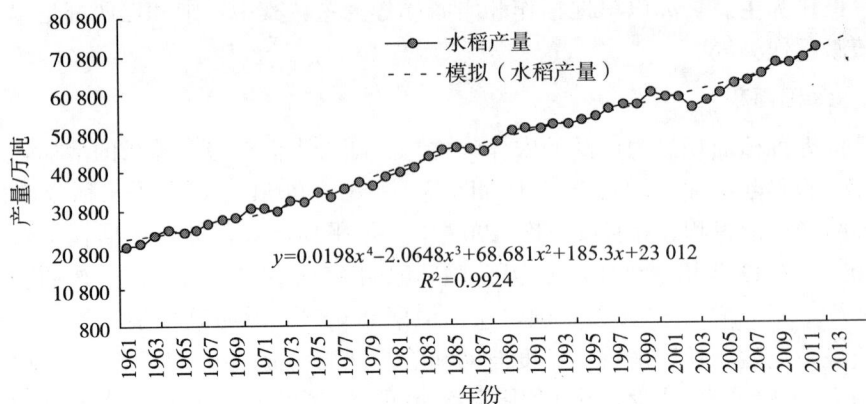

图 1-7　世界水稻产量变化

水稻产量 图中公式：$y=0.0198x^4-2.0648x^3+68.681x^2+185.3x+23\,012$
$R^2=0.9924$

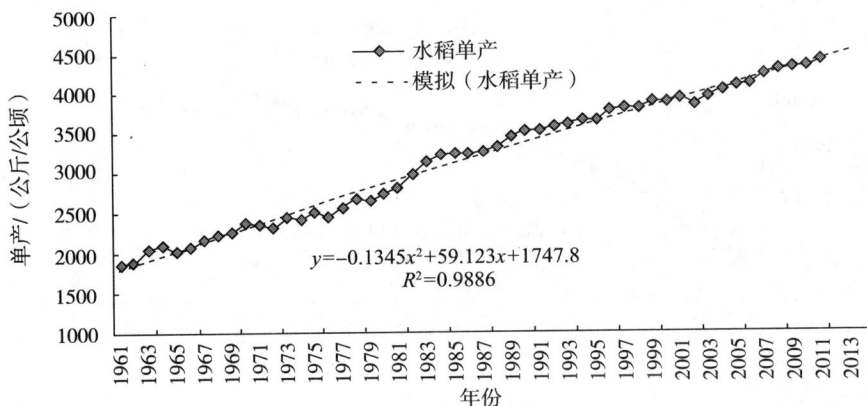

图 1-8　世界水稻单产变化

水稻单产 图中公式：$y=-0.1345x^2+59.123x+1747.8$
$R^2=0.9886$

如图 1-8 所示，从长期变化过程看，世界水稻单产水平在较大的波动和阶段性变化中不断提高，但总体呈波浪式上升。用二次多项式方程模拟，解释程度达到 98.86%，目前正处在阶段性上升阶段。

1.3　供求关系

按照一定时期内供给量与使用量相等的原则，对世界大米供求关系进行分析，制定供求平衡表是一种有效手段。对特定时期内稻米（按大米计算）供求关系变化的长期考察，有利于把握世界稻米总体运动规律和变化趋势。

1.3.1　供求平衡表

从供求平衡角度分析，供给方包括生产量、进口量和库存变化量三个部分，需求方包括国内使用量、出口量和损耗量三个部分。

大米供求量是大米总供给与总需求的均衡量。按照 1961～1963 年三年平均计算，全球大米供求量 15 691.3 万吨，按照 2007～2009 年三年平均计算，全球大米供求量

47 310.5 万吨，年度平均 31 262.6 万吨，年均增加 672.8 万吨，年递增率 2.43%。世界大米供求平衡表详见表 1-1。

表 1-1　世界大米供求平衡表

时间	总供求 /万吨	供给/万吨			需求/万吨			比值	
		生产量	进口量	库存变化量	国内使用量	出口量	损耗量	产用比	出进比
1961 年	14 665.8	14 350.3	611.02	−295.5	13 329.0	622.9	716.0	1.08	1.02
2009 年	48 002.7	45 570.7	2480.15	−48.1	42 292.1	3039.6	2673.8	1.08	1.23
初期平均	15 691.3	15 287.8	650.4	−247.0	14 234.8	687.3	772.0	1.07	1.05
末期平均	47 310.5	45 057.3	2720.6	−467.4	41 496.4	3238.7	2580.3	1.09	1.19
年度平均	31 262.6	30 028.5	1413.6	−179.5	28 010.2	1590.0	1664.5	1.07	1.11
年均增量	672.8	633.4	44.0	−4.7	580.0	54.3	38.5	1.07	1.11
递增率/%	2.43	2.38	3.16	1.40	2.35	3.43	2.66	1.01	0.27

注："初期平均"指本表所列年份最初三年年度平均值，"末期平均"指本表所列年份最后三年年度平均值，"产用比"指生产量与国内使用量的比值，"出进比"指出口量与进口量的比值

资料来源：根据 FAO 数据库历年数据整理并计算

从供求平衡关系角度看，大米生产量与国内使用量的"产用比"表明，总体上表现为生产量大于使用量，而且"产用比"已由初期平均的 1.07 变为末期平均的 1.09，表明世界大米生产量占各国国内使用量的比例很高。

从国家和国际供求关系看，大米出口量与进口量的"出进比"表明，世界一直是大米出口量大于大米进口量，而且有增加的趋势，"出进比"已由初期平均 1.05 上升到末期平均的 1.19，表明世界大米出口量相对于进口量进一步增加。

1.3.2　供给变化

大米的供给，对于世界总体而言，主要来自于生产量。世界大米生产量一直是供给的重要主体，按照 1961～1963 年三年平均计算，大米生产量为 15 287.8 万吨，占大米供给量的比重为 97.42%，2007～2009 年，大米生产量上升到 45 057.3 万吨，占大米供给量的比重下降到 95.23%，长期平均，大米生产量占大米供给量的比重为 96.33%。世界大米供给量与结构变化情况详见表 1-2。

表 1-2　世界大米供给量与结构变化

时间	数量/万吨				占总供给的比例/%		
	总供给	生产量	进口量	库存变化量	生产量	进口量	库存变化量
1961 年	14 665.8	14 350.3	611.0	−295.5	97.85	4.17	−2.01
2009 年	48 002.7	45 570.7	2480.1	−48.1	94.93	5.17	−0.10
初期平均	15 691.3	15 287.8	650.4	−247.0	97.42	4.14	−1.56
末期平均	47 310.5	45 057.3	2720.6	−467.4	95.23	5.76	−0.99
年度平均	31 262.6	30 028.5	1413.6	−179.5	96.33	4.32	−0.65
年均增量	672.8	633.4	44.0	−4.7	−0.05	0.03	0.01
递增率/%	2.43	2.38	3.16	1.40	−0.05	0.72	−0.98

注："初期平均"指本表所列年份最初三年年度平均值，"末期平均"指本表所列年份最后三年年度平均值

资料来源：根据 FAO 数据库历年数据整理并计算

在供给量中，大米进口量是水稻生产国家大米需求的重要保障，是解决国家供给问题的必要补充，并且随着水稻生产能力不断提高，大米进口量也逐步加大了。纵观世界大米进口量变化，可以看出波浪式变化轨迹，但总体上呈增长态势。按照1961～1933年三年平均计算，进口量为650.4万吨，按照2007～2009年三年平均计算，进口量高达2720.6万吨，年度平均1413.6万吨，年递增率3.16%。

在供给量中，库存变化量是一种调剂。世界大米库存量在年度间的变化较大。总体上看，世界大米年度库存变化量，在充实库存与减少库存之间的变化占供给量的比重，最高是2002年增加库存量2252万吨，占供给量的5.26%，最低是1999年减少库存量1331万吨，占供给量的−3.18%。

1.3.3 需求变化

大米需求量变化，主要是由国内使用量、出口量、损耗量，关键是国内功能性使用所决定的，国内使用量是水稻生产大国大米需求量的主体。

在大米需求量中，国内使用量是主体。世界大米国内使用量已由1961～1963年三年平均14 234.8万吨增加到2007～2009年三年平均41 496.4万吨，国内使用量占需求量的比重，已由1961～1963年三年平均90.71%下降到2007～2009年三年平均87.69%，在其他条件不变的情况下，说明国内需求的相对重要性有所下降。世界大米需求量与结构变化情况详见表1-3。

表1-3　世界大米需求量与结构变化

时间	数量/万吨				占总需求的比例/%			损耗率/%	
	总需求	国内使用量	出口量	损耗量	国内使用量	出口量	损耗量	耗产率	耗用率
1961年	14 668.0	13 329.0	622.9	716.0	90.87	4.25	4.88	4.99	5.37
2009年	48 005.5	42 292.1	3039.6	2673.8	88.10	6.33	5.57	5.87	6.32
初期平均	15 694.0	14 234.8	687.3	772.0	90.71	4.37	4.92	5.05	5.42
末期平均	47 315.3	41 496.4	3238.7	2580.3	87.69	6.85	5.45	5.73	6.22
年度平均	31 264.7	28 010.2	1590.0	1664.5	89.95	4.80	5.25	5.46	5.85
年均增量	672.8	580.0	54.3	38.5	−0.06	0.05	0.01	0.01	0.02
递增率/%	2.43	2.35	3.43	2.66	−0.07	0.98	0.22	0.27	0.30

注："初期平均"指本表所列年份最初三年年度平均值，"末期平均"指本表所列年份最后三年年度平均值，"耗产率"指估计的损耗量占生产量的百分比，"耗用率"指估计的损耗量占国内使用量的百分比

资料来源：根据FAO数据库历年数据整理并计算

在需求量中，世界大米出口量不断增长，对国际大米市场一直具有十分重要的作用。世界大米出口量由1961～1963年三年平均687.3万吨增加到2007～2009年三年平均3238.7万吨，大米出口量占需求量的比重，由4.37%上升到6.86%，年度平均为4.80%。

在大米需求量变化过程中，大米损耗相对较小。世界大米损耗量由1961～1963年三年平均772万吨增加到2007～2009年三年平均2580.3万吨，损耗量占需求量的比重，由

4.92%上升到 5.45%，年度平均为 5.25%；损耗量占生产量的比重由 5.05%上升到 5.75%，年度平均为 5.46%；损耗量占国内使用量的比重，由 5.42%上升到 6.22%，年度平均为 5.85%。

<h2 style="text-align:center">1.4　大米食用</h2>

从水稻生产的目的性和需求的功能性来看，发展水稻生产旨在满足世界日益增长的食用需求，在于为人们提供生存与发展所需要的能量和营养。

1.4.1　食用量变化

1961~2009 年，按照 1961~1963 年和 2007~2009 年三年平均计算，世界大米食用量由 12 643.6 万吨增加到 35 119.5 万吨，年度平均 24 567 万吨，年均增加 4778.2 万吨，年递增率 2.25%，总体上不断增长。世界大米、小麦、玉米和其他谷物食用量与人均食用量的长期变化情况详见表 1-4。

表 1-4　世界谷物食用量变化比较

时间	人口/万人	食用量/万吨				人均食用量/（公斤/人）			
		大米	小麦	玉米	其他	大米	小麦	玉米	其他
1961 年	310 533	11 828	16 557	3355	7313	38.1	53.3	10.8	23.6
2009 年	665 686	35 460	43 942	11 398	6868	53.3	66.0	17.1	10.3
初期平均	312 429.3	12 643.6	16 974.3	3444.2	7493.6	40.5	54.3	11.0	24.0
末期平均	658 312.3	35 119.5	43 380.3	11 166.6	7044.8	53.3	65.9	17.0	10.7
年度平均	481 543.8	24 567.1	31 197.0	6849.2	7113.7	50.3	63.7	13.8	15.8
年均增量	7359.2	478.2	561.8	164.3	−9.5	0.3	0.2	0.1	−0.3
递增率/%	1.63	2.25	2.06	2.59	−0.13	0.60	0.42	0.94	−1.74

注："初期平均"指本表所列年份最初三年年度平均值，"末期平均"指本表所列年份最后三年年度平均值

资料来源：根据 FAO 数据库历年数据整理并计算

剔除人口增加的影响，计算人均食用量，世界大米人均食用量相对较高，目前仍然处在相对稳定、较高的水平上。就平均来看，1961~1963 年，如表 1.4 所示，世界大米人均食用量 40.5 公斤，2007~2009 年进一步上升到 53.3 公斤，长期年度平均 50.3 公斤，年均增加 0.3 公斤，年递增率 0.60%。与大米人均食用量有所不同，世界小麦人均食用量，由初期平均 54.3 公斤上升到末期平均 65.9 公斤；玉米人均食用量，由 11.0 公斤上升到 17.0 公斤；其他谷物人均食用量由 24.0 公斤下降到 10.0 公斤。世界人均大米、小麦、玉米与其他谷物人均食用量变化情况详见图 1-9。

1.4.2　提供米食营养

世界人民通过食物获取营养。在食物营养中，世界人民主要通过动物性食物获得能量和营养，植物性食物提供的营养相对较少。食用大米获取营养，对世界人民来说也是十分重要的。如表 1.5 所示，按照 1961~1963 年三年平均计算，世界平均每人每日通过食物获得热量 2225 千卡，按照 2007~2009 年三年平均计算，世界平均每人每日通过食物获得

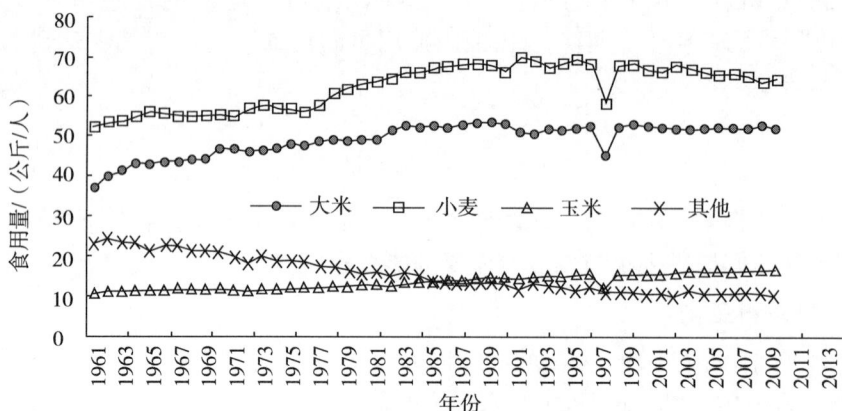

图 1-9　世界四类谷物人均食用量变化比较

热量 2828 千卡，长期年均 2548 千卡，年均增加 13 千卡，年递增率 0.52％。世界每人每日食物营养量变化情况详见表 1-5。

表 1-5　世界每人每日食物营养量变化

时间	总营养量(A)		植物性食物营养量(B)		大米营养量		大米热量占比/％		大米蛋白质占比/％	
	热量/千卡	蛋白质/克	热量/千卡	蛋白质/克	热量/千卡	蛋白质/克	(A)	(B)	(A)	(B)
1961 年	2189	61.3	1851	41.7	390	7.3	17.8	11.9	21.1	17.5
2009 年	2831	79.3	2330	48.1	536	10.1	18.9	12.7	23.0	21.0
初期平均	2225	62.1	1881	42.1	410	7.7	18.4	21.8	12.3	18.2
末期平均	2828	79.0	2332	48.0	537	10.1	19.0	23.0	12.8	21.1
年度平均	2548	69.6	2140	44.8	508	9.5	19.9	23.8	13.7	21.3
年均增量	12.8	0.4	9.6	0.1	2.7	0.1	0.0	0.0	0.0	0.1
递增率/％	0.52	0.52	0.47	0.28	0.59	0.61	0.07	0.12	0.08	0.32

注：“初期平均”指本表所列年份最初三年年度平均值，“末期平均”指本表所列年份最后三年年度平均值

资料来源：根据 FAO 数据库历年数据整理并计算

就世界平均而言，世界人民虽然以动物性食物为主，但作为植物性食物的大米，所占地位也很重要。按照 1961～1963 年三年平均计算，世界人民每人每日食用大米获得的热量为 410 千卡，2007～2009 年上升到 537 千卡，年均增加 2.7 千卡，年递增率 0.59％。同时，大米还提供了 7.7 克和 10.1 克的蛋白质，以及一定量的植物性脂质。据此计算，大米热量占总热量的比重由 18.4％上升到 19.0％，占植物性食物热量的比重由 21.8％上升到 23.0％。大米蛋白质占总蛋白质的比重由 12.3％上升到 12.8％，大米蛋白质占植物性食物蛋白质的比重由 18.2％上升到 21.1％。世界每人每日大米营养量长期变化情况详见图 1-10。

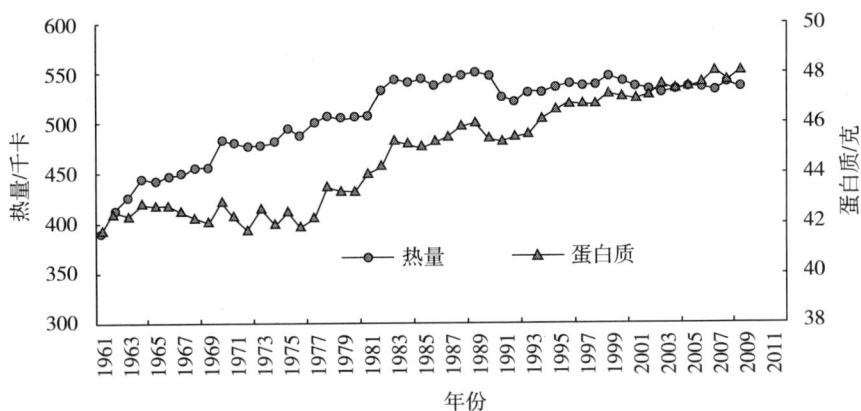

图 1-10　世界每人每日大米营养量年度变化

1.5　国 际 贸 易

大米市场，分为国内市场与国际市场。在国内市场上，通过价格变化来反映国内大米市场变化走势。在国际市场上，主要通过价格和贸易量的变化来反映该国大米在国际大米市场上的地位及其变化情况。本节介绍大米的国际贸易及其变化情况，同时，还简要介绍了玉米、小麦和其他谷物的国际贸易变化情况。

1.5.1　贸易格局

(1)世界大米贸易趋势。从全球角度看，大米在国际粮食市场上很有特色。世界大米贸易，有出口也有进口。世界大米贸易，一般经历了由进口大于出口到出口大于进口的变化过程。按照 1961~1963 年与 2008~2010 年三年平均计算，世界大米进口量由 700.8 万吨增加到 3054.8 万吨，同期世界大米出口量由 699.9 万吨增加到 3074.6 万吨，净出口量由-0.9 万吨扩大到 19.7 万吨，大米价格由出口价格略低于进口价格变为进口价格高于出口价格 42.7 美元。1961~2010 年世界大米进出口贸易长期变化情况详见表 1-6。

表 1-6　世界大米进出口贸易变化

时间	进口			出口		
	数量/万吨	金额/万美元	价格/(美元/吨)	数量/万吨	金额/万美元	价格/(美元/吨)
1961 年	657	78 539	119.5	631	70 255	111.4
2010 年	3119	2 010 237	644.5	3277	1 946 910	594.1
初期平均	700.8	88 847	126.7	699.9	84 334	120.0
末期平均	3054.8	2 077 206	680.1	3074.6	1 955 375	637.4
年度平均	1587.5	594 314	334.3	1624.5	549 722	301.5
年均增量	49.0	41 424	11.5	49.5	38 980	10.8
递增率/%	3.18	6.94	3.64	3.20	6.92	3.62

资料来源：根据 FAO 数据库历年数据整理并计算

（2）世界小麦贸易趋势。从全球角度看，小麦的国际市场贸易量是大米的4.5～5.7倍。按照1961～1963年与2008～2010年三年平均计算，世界小麦进口量由3990.1万吨增加到14 036.2万吨，年度平均8991万吨，年均增加209万吨，年递增率2.71％。同期，世界小麦出口量由4017.1万吨增加到14 110.0万吨，年度平均9090万吨，年均增加210万吨，年递增率2.71％。1961～2010年世界小麦进出口贸易长期变化情况详见表1-7。

表1-7　世界小麦进出口贸易变化

时间	进口			出口		
	数量/万吨	金额/万美元	价格/（美元/吨）	数量/万吨	金额/万美元	价格/（美元/吨）
1961年	4004	288 357	72.0	3953	254 334	64.3
2010年	14 433	3 659 042	253.5	14 516	3 259 808	224.6
初期平均	3990.1	291 515	73.1	4017.7	263 472	65.6
末期平均	14 036.2	4 153 249	299.2	14 110.0	3 593 882	257.5
年度平均	8991.0	1 543 888	157.0	9060.5	1 376 406	139.4
年均增量	209.3	80 453	4.7	210.3	69 384	4.0
递增率/％	2.71	5.82	3.04	2.71	5.72	2.95

资料来源：根据FAO数据库历年数据整理并计算

（3）世界玉米贸易趋势。从全球角度看，玉米的国际市场贸易量是大米的2.6～3.4倍。按照1961～1963年与2008～2010年三年平均计算，世界玉米进口量由1811.9万吨增加到10 354.3万吨，年度平均6421万吨，年均增加178万吨，年递增率3.78％。同期，世界玉米出口量由1833.2万吨增加到10 355.0万吨，年度平均6472万吨，年均增加177万吨，年递增率3.75％。1961～2010年世界玉米进出口贸易长期变化情况详见表1-8。

表1-8　世界玉米进出口贸易变化

时间	进口			出口		
	数量/万吨	金额/万美元	价格/（美元/吨）	数量/万吨	金额/万美元	价格/（美元/吨）
1961年	1425	81 356	57.1	1400	71 827	51.3
2010年	10 723	2 595 457	242.0	10 786	2 274 093	210.8
初期平均	1811.9	106 208	58.4	1833.2	96 634	52.5
末期平均	10 354.3	2 698 242	260.5	10 355.0	2 319 796	224.1
年度平均	6421.7	989 414	137.1	6472.2	864 270	119.5
年均增量	178.0	54 001	4.2	177.5	46 316	3.6
递增率/％	3.78	7.13	3.23	3.75	7.00	3.14

资料来源：根据FAO数据库历年数据整理并计算

（4）世界谷物贸易趋势。从全球角度看，谷物国际市场贸易量很大，增长也很快。按照 1961~1963 年与 2008~2010 年三年平均，世界谷物进口量由 8397.6 万吨增加到 32 757.2 万吨，年度平均 20 826 万吨，年均增加 507 万吨，年递增率 2.94%。同期，世界谷物出口量由 8566.6 万吨增加到 132 946.0 万吨，年度平均 21 114 万吨，年均增加 507 万吨，年递增率 2.91%。1961~2010 年世界谷物进出口贸易长期变化情况详见表 1-9。

表 1-9 世界谷物进出口贸易变化

时间	进口			出口		
	数量/万吨	金额/万美元	价格/(美元/吨)	数量/万吨	金额/万美元	价格/(美元/吨)
1961 年	7964.1	558 382	70.1	7946.7	499 221	62.8
2010 年	33 535.8	9 538 092	284.4	33 984.6	8 634 142	254.1
初期平均	8397.6	605 289	72.0	8566.6	554 410	64.6
末期平均	32 757.2	10 393 461	318.1	32 946.0	9 183 518	279.7
年度平均	20 826.5	3 732 236	161.5	21 114.8	3 341 683	143.1
年均增量	507.5	203 920	5.1	507.9	179 773	4.5
递增率/%	2.94	6.24	3.21	2.91	6.15	3.17

资料来源：根据 FAO 数据库历年数据整理并计算

(5)世界稻米生产量与出口量占比变化。从全球角度看，在谷物生产系统中，世界稻米生产相当重要，在谷物国际贸易中，大米国际贸易规模很小。按照 1961~1963 年与 2008~2010 年三年平均计算，世界稻米占谷物生产量的比重从 24.96% 上升到 27.67%，年度平均 26.48%，年均提高 0.06 个百分点，年递增率 0.22%。在谷物国际市场上，大米出口量占谷物出口量的比重由 8.15% 提高到 9.33%，年度平均 7.45%，年均提高 0.02 个百分点，年递增率 0.29%。与稻米相比，小麦、玉米和其他谷物占谷物生产量比重变化，小麦、玉米和其他谷物占谷物国际贸易量比重变化大不相同。1961~2010 年世界稻米生产量与出口量占比的长期变化情况详见表 1-10。

表 1-10 世界稻米生产量与出口量占比变化（单位:%）

时间	生产量占比				出口量占比			
	稻米	小麦	玉米	其他	稻米	小麦	玉米	其他
1961 年	24.59	25.36	23.38	26.67	7.94	49.74	17.62	24.70
2010 年	28.31	26.38	34.34	10.96	9.64	42.71	31.74	15.91
初期平均	24.96	25.59	22.84	26.61	8.15	46.97	21.27	23.61
末期平均	27.67	26.98	33.34	12.01	9.33	42.81	31.44	16.43
年度平均	26.48	27.71	26.54	19.27	7.45	43.23	30.04	19.28
年均增量	0.06	0.03	0.22	-0.30	0.02	-0.09	0.21	-0.15
递增率	0.22	0.11	0.81	-1.68	0.29	-0.20	0.83	-0.77

资料来源：根据 FAO 数据库历年数据整理并计算

1.5.2　市场价格

（1）大米出口价格国际比较。在国际市场上，大米出口价格一直高于所有粮食品种。2000～2012 年，按照国际市场几种主要粮食品种的港口离岸价格（free on board，FOB）计算，以泰国全碎米和整精米两个出口品种为标准计算大米出口价格，结果表明，大米出口价格由 175.2 美元/吨提高到 563.8 美元/吨，2012 年比 2011 年上涨 49.2 美元，上涨 9.6%。同期，玉米出口价格由 87.3 美元/吨上涨到 284.2 美元/吨，2012 年比 2011 年下跌 6.5 美元/吨，下降 2.2%。同期，小麦出口价格由 111.6 美元/吨上涨到 305.5 美元，2012 年比 2011 年下跌 3.2 美元/吨，下降 1.0%。同期，美国大豆出口价格由 192.8 美元/吨上涨到 566.6 美元/吨，2012 年比 2011 年上涨 58.7 美元/吨，上涨 11.6%。2000～2012 年国际市场四种主要粮食品种的出口价格变化情况详见表 1-11。

表 1-11　四种粮食品种的出口价格变化

年份	大米/(美元/吨)(两种平均)	玉米/(美元/吨)(两种平均)	小麦/(美元/吨)(三种平均)	大豆/(美元/吨)(美国)	大米比价		
					(玉米=1)	(小麦=1)	(大豆=1)
2000	175.2	87.3	111.6	192.8	2.01	1.57	0.91
2001	156.5	88.6	118.6	180.7	1.77	1.32	0.87
2002	174.2	97.7	137.7	201.2	1.78	1.26	0.87
2003	176.1	103.6	146.1	241.2	1.70	1.21	0.73
2004	225.8	108.4	148.3	288.9	2.08	1.52	0.78
2005	254.9	94.2	141.3	237.7	2.71	1.80	1.07
2006	264.2	120.1	171.6	235.9	2.20	1.54	1.12
2007	304.8	161.3	250.2	326.3	1.89	1.22	0.93
2008	600.6	215.1	299.7	472.3	2.79	2.00	1.27
2009	458.3	167.5	213.2	402.7	2.74	2.15	1.14
2010	452.1	189.2	239.7	407.4	2.39	1.89	1.11
2011	514.6	290.7	308.7	507.9	1.77	1.67	1.01
2012	563.8	284.2	305.5	566.6	1.98	1.85	1.00
2012 年增量/美元	49.2	−6.5	−3.2	58.7	0.21	0.18	−0.02
2012 年增幅/%	9.6	−2.2	−1.0	11.6	12.1	10.7	−1.8

资料来源：根据国家水稻产业经济研究室数据库有关数据整理计算，各年价格按照每周价格计算月度平均价格，再计算全年平均价格。大米价格：按照泰国曼谷口岸出口的整精米和全碎米两种价格计算；玉米价格：按照阿根廷上河口岸和美国港湾口岸 2 号黄玉米两种价格平均计算；小麦价格：按照阿根廷上河口岸阿根廷小麦、美国港湾口岸 2 号硬黄冬小麦和美国 2 号软红冬小麦 3 种价格平均计算；大豆价格：指美国 1 号黄大豆港湾口岸价格

表 1-11 数据也表明，在国际贸易格局中，各类粮食出口价格都在变化，不同的变化改变了粮食出口价格关系，出现了不同的大米比价结果。总体来看，大米比价有提升的趋势。例如，与玉米出口价格相比，大米相对于玉米的比价最高是 2008 年 2.79，最低是 2003 年 1.70；大米相对于小麦的比价，最高是 2009 年 2.15，最低是 2007 年 1.22；大米

相对于美国大豆的比价，最高是 2008 年 1.27，最低是 2003 年 0.73。

(2)FAO 大米出口价格长期变化。FAO 编制了一套价格指数，即 FAO 大米出口价格指数，用来揭示国际市场大米出口价格变化情况。FAO 根据大米主要出口国家 16 种大米的出口价格，按照 2002～2004 年平均价格为 100 计算，将大米划分为 4 种类型，得到大米出口价格指数。从 FAO 大米出口价格指数来看，2004 年综合指数为 118，其中高品质籼米和低品质籼米均为 120，而粳米和香米分别为 117 和 110。到 2012 年，综合指数上升到 238，但比 2011 年下降了 12.6%。其中，2012 年高品质籼米和低品质籼米分别上升到 230 和 242，比 2011 年分别下降 10.3%和 10.5%；2012 年粳米指数上升到 248，比 2011 年下降 16.7%；2012 年香米指数上升到 217，比 2011 年下降了 12.4%。2004～2012 年 FAO 大米出口价格指数变化情况详见表 1-12。

表 1-12　FAO 大米出口价格指数

年份	指数(2002～2004 年=100)					环比变动率/%				
	大米	籼米		粳米	香米	大米	籼米		粳米	香米
		高质	低质				高质	低质		
2004	118	120	120	117	110	—	—	—	—	—
2005	125	124	128	127	108	5.9	3.3	6.7	8.5	−1.8
2006	137	135	129	153	117	9.6	8.9	0.8	20.5	8.3
2007	161	156	159	168	157	17.5	15.6	23.3	9.8	34.2
2008	295	296	289	315	251	83.2	89.7	81.8	87.5	59.9
2009	253	229	197	341	232	−14.2	−22.6	−31.8	8.3	−7.6
2010	229	211	213	264	231	−9.5	−7.9	8.1	−22.6	−0.4
2011	272	257	270	298	248	18.9	21.6	26.9	12.9	7.3
2012	238	230	242	248	217	−12.6	−10.3	−10.5	−16.7	−12.4

注："高质"是指碎米率小于或等于 20%的大米，"低质"是指碎米率大于 20%的大米

资料来源：根据国家水稻产业经济研究室数据库有关数据整理计算

(3)大米出口价格长期变化。在更长时期，国际市场大米出口价格经历了曲折与波动，变化很大。以泰国全碎米(低质量出口大米)和整精米(高品质出口大米)为代表，计算国际市场大米出口价格，考察更长时期国际市场大米出口价格变化。结果表明，国际市场大米出口价格由 1989 年 260.2 美元/吨上升到 1995 年 302.3 美元/吨，2001 年下降到 156.5 美元/吨，2008 年上涨到 600.6 美元/吨，2010 年下降到 452.1 美元/吨，2012 年上升到 563.8 美元/吨。这种变化过程详见表 1-13。

表 1-13　泰国大米出口价格变化

年份	价格/(美元/吨)			变动幅度/%		
	平均	全碎米	整精米	平均	全碎米	整精米
1989	260.2	215.8	304.6	—	—	—
1990	216.5	155.5	277.4	−16.8	−27.9	−8.9
1991	239.7	178.4	301.0	10.7	14.7	8.5

续表

年份	价格/（美元/吨）			变动幅度/%		
	平均	全碎米	整精米	平均	全碎米	整精米
1992	229.4	180.0	278.9	−4.3	0.9	−7.3
1993	204.3	160.3	248.2	−11.0	−10.9	−11.0
1994	237.2	186.1	288.2	16.1	16.1	16.1
1995	302.3	268.5	336.0	27.4	44.3	16.6
1996	293.1	234.1	352.1	−3.0	−12.8	4.8
1997	265.5	214.0	316.9	−9.4	−8.6	−10.0
1998	265.6	215.2	316.0	0.0	0.5	−0.3
1999	221.6	191.5	251.7	−16.6	−11.0	−20.3
2000	175.2	143.2	207.2	−21.0	−25.2	−17.7
2001	156.5	135.5	177.4	−10.7	−5.4	−14.4
2002	174.2	151.0	197.3	11.3	11.4	11.2
2003	176.1	151.4	200.8	1.1	0.3	1.7
2004	225.8	207.3	244.4	28.3	36.9	21.7
2005	254.9	219.0	290.8	12.9	5.6	19.0
2006	264.2	217.1	311.4	3.7	−0.9	7.1
2007	304.8	274.6	335.1	15.4	26.5	7.6
2008	600.6	505.9	695.3	97.0	84.3	107.5
2009	458.3	329.1	587.4	−23.7	−34.9	−15.5
2010	452.1	385.8	518.4	−1.3	17.2	−11.7
2011	514.6	463.9	565.3	13.8	20.3	9.0
2012	563.8	539.6	588.0	9.6	16.3	4.0

资料来源：根据国家水稻产业经济研究室数据库有关数据整理计算

　　（4）近期大米出口价格月度变化。经过 2008 年粮食价格危机后，虽然世界粮食价格有所回落，但国际社会仍然对国际市场粮食价格居高不下心存疑虑，普遍认为粮食价格仍将上涨。如前面从不同角度对以大米为主的国际市场粮食价格变化的展示可以看出，国际市场各类粮食的价格及其变化态势虽然有所不同，但总体上仍然符合波浪式前进、螺旋式上升的变化轨迹。即使是在价格恢复式上升过程中的最近两年，国际市场大米价格月度变化，也基本如此。以我们收集到的 6 个国家 14 种主要大米近两年出口价格的月度变化为例，揭示最近两年国际市场大米出口价格变化轨迹，6 国 14 种大米综合出口价格经历了波浪式变化过程。2011 年经历了从下降到上升的过程，2012 年经历了从上升到下降的过程。

　　表 1-14 列出了泰国 6 种大米的出口价格变化，价格最低的为 11 号，价格最高的为 14 号。2012 年 12 月，11 号大米的出口价格为 546 美元/吨，比 2011 年 12 月 560 美元/吨下降了 2.50%。2012 年 12 月，14 号大米的出口价格为 1098 美元/吨，比 2011 年 12 月下降了 2.40%。同样是 11 号和 14 号大米，2012 年比 2011 年价格上升了 16.31% 和 3.56%。泰国 6 种大米出口价格变化情况详见表 1-14。

表1-14　泰国6种出口大米价格变化

时间		平均/(美元/吨)	1号/(美元/吨)	2号/(美元/吨)	4号/(美元/吨)	9号/(美元/吨)	11号/(美元/吨)	14号/(美元/吨)
2011年	1月	616.8	542	542	525	472	412	1016
	2月	612.7	554	551	538	490	433	978
	3月	603.9	524	524	507	476	429	984
	4月	596.3	507	516	490	465	423	990
	5月	585.4	500	508	483	460	419	993
	6月	582.5	518	521	502	468	421	1007
	7月	603.3	548	548	532	490	445	1062
2011年	8月	629.2	582	588	566	520	471	1096
	9月	633.8	618	625	601	550	497	1110
	10月	634.5	620	610	604	556	505	1140
	11月	634.4	649	624	632	594	553	1141
	12月	608.2	620	598	603	587	560	1125
2012年	1月	582.4	548	531	531	529	515	1087
	2月	588.4	563	570	547	542	530	1110
	3月	592.1	567	614	551	551	543	1120
	4月	579.3	569	608	552	553	546	1091
	5月	594.9	613	622	602	580	554	1078
	6月	596.6	619	615	609	579	545	1062
	7月	591.6	600	584	588	564	536	1062
	8月	595.4	584	601	568	552	532	1069
	9月	601.5	602	605	585	566	540	1093
	10月	606.6	594	600	578	565	544	1111
	11月	606.0	598	603	582	567	545	1111
	12月	597.1	599	580	583	568	546	1098
12月	2011年	608.2	620	598	603	587	560	1125
	2012年	597.1	599	580	583	568	546	1098
	变化率/%	−1.83	−3.39	−3.01	−3.32	−3.24	−2.50	−2.40
全年	2011年	611.8	565.2	562.9	548.6	510.7	464.0	1053.5
	2012年	594.3	588.0	594.4	573.0	559.7	539.7	1091.0
	变化率/%	−2.85	4.04	5.60	4.45	9.60	16.31	3.56

注：1号为泰国100%B级米；2号为泰国蒸谷米；3号为美国长粒米(4%碎率)；4号为泰国出口大米(5%碎率)；5号为越南5%碎米；6号为阿根廷粗碾大米、精米或最大10%碎米；7号为印度25%碎米；8号为巴基斯坦25%碎米；9号为泰国25%碎米；10号为越南25%碎米；11号为泰国全碎米；12号为美国加州中粒米；13号为巴基斯坦巴斯玛蒂香米；14号为泰国100%香米

资料来源：根据国家水稻产业经济研究室数据库有关数据整理计算

在国际大米市场上，其他 5 个国家的大米出口价格变化仍然值得关注。表 1-15 给出了美国、越南、巴基斯坦、阿根廷和印度大米出口价格的变化情况，详见表 1-15。

表 1-15 世界其他 5 国 8 种大米出口价格变化

时间		3 号/(美元/吨)	2 号/(美元/吨)	5 号/(美元/吨)	10 号/(美元/吨)	6 号/(美元/吨)	7 号/(美元/吨)	8 号/(美元/吨)	13 号/(美元/吨)
2011 年	1 月	601	871	495	455	510	—	428	1150
	2 月	582	871	460	420	510	—	428	1150
	3 月	562	871	462	426	510	—	426	1150
	4 月	528	871	457	421	510	—	424	1150
	5 月	518	871	469	438	496	—	430	1025
	6 月	529	871	464	430	450	—	454	938
	7 月	549	871	505	466	450	—	467	910
	8 月	605	866	564	530	450	—	466	875
	9 月	650	860	555	515	450	437	455	950
	10 月	639	860	576	524	450	419	418	962
	11 月	597	816	560	515	450	396	405	950
	12 月	569	764	492	464	468	384	391	890
2012 年	1 月	546	816	446	410	475	390	379	950
	2 月	535	816	431	395	475	395	379	950
	3 月	524	788	428	387	472	379	415	950
	4 月	514	772	431	384	470	384	411	825
	5 月	544	772	434	388	470	379	412	881
	6 月	565	783	413	369	470	382	411	931
	7 月	572	788	411	379	470	394	404	931
	8 月	585	799	434	407	482	391	396	935
	9 月	600	794	451	421	485	405	399	875
	10 月	600	785	450	420	505	410	395	935
	11 月	608	783	446	418	540	396	380	907
	12 月	608	783	412	384	540	390	368	900
12 月	2011 年	569	764	492	464	468	384	391	890
	2012 年	608	783	412	384	540	390	368	900
	变化率/%	6.85	2.49	−16.26	−17.24	15.38	1.56	−5.88	1.12
全年	2011 年	577.4	855.3	504.9	467.0	475.3	409.0	435.8	1008.3
	2012 年	566.8	789.9	432.3	396.8	487.8	391.3	395.8	914.2
	变化率/%	−1.85	−7.64	−14.39	−15.02	2.63	−4.34	−9.18	−9.34

注：1 号为泰国 100%B 级米；2 号为泰国蒸谷米；3 号为美国长粒米（4%碎率）；4 号为泰国出口大米（5%碎率）；5 号为越南 5%碎米；6 号为阿根廷粗碾大米、精米或最大 10%碎率；7 号为印度 25%碎米；8 号为巴基斯坦 25%碎米；9 号为泰国 25%碎米；10 号为越南 25%碎米；11 号为泰国全碎米；12 号为美国加州中粒米；13 号为巴基斯坦巴斯玛蒂香米；14 号为泰国 100%香米

资料来源：根据国家水稻产业经济研究室数据库有关数据整理计算

1.5.3　进口国家

从 2008～2010 年三年年度平均来看，世界各国总计进口大米 3054.8 万吨，共有 200 个国家和地区进口大米。按照 2008～2010 年年均进口量，第 1 位是菲律宾，进口 219.5 万吨，占世界大米进口总量的 7.19%；第 2 位是尼日利亚，进口 134.0 万吨，占 4.39%；第 3 位是沙特阿拉伯，进口 118.2 万吨，占 3.87%；第 4 位是阿联酋，进口 111.9 万吨，占 3.87%；第 5 位是伊拉克，进口 109.1 万吨，占 3.57%。前 5 位大米进口国家累计占 22.68%。2008～2010 年年度平均大米进口量前 20 位的国家和地区分布情况详见表 1-16。

表 1-16　2008～2010 年年度平均大米进口量前 20 位的国家和地区

位次	国家和地区	进口/吨	占比/%	累比/%
1	菲律宾	2 195 104	7.19	7.19
2	尼日利亚	1 340 495	4.39	11.57
3	沙特阿拉伯	1 182 393	3.87	15.44
4	阿联酋	1 119 699	3.67	19.11
5	伊拉克	1 091 547	3.57	22.68
6	马来西亚	1 046 035	3.42	26.11
7	伊朗	1 044 788	3.42	29.53
8	科特迪瓦	907 072	2.97	32.50
9	塞内加尔	830 007	2.72	35.21
10	南非共和国	709 458	2.32	37.54
11	贝宁	657 021	2.15	39.69
12	日本	644 001	2.11	41.80
13	英国	622 777	2.04	43.83
14	巴西	613 235	2.01	45.84
15	美国	613 064	2.01	47.85
16	墨西哥	560 806	1.84	49.68
17	孟加拉国	487 715	1.60	51.28
18	法国	484 639	1.59	52.87
19	古巴	480 661	1.57	54.44
20	中国	422 575	1.38	55.82

资料来源：根据 FAO 数据库历年整理并计算

1.5.4　出口国家

从 2008～2010 年三年年度平均来看，共有 146 个国家和地区出口大米，大米出口总量 3074.5 万吨。第 1 位为泰国，出口大米 925.8 万吨，占世界大米出口总量的 30.11%；第 2 位为越南，出口大米 586.3 万吨，占 19.07%；第 3 位为美国，出口大米 334.8 万吨，占 10.89%；第 4 位为巴基斯坦，出口大米 324.6 万吨，占 10.56%；第 5 位为印度，出口大米 228.5 万吨，占 7.43%。前 5 位大米出口大国累计出口量占世界大米出口总量的 78.07%。2008～2010 年年度平均大米出口量前 20 位的国家和地区分布情况详见表 1-17。

表 1-17　2008～2010 年年度平均大米出口量前 20 位的国家和地区

位次	国家和地区	出口/吨	占比/%	累比/%
1	泰国	9 258 513	30.11	30.11
2	越南	5 863 370	19.07	49.18
3	美国	3 348 425	10.89	60.07
4	巴基斯坦	3 246 926	10.56	70.64
5	印度	2 285 902	7.43	78.07
6	中国	789 917	2.57	80.64
7	乌拉圭	787 769	2.56	83.20
8	意大利	779 480	2.54	85.74
9	阿联酋	619 344	2.01	87.75
10	巴西	508 692	1.65	89.41
11	阿根廷	503 174	1.64	91.04
12	埃及	405 633	1.32	92.36
13	贝宁	240 707	0.78	93.14
14	比利时	226 228	0.74	93.88
15	缅甸	198 030	0.64	94.52
16	圭亚那	196 651	0.64	95.16
17	西班牙	185 285	0.60	95.77
18	荷兰	126 823	0.41	96.18
19	巴拉圭	109 174	0.36	96.53
20	希腊	91 970	0.30	96.83

资料来源：根据 FAO 数据库历年数据整理并计算

1.6　全球展望

2012 年度，在谷物生产形势普遍不景气的情况下，稻米市场因水稻产量增长而表现出极为不同的状况。虽然价格疲弱，但估计国际稻米市场仍然十分旺盛，2012 年度全球稻米产业形势与全球大米市场可能表现出来的一些重要特征尤其值得重视。

1.6.1　全球供求关系

2012 年世界水稻生产仍然表现为增产态势。据 FAO 发布的《稻米市场监测报告》显示，2012 年全球稻谷生产量估计 7.287 亿吨（折合大米 4.86 亿吨），比 2011 年增长0.7%。估计 2012 年全球大米供应量（大米生产量加上初期库存量）为 64 615 万吨，约比2011 年增长 0.86%。2012 年 12 月 12 日，美国农业部经济研究局发布了 2012 年最后一期《稻米展望》(月刊)，据美国农业部预测，2012 年度(指 2012 年 8 月至 2013 年 7 月，以下称 2012 年度，按贸易年度计算)，世界大米生产量约为 46 434 万吨，比 2011 年度增产33 万吨，增长仅 0.1%。与 FAO 预测相比，美国农业部认为 2012 年度全球水稻生产几乎没有增产，可见美国农业部对世界稻米产业的前景预测不如 FAO 乐观。

据 FAO 最新预测，2012 年世界大米贸易量约为 3759 万吨，比 2011 年增加 31 万吨，增长 0.83%。估计全年大米使用量为 47 555 万吨，比 2011 年增加 754 万吨，增长

1.61%。估计2012年末期库存量为16 985万吨，比2011年增加1051万吨，增长6.6%。而美国农业部预测，2012年度全球大米出口量3658万吨，大米进口量3420万吨，分别比2011年度增长-5.1%和-3.6%，恰恰与FAO预测的贸易量走势相反。

按照FAO预测数据，计算大米库存量与使用量之比的"存用比"指标，2012年全球平均已经达到35.5%，按照大米出口量加上大米使用量得到的"消耗量"计算"存耗比"指标，世界最主要的5个大米出口国的"存耗比"已经达到27.1%，表明主要出口国家的平均耗用率低于世界总体情况，这有利于缓解大米市场压力。2002~2012年世界大米供求关系变化情况详见表1-18。

表1-18 近年世界大米供求关系变化

年度	生产量[1] /万吨	供应量[2] /万吨	使用量/万吨	贸易量[3] /万吨	末期库存量[4] /万吨	存用比/%	存耗比[5]/%
2002/03	38 199.6	52 592.1	40 570.6	2735.0	12 106.3	29.2	16.6
2003/04	39 344.0	51 450.3	41 029.7	2663.5	10 617.7	25.5	16.1
2004/05	40 686.7	51 304.4	41 340.2	2985.8	10 015.0	23.8	13.5
2005/06	42 373.0	52 388.1	41 873.1	2909.3	10 553.0	24.6	16.7
2006/07	42 809.7	53 362.7	42 508.9	3167.3	10 695.0	24.5	16.6
2007/08	44 030.4	54 725.4	43 479.6	3017.7	11 409.6	25.7	18.9
2008/09	45 789.6	57 199.2	44 343.8	2949.6	12 931.2	28.9	23.5
2009/10	45 514.1	58 445.2	44 756.9	3140.1	13 575.1	29.5	21.6
2010/11	46 851.4	60 426.4	46 008.4	3644.3	14 367.9	30.7	21.2
2011/12	48 267.5	62 635.4	46 801.9	3728.0	15 934.0	33.5	26.0
2012/13	48 681.3	64 615.3	47 555.1	3759.0	16 984.8	35.5	27.1

1)表示所列第一个年份的日历年产量，稻米生产量指的是大米生产量；2)供应量等于生产量加上初期库存量；3)表示1~12月的粮食出口量；4)由于各国的销售年度不同，末期库存量有可能不等于供应量和使用量的差额；5)大米主要出口国为印度、巴基斯坦、泰国、美国和越南，"存耗比"是库存量与"消耗量"之比，"消耗量"指某个时期的国内使用量加上出口量

资料来源：参见《FAO谷物供需简报》

大米是世界谷物市场最重要的种类。世界谷物市场总体情况表明，世界谷物生产量由2002年18.38亿吨增加到2012年22.81亿吨，估计2012年比2011年减少6642万吨，下降2.83%。世界贸易量由2.37亿吨增加到2.95亿吨，估计比2011年下降1871万吨，下降5.95%。年末库存量由4.92亿吨增加到4.94亿吨，比2011年下降2484万吨，下降4.78%。库存量与使用量之比由25.0%下降到20.5%，比2011年下降2个百分点。5个主要出口国家的"存耗比"由16.1%提高到16.6%。在世界谷物市场中，大米市场结构具有特色。2012年，大米生产量占谷物生产量的比重上升到21.3%，比2011年有所提高。大米供应量占谷物供应量的23.1%，使用量占20.6%，但贸易量仅占12.7%，末期库存量不断提高，2012年高达34.3%，另外，大米"存用比"和"存耗比"都较高，分别为谷物的172.6%和163.5%。

世界市场上另一种重要的谷物是小麦。2012年，小麦生产量65 940万吨，比2002年

增加 8537 万吨，增长 14.9%。与 2011 年相比，下降 4007 万吨，下降 5.7%。小麦出口量 13 602 万吨，是大米出口量的 3.62 倍。小麦库存量 16 332 万吨，是大米的 96%，存用比 23.6%，是大米的 66.4%，5 个主要出口国的存耗比 14.1%，是大米的 52.0%，表明小麦库存量小于大米，主要出口国的国际市场集中度也远不如大米。在谷物市场上，小麦市场结构明显与大米不同。由于 2012 年产量下降，2002～2012 年全球小麦产量占谷物生产量的比重由 31.2% 下降到 28.9%，小麦供应量占谷物供应量的比重也由 33.6% 下降到 30.1%，小麦使用量所占比重也由 31.6% 下降到 29.6%。但世界小麦国际贸易量却由 43.3% 上升到 46.0%。同时，小麦末期库存量占谷物的比重仍然高达 1/3 以上，由 41.9% 下降到 33.0%。小麦"存用比"与谷物相比，由 137.5% 下降到 114.7%。

粗粮是世界谷物中的又一重要粮食，在世界市场上，粗粮在谷物贸易中占有十分重要的地位。2002～2012 年，世界粗粮生产量由 88 243 万吨增加到 113 550 万吨，增加 2.53 亿吨，增长 28.7%。2012 年全球粗粮生产量虽然达到 11.35 亿吨，但比 2011 年下降 4007 万吨，下降 2.6%。在谷物市场上，粗粮市场结构显著地不同于大米。在世界谷物市场上，粗粮的波动性有所增加，粗粮生产量占谷物生产量的比重，从 2002 年的 48.0% 上升到 2007 年的 50.8%，2012 年下降到 49.8%。粗粮贸易量占谷物贸易量的比重由 2002 年的 45.2% 下降到 2012 年的 41.3%。粗粮库存量较小，粗粮"存用比"与谷物"存用比"的百分比由 69.1% 下降到 63.6%，5 个主要国家粗粮"存耗比"严重下降，与谷物"存耗比"的百分比由 2002 年的 74.6% 下降到 2012 年的 51.5%，表明粗粮集中度相对下降。

1.6.2 水稻生产形势

据 FAO 在 2012 年 11 月初的水稻生产形势监测结果分析，尽管非洲遭受到洪水灾害，但 2012 年度仍然取得令人满意的结果，尤其是 2012 年 8 月中旬，印度在连续两年干旱之后迎来了印度洋季风，FAO 在 2012 年 7 月份预测全球增产 420 万吨的基础上，11 月份最新预测 2012 年全球水稻生产量将达到 7.29 亿吨（4.86 亿吨大米）。尤其是印度水稻生产前景将大为改善，也包括埃及、朝鲜、菲律宾、美国和越南，但缅甸、柬埔寨、塞内加尔等国水稻生产却不景气。2012 年 7.29 亿吨稻谷生产量比去年提高 0.7%，大部分国家水稻生产都有所增长。

亚洲水稻生产量预计达到 6.61 亿吨（4.41 亿吨大米），比 2011 年增长 0.8%，许多亚洲国家广泛增产，为全球增产奠定了坚实基础，增长幅度较大的国家主要包括孟加拉国、中国、印度尼西亚、菲律宾、泰国和越南。除印度产量约下降 4% 以外，柬埔寨、朝鲜、尼泊尔和土耳其也可能减产。总体来看，2012 年水稻增产，气候条件发挥了积极作用。非洲是增产的一个地区，预计生产稻谷 2640 万吨（1730 万吨大米），比 2011 年增长 4%。埃及因受到稻谷收购价格上涨的激励，稻农超越了种稻限制，稻谷增产。但也有减产的国家，分别是马里、加纳、莫桑比克、塞拉利昂、坦桑尼亚和遭受洪水重创的尼日利亚。贝宁、布基拉法索、喀麦隆、马达加斯加和尼日尔等国也可能会因为水灾而减产。FAO 展望，因为灌溉不足和栽培不力，拉美和加勒比地区可能减产 6%（包括阿根廷、巴西、厄瓜多尔和乌拉圭）。2012 年这一地区的稻谷生产量约 2740 万吨（1830 万吨大米）。在其他地区，美国水稻生产预计会提高，而澳大利亚预计会创造自 2006 年以来的最高产量。在欧洲，俄罗斯预计会有一个大丰收，而不利的气候可能会限制欧盟（European Union，

EU)产量的增长。

据 FAO 估计,2012 年稻谷产量约 7.287 亿吨。2012 年,32 个主产国家的稻谷产量 7.058 亿吨,占世界水稻总产量的 96.9%。2012 年,中国生产稻谷 2.05 亿吨,比 2011 年增加 400 万吨,增长 1.99%,雄居世界第 1 位,占世界稻谷总产量的比重高达 28.13%。居第 2 位的印度,稻谷产量将有所下降。2012 年,世界主要产稻国的生产形势与 2011 年相比,增产的国家有 17 个国家和地区,分别是中国、印度尼西亚、孟加拉国、越南、泰国、菲律宾、巴基斯坦、美国、埃及、尼日利亚、斯里兰卡、老挝、秘鲁、哥伦比亚、伊朗、大洋洲地区和多米尼加。与 2011 年相比,2012 年预测减产的国家和地区有 11 个,分别是印度、巴西、柬埔寨、马达加斯加、韩国、尼泊尔、欧盟、阿根廷、厄瓜多尔、乌拉圭和古巴。与 2011 年相比,持平的有 4 个,分别是缅甸、日本、马来西亚和俄罗斯。2012 年度世界稻谷产量估计结果详见表 1-19。

表 1-19　2012 年度世界稻谷产量估计

国家和地区	2007~2009 年平均 /百万吨	2010 年度 /百万吨	2011 年度估计/百万吨	2012 年度预测/百万吨	2012 年比 2011 年变动		2012 年产量位次与占比	
					增量/百万吨	增幅/%	位次	占比/%
世界	676	702.9	723.7	728.7	5	0.69	—	—
亚洲	612.9	635	655.6	660.6	5	0.76	—	—
非洲	22.9	26	25.3	26.4	1.1	4.35	—	—
中美加勒比	2.6	2.8	2.8	2.7	−0.1	−3.57	—	—
南美洲	24.2	23.5	26.4	24.7	−1.7	−6.44	—	—
北美洲	9.4	11	8.4	9	0.6	7.14	—	—
欧洲	3.8	4.4	4.5	4.3	−0.2	−4.44	—	—
大洋洲	0.1	0.2	0.7	1	0.3	42.86	—	—
中国	191	195.8	201	205	4	1.99	1	28.13
印度	142.5	144	156.5	150	−6.5	−4.15	2	20.58
印度尼西亚	60.6	66.5	65.8	68.6	2.8	4.26	3	9.41
孟加拉国	46.1	50.3	50.7	51.3	0.6	1.18	4	7.04
越南	37.9	40	42.3	43.4	1.1	2.60	5	5.96
泰国	31.9	35.9	34.5	36	1.5	4.35	6	4.94
缅甸	31	30.8	30	30	0	0.00	7	4.12
菲律宾	16.4	16.7	17	18	1	5.88	8	2.47
巴西	12	11.7	13.6	11.6	−2	−14.71	9	1.59
日本	10.8	10.6	10.5	10.5	0	0.00	10	1.44
巴基斯坦	9.7	7.2	9.2	9.4	0.2	2.17	11	1.29
美国	9.4	11	8.4	9	0.6	7.14	12	1.24
柬埔寨	7.2	8.2	8.8	8.7	−0.1	−1.14	13	1.19
埃及	6.6	5.2	5.7	6.5	0.8	14.04	14	0.89

国家和地区	2007～2009年平均/百万吨	2010年度/百万吨	2011年度估计/百万吨	2012年度预测/百万吨	2012年比2011年变动		2012年产量位次与占比	
					增量/百万吨	增幅/%	位次	占比/%
韩国	6.3	5.8	5.6	5.5	−0.1	−1.79	15	0.75
尼泊尔	4.3	4.5	5.1	4.8	−0.3	−5.88	16	0.66
尼日利亚	3.4	4.5	4.6	4.7	0.1	2.17	17	0.64
斯里兰卡	3.6	4.3	3.9	4.2	0.3	7.69	18	0.58
马达加斯加	4	4.8	4.3	4	−0.3	−6.98	19	0.55
老挝	2.9	3.1	3	3.1	0.1	3.33	20	0.43
欧盟	2.8	3.1	3.1	2.9	−0.2	−6.45	21	0.40
秘鲁	2.7	2.8	2.6	2.9	0.3	11.54	22	0.40
马来西亚	2.4	2.5	2.7	2.7	0	0.00	23	0.37
哥伦比亚	2.7	2.4	2.5	2.6	0.1	4.00	24	0.36
伊朗	2.4	2.3	2.3	2.4	0.1	4.35	25	0.33
阿根廷	1.2	1.2	1.7	1.6	−0.1	−5.88	26	0.22
厄瓜多尔	1.6	1.7	1.5	1.4	−0.1	−6.67	27	0.19
乌拉圭	1.3	1.1	1.6	1.4	−0.2	−12.50	28	0.19
俄罗斯	0.8	1.1	1.2	1.2	0	0.00	29	0.16
澳大利亚	0.1	0.2	0.7	1	0.3	42.86	30	0.14
多米尼加	0.8	0.9	0.8	0.9	0.1	12.50	31	0.12
古巴	0.5	0.5	0.6	0.5	−0.1	−16.67	32	0.07
小计	656.9	680.7	701.8	705.8	−0.1	0.57	—	—
占比	97.2	96.8	97.0	96.9	−0.10	−0.12		

资料来源：参见 Rice Market Monitor，2012 年 11 月第 4 期

与 FAO 估计结果相比，美国农业部于 2012 年 12 月 11 日发布的最新预测显示，2012
年世界大米产量 46 530 万吨，比 2012 年 11 月预测增加约 100 万吨，水稻种植面积 15 840
万公顷，比上一年增加 60 万公顷，水稻单产约为每公顷 4.38 吨。2012 年美国农业部预
测的大米产量数据，比 FAO 估计的 48 681 万吨少了 2150 万吨。FAO 估计的是美国农业
部估计的 104.8%，美国农业部估计是 FAO 估计的 95.4%。根据美国农业部 2012 年 11
月份的估计，中国 2012 年生产大米 1.43 亿吨，占世界第 1 位，比 2011 年和 2010 年分别
增产 230 万吨和 600 万吨，分别增长 1.6% 和 4.4%，而 FAO 估计中国稻谷产量分别增长
1.99% 和 4.70%，对中国稻米产量增长幅度的估计，FAO 高于美国农业部。

1.6.3 进出口预测

（1）大米出口量估计。根据 FAO 监测数据，估计 2013 年度出口大米 3750 万吨，比
2012 年度增加 20 万吨，比 2011 年度增加 110 万吨，比 2008～2010 年平均出口量 3040 万
吨增加 710 万吨。2013 年度世界大米出口量估计结果详见表 1-20。

表 1-20　2013 年度世界大米出口量估计（单位：百万吨）

国家和地区	2008~2010 年平均	2011 年度	2012 年度预计	2013 年度估计	2013 年数量变化		
					2013 比 2012	2013 比 2011	2013 比 2009
世界	30.4	36.4	37.3	37.5	0.2	1.1	7.1
发展中国家	26.4	32.3	32.6	33.1	0.5	1.5	29.5
发达国家	4.0	4.1	4.7	4.5	−0.2	−4.8	4.7
亚洲	23.6	28.5	28.8	29.5	0.7	2.6	26.3
柬埔寨	1.0	1.1	1.2	1.3	0.1	8.3	1.2
中国	0.8	0.5	0.4	0.5	0.1	25.0	0.4
印度	2.6	4.8	9.0	7.7	−1.3	−14.4	6.5
缅甸	0.7	0.8	0.7	0.7	0.0	0.0	0.7
巴基斯坦	3.1	3.1	3.0	3.0	0.3	10.0	3.3
泰国	9.3	10.7	6.5	8.0	1.5	23.1	7.0
越南	5.9	7.1	7.5	7.6	0.1	1.3	6.8
非洲	0.7	0.3	0.5	0.8	0.3	68.6	0.4
埃及	0.5	0.2	0.4	0.7	0.3	89.2	0.3
南美洲	2.3	3.7	3.6	2.9	−0.6	−17.9	3.0
阿根廷	0.4	0.8	0.7	0.6	−0.2	−21.4	0.7
巴西	0.5	1.3	1.2	0.9	−0.3	−25.0	0.8
圭亚拉	0.2	0.3	0.3	0.3	0.0	0.0	0.3
乌拉圭	0.8	0.9	0.9	0.8	−0.1	−11.1	0.9
北美洲	3.4	3.2	3.5	3.4	−0.2	−4.3	3.5
美国	3.4	3.2	3.5	3.4	−0.2	−4.3	3.5
欧洲	0.3	0.4	0.3	0.3	−0.1	−22.6	0.6
欧盟	0.2	0.3	0.3	0.2	−0.1	−16.7	0.3
俄罗斯	0.1	0.2	0.2	0.2	−0.1	−31.8	0.3
大洋洲	0.1	0.3	0.4	0.5	0.1	25.0	0.4
澳大利亚	0.1	0.3	0.4	0.5	0.1	25.0	0.4

资料来源：参见 Rice Market Monitor，2012 年 11 月第 4 期

　　FAO 估计了 16 个大米出口国 2011 年后近 3 年的大米出口量变化。近年来，国际出口市场变化很大，一些国家在出口市场上大起大落，增加了国际大米市场的波动性。2013 年度世界大米出口量估计结果详见表 1-21。

表 1-21　2013 年度世界大米出口量估计

国家和地区	2008~2010 年平均			2011 年度			2012 年度预计			2013 年度估计		
	数量/百万吨	占比/%	位次	数量/百万吨	占比/%	位次	数量/百万吨	占比/%	位次	数量/百万吨	占比/%	位次
世界	30.4	—	—	36.4	—	—	37.3	—	—	37.5	—	—
亚洲	23.6	—	—	28.5	—	—	28.8	—	—	29.5	—	—
非洲	0.7	—	—	0.3	—	—	0.5	—	—	0.8	—	—
南美洲	2.3	—	—	3.7	—	—	3.6	—	—	2.9	—	—

国家和地区	2008～2010年平均			2011年度			2012年度预计			2013年度估计		
	数量/百万吨	占比/%	位次	数量/百万吨	占比/%	位次	数量/百万吨	占比/%	位次	数量/百万吨	占比/%	位次
北美洲	3.4	—	—	3.2	—	—	3.5	—	—	3.4	—	—
欧洲	0.3	—	—	0.4	—	—	0.3	—	—	0.3	—	—
大洋洲	0.1	—	—	0.3	—	—	0.4	—	—	0.5	—	—
泰国	9.3	30.6	1	10.7	29.4	1	6.5	17.4	3	8.0	21.3	1
印度	2.6	8.6	5	4.8	13.2	3	9.0	24.1	1	7.7	20.5	2
越南	5.9	19.4	2	7.1	19.5	2	7.5	20.1	2	7.6	20.3	3
美国	3.4	11.2	3	3.2	8.8	4	3.5	9.4	4	3.4	9.1	4
巴基斯坦	3.1	10.2	4	3.1	8.5	5	3.0	8.0	5	3.0	8.0	5
柬埔寨	1.0	3.3	6	1.1	3.0	7	1.2	3.2	7	1.3	3.5	6
巴西	0.5	1.6	10	1.3	3.6	6	1.2	3.2	6	0.9	2.4	7
乌拉圭	0.8	2.6	7	0.9	2.5	8	0.9	2.4	8	0.8	2.1	8
缅甸	0.7	2.3	9	0.8	2.2	9	0.7	1.9	9	0.7	1.9	9
埃及	0.5	1.6	11	0.2	0.5	15	0.4	1.1	13	0.7	1.9	10
阿根廷	0.4	1.3	12	0.8	2.2	10	0.7	1.9	10	0.6	1.6	11
中国	0.8	2.6	8	0.5	1.4	11	0.4	1.1	11	0.5	1.3	12
澳大利亚	0.1	0.3	15	0.3	0.8	14	0.4	1.1	12	0.5	1.3	13
圭亚拉	0.2	0.7	14	0.3	0.8	13	0.3	0.8	15	0.3	0.8	14
欧盟	0.2	0.7	13	0.3	0.8	12	0.3	0.8	14	0.2	0.5	15
俄罗斯	0.1	0.3	16	0.2	0.5	16	0.2	0.5	16	0.2	0.5	16
小计	29.6	—	—	35.6	—	—	36.2	—	—	36.4	—	—
占比	97.4	—	—	97.8	—	—	97.1	—	—	97.1	—	—

资料来源：参见 Rice Market Monitor，2012 年 11 月第 4 期

从国家层面来看，2008～2010 年平均与估计的 2013 年度出口量相比：第 1 位泰国，由 2008～2010 年平均占 30.6％居第 1 位，到 2013 年度占 21.3％；第 2 位印度，由占 8.6％居第 5 位，到 2013 年度占 20.5％；第 3 位越南，由占 19.4％居第 2 位，到 2013 年度占 20.3％；第 4 位美国，由占 11.2％居第 3 位，到 2013 年度占 9.1％；第 5 位巴基斯坦，由占 10.2％居第 4 位，到 2013 年度占 8.0％；第 6 位柬埔寨，由占 3.3％居第 6 位，到 2013 年度占 3.5％；第 7 位巴西，由占 1.6％居第 10 位，到 2013 年度占 2.4％；第 8 位乌拉圭，由占 2.6％居第 7 位，到 2013 年度占 2.1％；第 9 位缅甸，由占 2.3％居第 9 位，到 2013 年度占 1.9％；第 10 位埃及，由占 1.6％居第 11 位，到 2013 年度占 1.9％；第 11 位阿根廷，由占 1.3％居第 12 位，到 2013 年度占 1.6％；第 12 位中国，由占 2.6％居第 8 位，到 2013 年度占 1.3％。另外，还有第 13 位澳大利亚，第 14 位圭亚拉，第 15 位欧盟，第 16 位俄罗斯。

（2）大米进口量估计。2013 年度，世界大米进口量预计达到 3750 万吨，比 2012 年度增加 20 万吨，比 2011 年度增加 110 万吨，比 2008～2010 年平均增加 710 万吨。2013 年度世界大米进口量估计结果详见表 1-22。

表 1-22 2013 年度世界大米进口量估计(单位:百万吨)

国家和地区	2008~2010 年平均	2011 年度	2012 年度预计	2013 年度估计	2013 年数量变化		
					2013 比 2012	2013 比 2011	2013 比 2009
世界	30.4	36.4	37.3	37.5	0.2	1.1	7.1
发展中国家	25.7	31.6	32.3	32.5	0.2	0.9	6.8
发达国家	4.7	4.8	4.9	5.0	0.1	0.2	0.3
亚洲	14.3	18.0	17.4	17.5	0.1	-0.5	3.2
孟加拉国	0.8	1.5	0.3	0.5	0.2	-1.0	-0.3
中国	0.3	0.6	2.0	1.7	-0.3	1.1	1.4
印度尼西亚	0.5	2.8	1.3	1.5	0.2	-1.3	1.0
伊朗	1.2	1.2	1.6	1.5	-0.1	0.3	0.3
伊拉克	1.0	1.3	1.4	1.4	0.0	0.1	0.4
日本	0.6	1.3	1.4	1.4	0.0	0.1	0.8
马来西亚	1.1	1.0	1.1	1.2	0.1	0.2	0.1
菲律宾	2.2	1.2	0.9	0.8	-0.1	-0.4	-1.4
沙特阿拉伯	1.0	1.3	1.3	1.4	0.1	0.1	0.4
阿联酋	0.6	0.6	0.6	0.7	0.1	0.1	0.1
非洲	9.7	11.8	12.7	12.7	0.0	0.9	3.0
科特迪瓦	0.9	1.1	1.2	1.3	0.1	0.2	0.4
尼日利亚	2.0	2.4	2.8	2.6	-0.2	0.2	0.6
塞内加尔	0.8	0.8	1.0	1.0	0.0	0.2	0.2
南非共和国	0.8	0.9	1.0	1.0	0.0	0.1	0.2
中美洲加勒比	2.1	2.3	2.3	2.4	0.1	0.1	0.3
古巴	0.5	0.5	0.5	0.5	0.0	0.0	0.0
墨西哥	0.6	0.7	0.7	0.7	0.0	0.0	0.1
南美洲	1.1	1.1	1.7	1.6	-0.1	0.5	0.5
巴西	0.6	0.6	0.9	0.9	0.0	0.3	0.3
北美洲	1.0	1.0	1.0	1.1	0.1	0.1	0.1
美国	0.6	0.6	0.7	0.7	0.0	0.1	0.1
欧洲	1.7	1.6	1.7	1.8	0.1	0.2	0.1
欧盟	1.2	1.2	1.3	1.4	0.1	0.2	0.2
俄罗斯	0.2	0.2	0.2	0.2	0.0	0.0	0.0
大洋洲	0.5	0.5	0.4	0.4	0.0	-0.1	-0.1
澳大利亚	0.5	0.5	0.4	0.4	0.0	-0.1	-0.1

资料来源:参见 Rice Market Monitor,2012 年 11 月第 4 期

从国家层面看,2013 年度大米进口状况有很大变化。根据 FAO 估计数据,2013 年度 21 个国家进口大米估计为 2280 万吨,占世界进口量的 60.8%。2013 年度世界大米进口量估计结果详见表 1-23。

表 1-23　2013 年度世界大米进口量估计

国家和地区	2008~2010 年平均			2011 年度			2012 年度预计			2013 年度估计		
	数量/百万吨	占比/%	位次	数量/百万吨	占比/%	位次	数量/百万吨	占比/%	位次	数量/百万吨	占比/%	位次
世界	30.4	—	—	36.4	—	—	37.3	—	—	37.5	—	—
尼日利亚	2.0	6.6	2	2.4	6.6	2	2.8	7.5	1	2.6	6.9	1
中国	0.3	1.0	20	0.6	1.6	18	2.0	5.4	2	1.7	4.5	2
伊朗	1.2	3.9	3	1.2	3.3	8	1.6	4.3	3	1.5	4.0	3
印度尼西亚	0.5	1.6	17	2.8	7.7	1	1.3	3.5	6	1.5	4.0	4
伊拉克	1.0	3.3	6	1.3	3.6	4	1.4	3.8	4	1.4	3.7	5
日本	0.6	2.0	12	1.3	3.6	6	1.4	3.8	5	1.4	3.7	6
沙特阿拉伯	1.0	3.3	7	1.3	3.6	5	1.3	3.5	7	1.4	3.7	7
欧盟	1.2	3.9	4	1.2	3.3	9	1.3	3.5	8	1.4	3.7	8
科特迪瓦	0.9	3.0	8	1.1	3.0	10	1.2	3.2	9	1.3	3.5	9
马来西亚	1.1	3.6	5	1.0	2.7	11	1.1	2.9	10	1.2	3.2	10
南非共和国	0.8	2.6	11	0.9	2.5	12	1.0	2.7	11	1.0	2.7	11
塞内加尔	0.8	2.6	10	0.8	2.2	13	1.0	2.7	12	1.0	2.7	12
巴西	0.6	2.0	15	0.6	1.6	16	0.9	2.4	14	0.9	2.4	13
菲律宾	2.2	7.2	1	1.2	3.3	7	0.9	2.4	13	0.8	2.1	14
墨西哥	0.6	2.0	14	0.7	1.9	14	0.7	1.9	15	0.7	1.9	15
美国	0.6	2.0	16	0.6	1.6	17	0.7	1.9	16	0.7	1.9	16
阿联酋	0.6	2.0	13	0.6	1.6	15	0.6	1.6	17	0.7	1.9	17
古巴	0.5	1.6	18	0.5	1.4	19	0.5	1.3	18	0.5	1.3	18
孟加拉国	0.8	2.6	9	1.5	4.1	3	0.3	0.8	20	0.5	1.3	19
澳大利亚和新西兰	0.5	1.6	19	0.5	1.4	20	0.4	1.1	19	0.4	1.1	20
俄罗斯	0.2	0.7	21	0.2	0.5	21	0.2	0.5	21	0.2	0.5	21
合计	18.0	59.2	—	22.3	61.3	—	22.6	60.6	—	22.8	60.8	—
占比	59.2	—	—	61.3	—	—	60.6	—	—	60.8	—	—

资料来源：参见 Rice Market Monitor，2012 年 11 月第 4 期

　　2013 年度与 2008~2010 年平均相比，主要进口国家大米进口情况的变化明显，年度波动较大。第 1 位尼日利亚，由 2008~2010 年平均占世界进口量 6.6% 居第 2 位变为 2013 年度占 6.9%；第 2 位中国，由占 1.0% 居第 20 位变为占 4.5%；第 3 位伊朗，由占

3.9%居第3位变为占4.0%；第4位印度尼西亚，由占1.6%居第17位变为占4.0%；第5位伊拉克，由占3.3%居第6位变为占3.7%；第6位日本，由占2.0%居第12位变为占3.7%；第7位沙特阿拉伯，由占3.3%居第7位变为占3.7%；第8位欧盟，由占3.9%居第4位变为占3.7%；第9位科特迪瓦，由占3.0%居第8位变为占3.5%；第10位马来西亚，由占3.6%居第5位变为占3.2%。第11位南非共和国，第12位塞内加尔，第13位巴西，第14位菲律宾，第15位墨西哥，第16位美国，第17位阿联酋，第18位古巴，第19位孟加拉国，第20位澳大利亚和新西兰，第21位俄罗斯。

美国农业部对世界大米进口量按照日历年度进行估计，与FAO的估计有一定出入。预计2012年世界大米进口量3821万吨，比2011年增加1995万吨，预测2013年大米进口量3606万吨。美国农业部估计，2012年中国大米进口量260万吨，占世界大米进口量的6.80%，成为第2位大米进口国，而2011年仅进口57.5万吨，占世界的1.59%，列第17位，2012年猛增到2011年的4.52倍。美国农业部预测，中国2013年大米进口量会减少到200万吨，占世界的5.55%，但仍居第2位，这将比2012年下降23.1%，但仍是2011年的3.48倍。

美国农业部对世界大米贸易的估计，与FAO的估计有一定出入。美国农业部按照日历年度估计各国的大米贸易量，2012年世界大米出口量预计3821万吨，比2011年3621万吨增加199.5万吨，预测2013年出口量3606.5万吨，约比2012年下降2144万吨。

1.6.4 库存变化

FAO按照各国作物年度进行统计，结果表明，2013年度世界大米库存量估计达到16 980万吨，比2012年度增加1050万吨，比2011年度增加2610万吨，比2008~2010年平均增加4340万吨。如表1-24所示，世界大米库存量表现出显著增长态势。

表1-24 世界大米库存量变化（单位：百万吨）

国家和地区	2008~2010年平均	2011年度	2012年度预计	2013年度估计	2013比2012	2013比2011	2013比2009
世界	126.4	143.7	159.3	169.8	10.5	26.1	43.4
发展中国家	122.3	138.8	154.6	165.3	10.7	26.5	43.0
发达国家	4.1	4.9	4.7	4.5	−0.2	−0.4	0.4
亚洲	120.0	136.5	152.5	163.7	11.2	27.2	43.7
非洲	3.0	3.5	3.5	3.2	−0.3	−0.3	0.2
中美洲加勒比	0.4	0.4	0.4	0.3	−0.1	−0.1	−0.1
南美洲	1.3	1.1	1.0	0.9	−0.1	−0.2	−0.4
北美洲	1.1	1.6	1.3	1.1	−0.2	−0.5	0.0
欧洲	0.5	0.6	0.5	0.6	0.1	0.0	0.1
大洋洲	0.0	0.0	0.1	0.1	0.0	0.1	0.1
孟加拉国	5.1	6.9	7.0	7.1	0.1	0.2	2.0
柬埔寨	1.4	1.6	1.7	1.6	−0.1	0.0	0.2
中国	64.1	75.4	84.0	93.7	9.7	18.3	29.6
印度	21.4	21.5	24.0	22.3	−1.7	0.8	0.9

续表

国家和地区	2008~2010 年平均	2011 年度	2012 年度预计	2013 年度估计	2013 年数量变化		
					2013 比 2012	2013 比 2011	2013 比 2009
印度尼西亚	3.6	5.3	6.2	6.3	0.1	1.0	2.7
伊朗	0.3	0.3	0.5	0.5	0.0	0.2	0.2
日本	2.3	2.7	2.7	2.7	0.0	0.0	0.4
韩国	1.1	1.7	1.6	1.4	−0.2	−0.3	0.3
老挝	0.3	0.3	0.3	0.3	0.0	0.0	0.0
马来西亚	0.2	0.2	0.2	0.3	0.1	0.1	0.1
缅甸	5.5	4.8	3.9	2.9	−1.0	−1.9	−2.6
尼泊尔	0.3	0.2	0.3	0.2	−0.1	0.0	−0.1
巴基斯坦	0.8	0.3	0.5	0.5	0.0	0.2	−0.3
菲律宾	2.8	3.0	1.9	1.5	−0.4	−1.5	−1.3
斯里兰卡	0.2	0.4	0.3	0.3	0.0	−0.1	0.1
泰国	5.4	7.8	13.0	17.2	4.2	9.4	11.8
越南	4.1	2.9	3.2	3.6	0.4	0.7	−0.5
埃及	1.3	1.2	1.3	1.3	0.0	0.1	0.0
尼日利亚	0.3	0.4	0.5	0.4	−0.1	0.0	0.1
多米尼加共和国	0.1	0.1	0.1	0.1	0.0	0.0	0.0
阿根廷	0.1	0.0	0.0	0.0	0.0	0.0	−0.1
巴西	0.2	0.3	0.3	0.2	−0.1	−0.1	0.0
厄瓜多尔	0.1	0.1	0.1	0.1	0.0	−0.1	−0.1
秘鲁	0.3	0.3	0.3	0.3	0.0	0.0	0.0
美国	1.0	1.5	1.3	1.1	−0.2	−0.4	0.1
欧盟	0.5	0.5	0.5	0.5	0.0	0.0	0.0
俄罗斯	0.0	0.0	0.0	0.1	0.1	0.1	0.1
澳大利亚	0.0	0.0	0.1	0.1	0.0	0.1	0.1
合计	122.8	139.7	155.8	166.5	10.7	26.8	43.7
占比	97.2	97.2	97.8	98.1	0.3	0.8	0.9

资料来源：参见 Rice Market Monitor，2012 年 11 月第 4 期

从国家层面看，大米末期库存量主要集中在为数不多的几个国家。按照 2013 年度大米库存量排序，并与 2008~2010 年平均比较，大米库存量占世界比重及其位次情况如下：第 1 位中国，由 2008~2010 年平均占 50.7％居第 1 位变为 2013 年度占 55.2％；第 2 位印度，由占 16.9％居第 2 位变为占 13.1％；第 3 位泰国，由占 4.3％居第 4 位变为占 10.1％；第 4 位孟加拉国，由占 4.0％居第 5 位变为占 4.2％；第 5 位印度尼西亚，由占 2.8％居第 7 位变为占 3.7％；第 6 位越南，由占 3.2％居第 6 位变为占 2.1％；第 7 位缅甸，由占 4.4％居第 3 位变为占 1.7％；第 8 位日本，由占 1.8％居第 9 位变为占 1.6％；第 9 位柬埔寨，由占 1.1％居第 10 位变为占 0.9％；第 10 位菲律宾，由占 2.2％居第 8 位变为占 0.9％；第 11 位韩国，由占 0.9％居第 12 位变为占 0.8％；第 12 位埃及，由占

1.0%居第 11 位变为占 0.8%；第 13 位美国，由占 0.8%居第 13 位变为占 0.6%。另外，一些国家库存量低于 30 万吨，第 14 位欧盟，第 15 位巴基斯坦，第 16 位伊朗，第 17 位尼日利亚，第 18 位斯里兰卡，第 19 位老挝，第 20 位秘鲁，第 21 位马来西亚，第 22 位巴西，第 23 位尼泊尔，第 24 位多米尼加，第 25 位澳大利亚，第 26 位俄罗斯，第 27 位厄瓜多尔，第 28 位阿根廷。2013 年度世界大米库存量估计结果详见表 1-25。

表 1-25　2013 年度世界大米库存量估计

国家和地区	2011 年度			2012 年度预计			2013 年度估计		
	数量/百万吨	占比/%	位次	数量/百万吨	占比/%	位次	数量/百万吨	占比/%	位次
世界	143.7	—	—	159.3	—	—	169.8	—	—
中国	75.4	52.5	1	84.0	52.7	1	93.7	55.2	1
印度	21.5	15.0	2	24.0	15.1	2	22.3	13.1	2
泰国	7.8	5.4	3	13.0	8.2	3	17.2	10.1	3
孟加拉国	6.9	4.8	4	7.0	4.4	4	7.1	4.2	4
印度尼西亚	5.3	3.7	5	6.2	3.9	5	6.3	3.7	5
越南	2.9	2.0	8	3.2	2.0	7	3.6	2.1	6
缅甸	4.8	3.3	6	3.9	2.4	6	2.9	1.7	7
日本	2.7	1.9	9	2.7	1.7	8	2.7	1.6	8
柬埔寨	1.6	1.1	11	1.7	1.1	10	1.6	0.9	9
菲律宾	3.0	2.1	7	1.9	1.2	9	1.5	0.9	10
韩国	1.7	1.2	10	1.6	1.0	11	1.4	0.8	11
埃及	1.2	0.8	13	1.3	0.8	13	1.3	0.8	12
美国	1.5	1.0	12	1.3	0.8	12	1.1	0.6	13
欧盟	0.5	0.3	14	0.5	0.3	14	0.5	0.3	14
巴基斯坦	0.3	0.2	17	0.5	0.3	16	0.5	0.3	15
伊朗	0.3	0.2	18	0.5	0.3	17	0.5	0.3	16
尼日利亚	0.4	0.3	15	0.5	0.3	15	0.4	0.2	17
斯里兰卡	0.4	0.3	16	0.3	0.2	18	0.3	0.2	18
老挝	0.3	0.2	19	0.3	0.2	19	0.3	0.2	19
秘鲁	0.3	0.2	20	0.3	0.2	20	0.3	0.2	20
马来西亚	0.2	0.1	23	0.2	0.1	23	0.2	0.1	21
巴西	0.3	0.2	21	0.3	0.2	21	0.2	0.1	22
尼泊尔	0.2	0.1	22	0.3	0.2	22	0.2	0.1	23
多米尼加共和国	0.1	0.1	24	0.1	0.1	24	0.1	0.1	24
澳大利亚	0.0	0.0	28	0.1	0.1	26	0.1	0.1	25
俄罗斯	0.0	0.0	27	0.0	0.0	28	0.1	0.1	26
厄瓜多尔	0.1	0.1	25	0.1	0.1	25	0.0	0.0	27
阿根廷	0.0	0.0	26	0.0	0.0	27	0.0	0.0	28
合计	139.7	97.2	—	155.8	97.8	—	166.5	98.1	—
占比	97.2	—	—	97.8	—	—	98.1	—	—

资料来源：参见 Rice Market Moniter, 2012 年 11 月第 4 期

1.7　国家稻米产业评价指数

在全球稻米产业中，从稻米本身出发，在无需穷尽的情况下，如何确定一个国家对世界稻米产业的重要性，主要由生产供给、进口需求、出口能力、食用能力和人口状况所决定。

(1)生产供给。一国的生产供给，首先是满足国内自身需要。世界有120个国家生产大米，不同国家的体量不同，在世界稻米供给系统中的地位也不同。

(2)进口需求。一国的进口需求，主要是由国内供给量不足造成的，但也包括在供给量充足的前提下，需要进口调剂满足国内多种需求。世界有200个国家有大米进口需求，虽然许多国家不生产大米，但从需求角度看，这些国家或多或少地影响到稻米产业发展。

(3)出口能力。一国的出口，主要是由国内供给过剩造成的。在供给不充分的条件下，也有出口情况，这是国内和国际大市场经济原因，会减少国内实际供给能力。

(4)食用能力。一国的大米使用，主要是食用，主要是由传统消费行为决定的，它与人口数量有关。随着全球化发展，全球人口流动性增加，也会带来一国大米食用情况的改变。

(5)人口状况。一国的人口数量及城乡分布，对主食大米的需求及变化有重要影响。从对国际市场的贡献来看，一些国家既有进口，也有出口，这种情况应由国际市场净贸易量指标来测定。

显然，不同国家的大米生产供给、消费需求与市场贸易的情况各不相同。为了综合分析世界不同国家的稻米产业重要性，找出最有影响的国家及其影响的大小，可以构建一个稻米产业综合评价指数(rice industrial important level，RIIL)，RIIL是相对重要性的测度指标。RIIL可以用下式表示：

$$RIIL = \sum_{i=1,j=1}^{5,30} RIij$$

其中，i 是综合测度指数从1到5的赋值得分结果；j 是列入指标测度的国家编号，本研究取每项指标前30个国家。$R1$ 指世界前30个国家大米生产量，并由高到低赋值30～1，列30以后的国家赋值为0；$R2$ 指世界前30个国家大米出口量，并由高到低赋值30～1，列30以后的国家赋值为0；$R3$ 指世界前30个国家大米进口量，并由高到低赋值30～1，列30以后的国家赋值为0；$R4$ 指世界前30个国家大米人均食用量，并由高到低赋值30～1，列30以后的国家赋值为0；$R5$ 指世界前30个国家总人口，并由高到低赋值30～1，列30以后的国家赋值为0。

下面按照2008～2010年三年平均计算，从国家层面上考察世界稻米产业中重要程度的国家序列状况，以决定这些国家在稻米产业中的重要性以及相应的解释程度。

1.7.1　生产供给

稻米供求水平，首先取决于主要产稻国家的水稻生产。相比，水稻生产的国家分布比较集中。2008～2010年平均，全球生产大米48 298.8万吨。从国家层面看，中国和印度大米生产量累计占全球生产量49.0%，前10位国家还有印度尼西亚、孟加拉国、越南、缅甸、泰国、菲律宾、巴西、日本，累计占85.9%。前20位国家还有美国、巴基斯坦、柬埔寨、韩国、埃及、马达加斯加、尼泊尔、斯里兰卡、尼日利亚、老挝，累计占

94.4%。前30位的国家还有秘鲁、哥伦比亚、朝鲜、马来西亚、伊朗、马里、厄瓜多尔、意大利、几内亚和阿根廷，累计占97.4%。

1.7.2 出口能力

大米出口主要由生产决定，并成为世界大米市场贸易的基础。相比，大米出口国家的集中度高。2008~2010年平均，世界大米出口量3074.6万吨，占大米生产量的比重仅为6.37%。从国家层面看，泰国占30.1%，前10位还有越南、美国、巴基斯坦、印度、中国、乌拉圭、意大利、阿联酋、巴西，累计占89.4%。前20位还有阿根廷、埃及、贝宁、比利时、缅甸、圭亚拉、西班牙、荷兰、巴拉圭、希腊，累计占96.8%。前30位还有俄罗斯、法国、德国、塞内加尔、苏里兰、澳大利亚、英国、乌干达、尼日尔和日本，累计占98.5%。

1.7.3 进口需求

大米进口是由需求决定的，或者满足不了国内需求数量，或者满足不了国内需求结构，是全球大米供求平衡的重要方面。相比，大米进口很分散，集中度很低。2008~2010年平均，世界大米进口量3054.8万吨，占大米生产量的比重仅6.32%。从国家层面看，菲律宾占7.2%，前10位还有尼日利亚、沙特阿拉伯、阿联酋、伊拉克、马来西亚、伊朗、科特迪瓦、塞内加尔、南非共和国，累计占37.5%。前20位的国家还有贝宁、日本、英国、巴西、美国、墨西哥、孟加拉国、法国、古巴、中国内地，累计占55.8%。前30位的国家和地区还有喀麦隆、比利时、印度尼西亚、莫桑比克、加拿大、海地、也门、加纳、德国和中国香港，累计占68.3%。

1.7.4 食用能力

在大米需求中，大米食用最为重要。按照国内大米供应量计算，全世界平均食用大米比重占79.7%。100%的有6个国家，95%以上的有49个国家，90%以上的有87个国家，可见大米食用是大米需求的主要功能。按照大米人均食用量计算，世界平均为52.1公斤。从国家层次看，第1位是孟加拉国171公斤，前10位还有老挝、柬埔寨、越南、缅甸、菲律宾、印度尼西亚、泰国、马达加斯加、几内亚，都超过100公斤。前20位还有斯里兰卡、塞拉利昂、几内亚比绍、利比里亚、圭亚那、尼泊尔、韩国、朝鲜、文莱和中国(76.1公斤)。前30位还有塞内加尔、马来西亚、印度、科摩罗、苏里兰、科特迪瓦、东帝汶、科威特、所罗门群岛和巴拿马，前30位的大米人均食用量为62.7公斤。

1.7.5 人口状况

在世界176个国家都有大米食用消费情况下，一个国家的大米需求，必然会受到国家人口数量的影响，尤其是人口大国影响更大。2007~2009年平均，全球总人口66.57亿。在国家层面上，中国和印度两个人口超大国家分别占20.5%和18.1%，前10位还有美国、印度尼西亚、巴西、巴基斯坦、尼日利亚、孟加拉国、俄罗斯和日本，累计占60.9%。前20位的国家还有墨西哥、菲律宾、越南、德国、埃塞俄比亚、埃及、伊朗、土耳其、泰国和法国，累计占73.1%。前30位的国家还有英国、意大利、南非共和国、韩国、缅甸、乌克兰、哥伦比亚、西班牙、坦桑尼亚和苏丹，累计占80.4%，前30位的平均人口为4248.2万人。

1.7.6　综合评价指数

根据水稻生产供给、出口能力、进口需求、食用能力和人口状况，以前30位国家为限，大米生产的解释力97.4%，大米出口的解释力98.5%，大米进口的解释力68.3%，大米食用量的解释力难以估计，但可以通过人口比重近似地估计，食用量和人口状况的解释力为80.4%，按照几何法计算的综合解释力为84.2%，按照简单算术平均法计算的综合解释力为85.0%。

依据前30位计算总积分，每项指标均按首位30点，末位1点，30位以下为0点，加总计算影响指数，将得到结果列入表1-26。

表 1-26　国家稻米产业综合评价指数

综合评价指数			单项得分				
位次	国家和地区	指数	得分	生产量(y)	出口量(o)	进口量(i)	食用量(f)	人口(p)
1	中国	107	30	中国	泰国	菲律宾	孟加拉国	中国
2	越南	100	29	印度	越南	尼日利亚	老挝	印度
3	菲律宾	97	28	印度尼西亚	美国	沙特阿拉伯	柬埔寨	美国
4	孟加拉国	94	27	孟加拉国	巴基斯坦	阿联酋	越南	印度尼西亚
5	印度	92	26	越南	印度	伊拉克	缅甸	巴西
6	美国	92	25	缅甸	中国	马来西亚	菲律宾	巴基斯坦
7	泰国	89	24	泰国	乌拉圭	伊朗	印度尼西亚	尼日利亚
8	印度尼西亚	87	23	菲律宾	意大利	科特迪瓦	泰国	孟加拉国
9	巴西	86	22	巴西	阿联酋	塞内加尔	马达加斯加	俄罗斯
10	缅甸	73	21	日本	巴西	南非共和国	几内亚	日本
11	巴基斯坦	71	20	美国	阿根廷	贝宁	斯里兰卡	墨西哥
12	尼日利亚	65	19	巴基斯坦	埃及	日本	塞拉利昂	菲律宾
13	日本	62	18	柬埔寨	贝宁	英国	几内亚比绍	越南
14	埃及	50	17	韩国	比利时	巴西	利比里亚	德国
15	柬埔寨	46	16	埃及	缅甸	美国	圭亚那	埃塞俄比亚
16	伊朗	44	15	马达加斯加	圭亚拉	墨西哥	尼泊尔	埃及
17	马来西亚	41	14	尼泊尔	西班牙	孟加拉国	韩国	伊朗
18	老挝	40	13	斯里兰卡	荷兰	法国	朝鲜	土耳其
19	韩国	38	12	尼日利亚	巴拉圭	古巴	文莱	泰国
20	马达加斯加	37	11	老挝	希腊	中国内地	中国	法国
21	意大利	35	10	秘鲁	俄罗斯	喀麦隆	塞内加尔	英国
22	斯里兰卡	33	9	哥伦比亚	法国	比利时	马来西亚	意大利
23	尼泊尔	31	8	朝鲜	德国	印度尼西亚	印度	南非共和国
24	几内亚	23	7	马来西亚	塞内加尔	莫桑比克	科摩罗	韩国
25	朝鲜	21	6	伊朗	苏里兰	加拿大	苏里兰	缅甸
26	阿根廷	21	5	马里	澳大利亚	海地	科特迪瓦	乌克兰
27	哥伦比亚	13	4	厄瓜多尔	英国	也门	东帝汶	哥伦比亚
28	秘鲁	10	3	意大利	乌干达	加纳	科威特	西班牙
29	马里	5	2	几内亚	尼日尔	德国	所罗门群岛	坦桑尼亚
30	厄瓜多尔	4	1	阿根廷	日本	中国香港	巴拿马	苏丹

根据 RIIL，前 10 位的国家分别是中国、越南、菲律宾、孟加拉国、印度、美国、泰国、印度尼西亚、巴西和缅甸。再考虑到国家的代表性，确定以下 10 个国家：

(1)中国。按照 5 项指标综合衡量，中国在世界稻米产业中列第 1 位。中国水稻产量和人口居世界第 1 位，出口量居世界第 6 位，进口量居世界第 20 位，大米人均食用量居世界第 20 位。无论是供给还是需求，中国都是世界上重要的稻米产业国家。

(2)越南。按照 5 项指标综合衡量，越南在世界稻米产业中列第 2 位。越南水稻产量列世界第 5 位，出口量列第 2 位，进口量很少，大米人均食用量列第 2 位，人口列第 13 位。

(3)菲律宾。按照 5 项指标综合衡量，菲律宾在世界稻米产业中列第 3 位。菲律宾水稻产量列世界第 8 位，出口量很少，但进口量列第 1 位，人均食用量列第 6 位，人口列第 12 位。

(4)孟加拉国。按照 5 项指标综合衡量，孟加拉国在世界稻米产业中列第 4 位。孟加拉国水稻产量列世界第 4 位，出口量很少，进口量列第 17 位，人均食用量列第 1 位，人口列第 8 位。

(5)印度。按照 5 项指标综合衡量，印度在世界稻米产业中列第 5 位。印度水稻产量列世界第 2 位，出口量列第 5 位，进口量很少，人均食用量列第 23 位，人口列第 2 位。

(6)美国。按照 5 项指标综合衡量，美国在世界稻米产业中列第 6 位。美国水稻产量列世界第 11 位，出口量列第 3 位，进口量列第 15 位，人均食用量很少，人口列世界第 3 位。

(7)泰国。按照 5 项指标综合衡量，泰国在世界稻米产业中列第 7 位。泰国水稻产量列世界第 7 位，出口量列世界第 1 位，进口量很少，人均食用量列第 8 位，人口列世界第 19 位。

(8)印度尼西亚。按照 5 项指标综合衡量，印度尼西亚在世界稻米产业中列第 8 位。印度尼西亚水稻产量列世界第 3 位，出口量很少，进口量列世界第 23 位，大米人均食用量列第 7 位，人口列世界第 4 位。

(9)巴西。按照 5 项指标综合衡量，巴西在世界稻米产业中列第 9 位。巴西水稻产量居世界第 9 位，出口量列第 10 位，进口量列第 14 位，大米人均食用量不高，人口列世界第 5 位。

(10)日本。按照 5 项指标综合衡量，日本在世界稻米产业中列第 13 位，但考虑到日本的人口和进口需求，将列第 10 位的缅甸替换为日本。日本水稻产量列世界第 10 位，出口量列第 30 位，进口量列第 12 位，人均食用量不高，人口列世界第 10 位。

另外，此后是列第 11 位的缅甸，水稻产量居第 6 位，大米人均食用量列第 5 位，出口量列第 15 位，很少进口，人口居第 25 位。列第 12 位的巴基斯坦，水稻产量列第 12 位，出口量列第 4 位，很少进口，食用量不高，人口列第 6 位。列第 13 位的尼日利亚，生产量列第 19 位，出口量很少，进口量列第 2 位，人均食用量不高，人口列第 7 位。列在前 20 位的国家还有埃及、柬埔寨、伊朗、马来西亚、老挝、韩国和马达加斯加。列在前 30 位的国家还有意大利、斯里兰卡、尼泊尔、几内亚、朝鲜、阿根廷、哥伦比亚、秘鲁、马里和厄瓜多尔。如果扩大国家数量，这些也是可以考虑的。

依据 RIIL 得到的 10 个稻米产业重要国家，将在以后的 10 章中，分别依次进行稻米产业发展研究与分析。

第 2 章

中国稻米产业发展

中国，即中华人民共和国。中国国土总面积 960 万平方千米，2011 年总人口 13.4413 亿人(2011 年中国国家统计局数据为 13.4735 亿人)，面积居世界第 4 位，人口居世界第 1 位。中国是一个加速实现农业现代化的发展中大国，水稻生产和大米国际贸易，对中国农业发展、农民生活和农户增收有重要意义，对中国粮食安全具有战略价值，对国际大米市场和世界粮食安全有重要影响。

2.1 产 业 背 景

中国稻米产业发展，有特定的产业背景。中国稻米产业发展，主要由自然资源条件(尤其是耕地资源状况)、人口状况(包括人口结构)与经济水平(包括国家产业经济和国民经济收入水平)三大要素决定。

2.1.1 自然资源条件

中国是世界稻作发源地之一，万年稻作史演进至今，与优越的水稻生产自然条件息息相关。中国水稻生产，从国土南端热带地区的海南岛，到北端高寒地区的黑河市，从东部沿海岛屿，到西部山区，都可以种植水稻，从一年三熟到一年一熟，种植范围十分广泛，是世界上少有的水稻广泛适宜种植的国家。

在南方地区，水热条件优越，气候适宜，水稻种植遍布整个南方各省区市。

在北方地区，尤其是东北地区，正在不断地开发新的稻作区，北方地区，尤其是东北地区正在成为我国新兴水稻生产区域。

例如，黑龙江省黑河市爱辉区，地处我国北部边陲，是我国现有水稻种植的最北界，也是世界水稻栽培的纬度最高线。就其所处的地理位置和气候环境而言，有明显的代表性和典型性。该地区虽然年平均气温在一0.05℃左右，但全年≥10℃的活动积温在 1900℃～2300℃，地区内水稻全生育期为 105～120 天，处于黑龙江省农业区划的第四、五、六积温带，被称为高纬高寒水稻种植"禁区"。2010 年，为加快推进"1500 亿斤粮食产能工程"，黑龙江省水利厅组织有关专家对黑龙江省北部地区进行了考察评估，提出在爱辉区开展 100 亩(1 亩≈666.67 平方米)高纬高寒地区水稻种植模式推广试验，筛选出适合寒区种植的主栽品种，实现高纬高寒地区水稻大面积种植。爱辉区成立高纬高寒水稻试验专家组，组织水利、农技部门负责人和技术人员研究论证，提出"以灌区恢复为基础，以节水灌溉新技术为依托，以选育品种、良种栽培等农技措施为保障"的具体推进措施。在历时 9 个多月的试验中，水利技术人员认真进行田间水利设施建设与管护，黑龙江省农科院黑河分院派出专家负责品种选育、作物栽培及田间管理，并全天候进行数据观测。通过对黑交9709、黑交 06-213、东农 703 等 10 个试验品种进行选育，筛选出黑交 9709、黑交 06-213两个品种。采取温室育苗、水稻田增温等技术，攻克了高纬高寒地区水稻生产技术难关，全面提高了水稻品质和产量。据介绍，2013 年爱辉区计划种植水稻 1 万亩以上，预计 5年内可以发展到 20 万亩，实现粮食增产 1.86 亿斤。爱辉区高纬高寒水稻的试验成功，为黑龙江省水稻北扩提供了实践经验，对促进粮食增产、农业种植结构调整，最终实现黑龙江省"1500 亿斤粮食产能工程"目标，具有重要意义。

中国水稻生产与耕地资源拥有状况密切相关。耕地资源是水稻生产最基础的自然资源。在过去长期发展过程中，中国耕地面积经历了从增加到减少两次重大变化过程，近些年来，中国耕地资源总量仍然处于不断下降状态。按照 1961～1963 年三年平均计算，耕地面积为 10 313 万公顷，2007～2009 年为 10 932 万公顷，按照移动平均方法计算，年均增加 13.4 万公顷，年递增率 0.13%。如图 2-1 所示，中国耕地面积的增加，已被快速发展的工业化和城市化所"吞食"。经过模拟，类似于一个五次多项式过程，其解释程度为88.98%。中国耕地面积长期变化情况与模拟结果详见图 2-1。

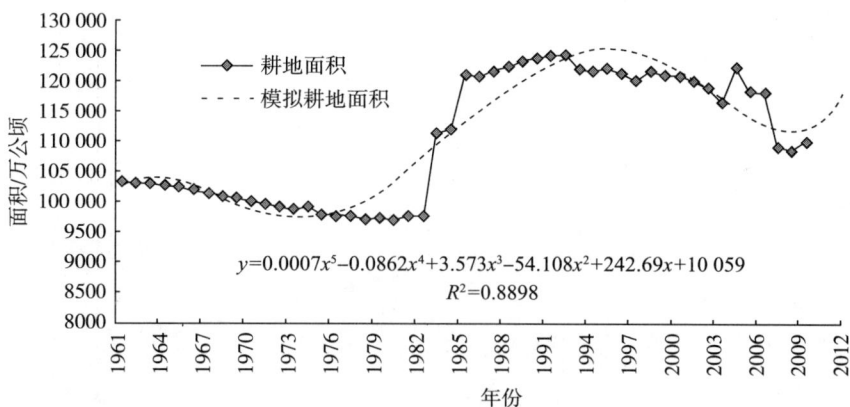

$$y=0.0007x^5-0.0862x^4+3.573x^3-54.108x^2+242.69x+10\ 059$$
$$R^2=0.8898$$

图 2-1　中国耕地面积变化

2.1.2　人口状况

中国人口基数大，人口增量大，人口增长速度较快。2011 年，中国总人口达到134 413 万人，早在 1960 年还只有 6677 万人。按照 1960～1962 年三年平均计算，总人口为 66 349 万人，按照 2009～2011 年三年平均计算，总人口为 134 413 万人，年均增加1347 万人，人口年递增率 1.44%，是世界上人口增加规模较大的国家之一。如果将中国人口增长过程加以模拟，拟合成的线性方程的解释程度低，如果拟合成三次多项式方程，解释程度达到 99.86%，说明目前人口增长速度明显放缓。中国总人口长期变化情况与模拟结果详见图 2-2。

中国是一个农业大国，仍然有大量人口居住在乡村地区。1960～2011 年，中国乡村地区人口数量由 55 898 万人增加到 66 533 万人，曾于 1991 年达到最高的 83 609 万人。按

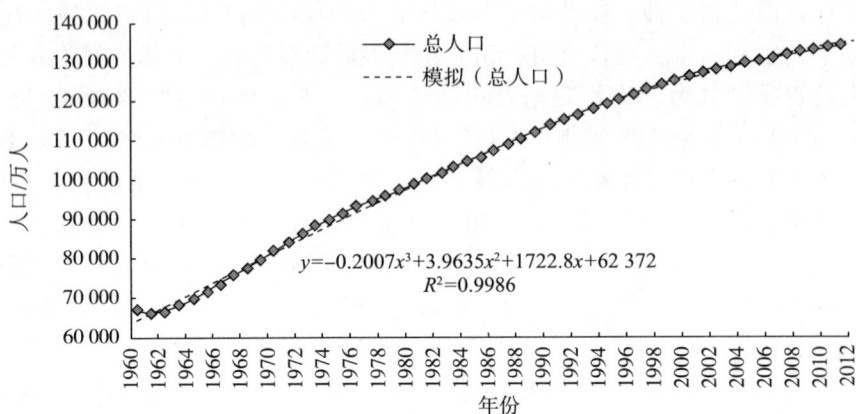

$$y=-0.2007x^3+3.9635x^2+1722.8x+62\,372$$
$$R^2=0.9986$$

图 2-2　中国总人口变化

照 1960～1962 年和 2009～2011 年三年平均计算，中国年均增加乡村人口 250 万人，年递增率 0.42％。同期，中国城市（城镇）人口增长更快，全国城市人口数量由 10 809 万人增加到 67 880 万人，按照初期和末期三年平均计算，年均增加 1096 万人，年递增率 3.72％。

中国乡村人口和城市人口都在不断增加，但由于各自增加的速度不同，人口城乡结构发生了重大变化。1960～2011 年，中国乡村人口率由 83.8％下降到 49.6％，如图 2-3 所示，可以用二次曲线方程模拟，其解释程度可以达到 99.8％。同期，中国城市人口率由 16.2％上升到 50.5％，将其变化过程拟合成二次多项式方程，结果表明，中国城市人口率的解释程度可以达到 99.8％。中国城乡人口结构长期变化与模拟结果详见图 2-3。

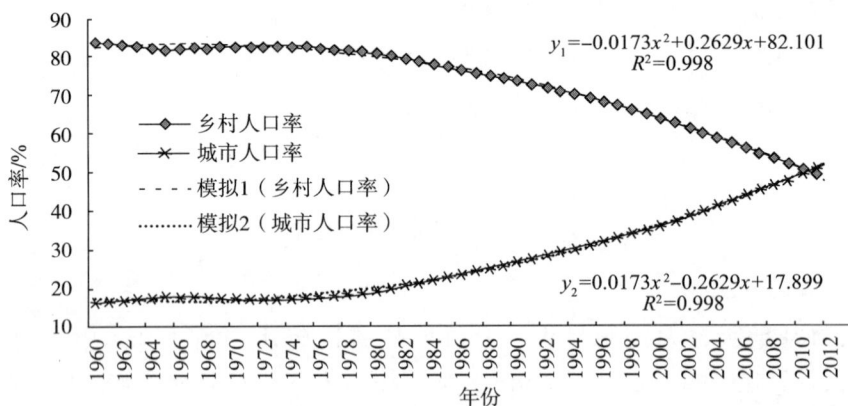

$$y_1=-0.0173x^2+0.2629x+82.101$$
$$R^2=0.998$$

$$y_2=0.0173x^2-0.2629x+17.899$$
$$R^2=0.998$$

图 2-3　中国城乡人口结构变化

2.1.3　经济水平

中国经济，自中国实施经济改革政策以来，在长达 30 多年的过程中，保持总体向上快速增长的态势。一般来看，中国经济增长的年度间波动较小，但存在比较明显的阶段性变化，20 世纪 80 年代初期以前，经济增长速度相对缓慢，20 世纪 80 年代中后期开始，经济增长速度明显加快。以 2011 年为例，中国 GDP（现值）472 882 亿元，约合 73 184 亿美元(现值)，已经跃居世界第 2 位。

　　结合中国人口变化情况，按照 2000 年美元不变价格计算，1960～2011 年，中国人均 GDP 由 105 美元增长到 2640 美元，按照 1960～1962 年和 2009～2011 年三年平均计算，年均增加 47 美元，年递增率 7.07%。可以将这一变化过程拟合成二次多项式方程，但解释程度较低，只有 96.13%，拟合成四次多项式方程，其解释程度提高到 99.84%。中国人均 GDP 长期变化情况与模拟结果详见图 2-4。

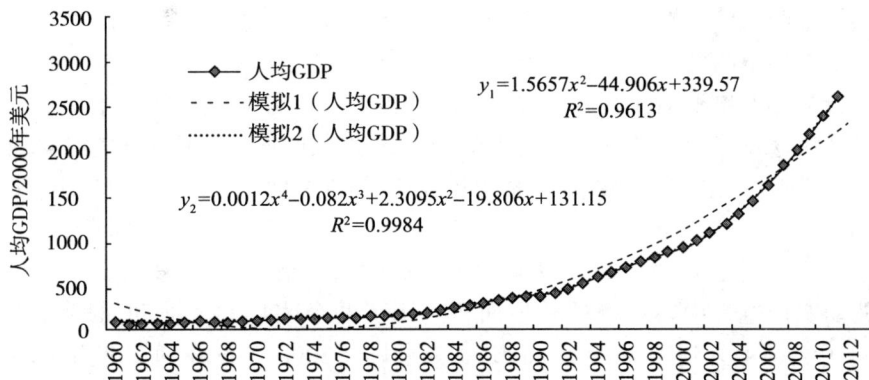

图 2-4　中国人均 GDP 变化

　　从国民收入角度看，与许多国家相似，中国人均国民收入与人均 GDP 变化相类似。按照 2000 年美元不变价格计算，1978～2011 年，中国人均国民收入由 175 美元增加到 2421 美元，按照这一时期首尾三年平均计算的长期年递增率达到了 8.84%。这一变化过程可以拟合成指数方程，解释程度达到 99.72%。中国人均国民收入长期变化情况与模拟结果详见图 2-5。

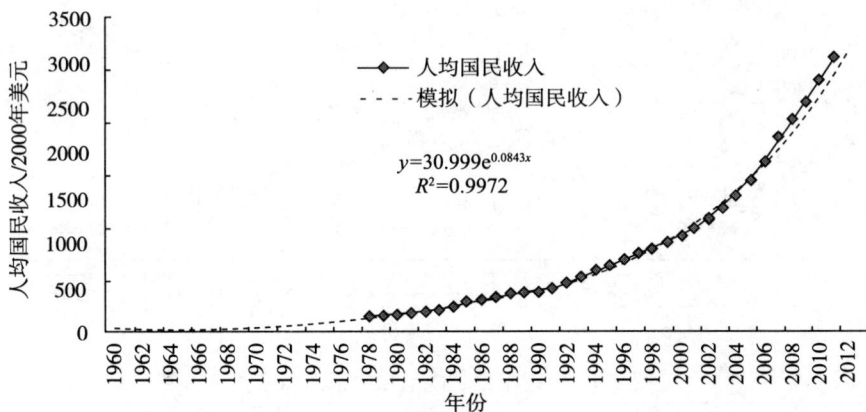

图 2-5　中国人均国民收入变化

2.2　水　稻　生　产

中国是世界水稻生产历史悠久的国家，自然资源条件良好，水稻生产对于中国稻农生产与生活至关重要，对于国家粮食安全尤为重要，同时也关系到世界大米市场秩序和国际贸易格局。

2.2.1 稻作生产

中国稻作生产，具有广泛适应性。从北到南跨度很大，适宜种植的地区十分广泛，因此中国稻作生产的面积很大，因而拥有世界最为庞大的水稻生产群体，发展水稻生产对于水稻农户家庭和水稻生产者都具有重要意义。

中国稻作生产的广泛性，决定了中国稻作的多样性。一般地讲，中国水稻生产的多样性可以根据稻作种植制度，将水稻生产分为一年单季种植和双季种植，也由此将中国水稻生产区域划分为北方单季稻作区和南方双季稻作区。在南方双季稻区，尤其是东南沿海地区，随着经济快速发展和社会进步过程中的城市化迅速推进，中国稻作生产类型或生稻种植制度发生了重大变化。全国水稻总面积第 1 个波动周期是 1949～1961 年（按照"谷—峰—谷"标准衡量），第 2 个波动周期是 1961～1985 年，第 3 个波动周期是 1985～1994 年，第 4 个波动周期是 1994～2003 年，第 5 个波动周期是 2003 年开始至今。在中国水稻种植面积波动变化过程中，双季稻种植面积经历了两个明显的大波动周期，早稻面积由 1949 年 690 万公顷上升到 1976 年最高 1301 万公顷，2003 年下降到 559 万公顷，成为历史最低，近年有所恢复，但恢复速度十分缓慢，晚稻面积与早稻面积极为类似。显著不同的是单季稻(中稻)，面积波动很大，但总体不断向上，历史上中稻面积最高是 1956 年 1721 万公顷，1965 年下降到 868 万公顷，1992 年上升到 1417 万公顷，2003 年在波动中增加 1488 万公顷，2011 年上升到 1810 万公顷，超过历史最高水平。中国早稻、晚稻和中稻面积长期变化情况详见图 2-6。

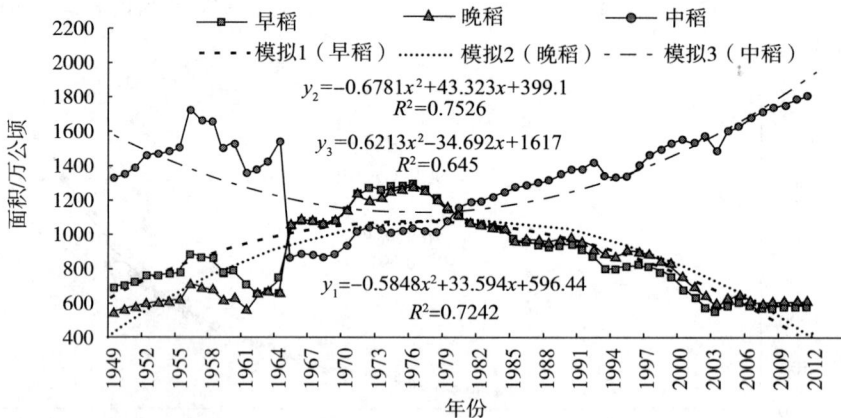

图 2-6 中国早稻、晚稻和中稻面积变化

2.2.2 水稻面积

水稻对于中国农业和国家粮食安全，具有不可替代的重要性，中国水稻种植面积和收获面积变化很大，已由稳定扩大进入到波动式向下调整的过程中。1961～2010 年，中国水稻收获面积总体上加略有增长，按照 1961～1963 年三年平均计算，全国水稻收获面积 2775 万公顷，2008～2010 年增加到 2983 万公顷，年均增加 4.3 万公顷，年递增率

0.15％，从近期来看，虽然目前仍有一定的年度波动，但仍处在面积略有增加的阶段。长期来看，年度波动和阶段性波动都较大，这种变动过程，可以用三次多项式加以模拟，其解释程度达到 84.47％。中国水稻收获面积长期变化情况与模拟结果详见图 2-7。

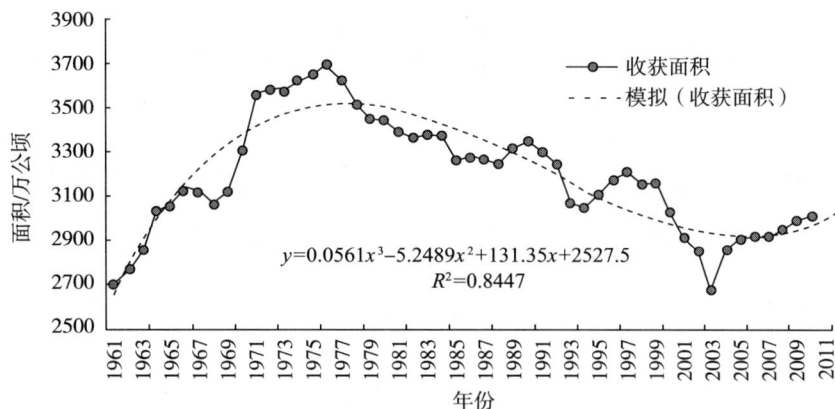

图 2-7　中国水稻收获面积变化

2.2.3　水稻产量

长期以来，中国都是世界上最重要的水稻生产国家之一，水稻产量的变化，对于国内水稻生产和稻农经济，甚至对整个世界大米市场都有重要的影响。纵观中国水稻产量变化，按照 1961～1963 年三年平均计算，水稻产量 6611 万吨，按照 2008～2010 年三年平均计算，水稻产量达到 19 573 万吨，年均增加 270 万吨，年递增率 2.34％。中国水稻产量长期变化情况与模拟结果详见图 2-8。

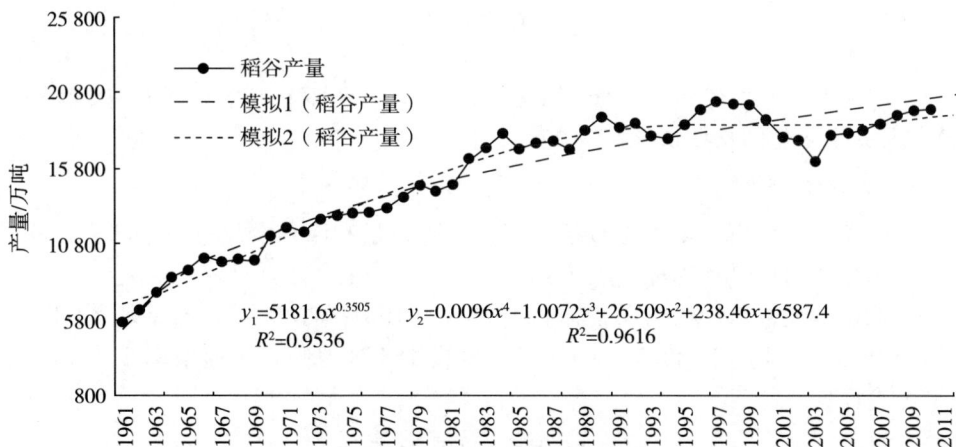

图 2-8　中国水稻产量变化

在过去 50 年间，中国水稻产量在波动中向上发展、总体上不断增长，阶段性波动比较明显，这个过程可以用四次多项式方程来描述，解释程度高达 96.16％，然而幂函数方程的解释程度亦可达到 95.36％，表明中国水稻产量仍然呈现出缓慢增长的趋势。

2.2.4 单产变化

按照单位面积计算水稻产量，中国水稻单产总体上在小幅波动中不断提高，总体上表现出单产向上台升的过程。按照 1961～1963 年三年平均计算，中国水稻单产为 2377 公斤/公顷，按照 2008～2010 年三年平均计算，单产为 6561 公斤/公顷，年均提高 87 公斤，年递增率 2.18%，近期中国水稻单产提高速度处在较为缓慢的状态下。中国水稻单产长期变化情况与模拟结果详见图 2-9。

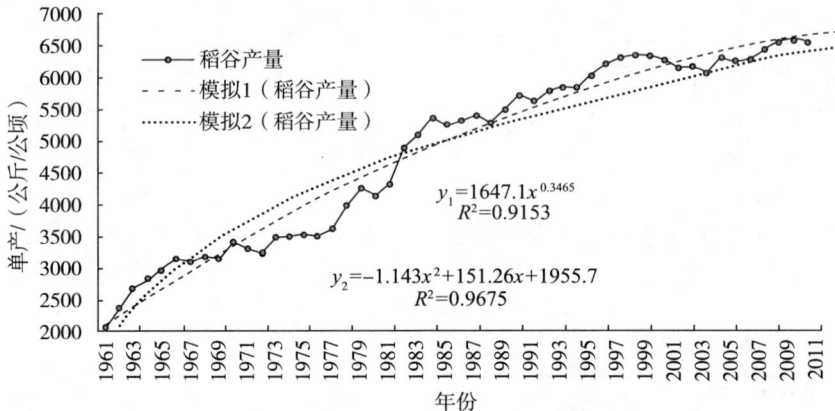

图 2-9　中国水稻单产变化

从长期变化过程看，中国水稻单产水平在较小的波动和阶段性变化中不断提高，但总体水平处在世界前列，用幂函数方程模拟的解释程度达到 91.53%，用二次多项式方程模拟，解释程度达到 96.75%，表明目前单产水平提高速度明显趋缓。

2.3　供求关系

按照一定时期内总供给量与总使用量相等的原则，考察在特定时期内中国稻米（按大米计算）供求关系变化的长期情况。

2.3.1 大米供求平衡表

从供求平衡角度分析，供给方包括生产量、进口量和库存变化量三个部分，需求方包括国内实际用量、出口量和损耗量三个部分。

大米供求量是大米总供给与总需求的均衡量，1961～1963 年三年平均 4452.1 万吨，2007～2009 年三年平均 12 930.1 万吨，年均增量 184.3 万吨，年递增率 2.40%。中国大米供求平衡表详见表 2-1。

表 2-1　中国大米供求平衡表

时间	总供求/万吨	供给/万吨			需求/万吨			比值	
		生产量	进口量	库存变化量	国内使用量	出口量	损耗量	产用比	出进比
1961 年	3790.7	3749.7	54.4	−13.4	3571.4	11.7	207.6	1.05	0.22
2009 年	13 200.9	13 118.6	80.5	1.7	12 513.6	82.8	604.6	1.05	1.03
初期平均	4452.1	4409.6	52.0	−9.5	4134.7	72.8	244.6	1.07	1.40

续表

时间	总供求/万吨	供给/万吨			需求/万吨			比值	
		生产量	进口量	库存变化量	国内使用量	出口量	损耗量	产用比	出进比
末期平均	12 930.1	12 836.7	85.2	8.2	12 228.5	107.5	594.4	1.05	1.26
年均增量	184.3	183.2	0.7	0.4	176.0	0.8	7.6	1.04	1.04
递增率/%	2.40	2.40	1.10	—	2.44	0.87	1.99	0.99	0.79

注："初期平均"指本表所列年份最初三年年度平均值，"末期平均"指本表所列年份最后三年年度平均值

资料来源：根据 FAO 数据库历年数据整理并计算

从供求平衡关系角度看，计算大米生产量与国内使用量的"产用比"表明，中国总体上生产量大于国内使用量，而且"产用比"已由初期平均的 1.07 变为末期平均的 1.05，不仅表明中国大米生产占国内使用量仍然超过 1，也表明中国大米国内使用量有进一步增加的态势。

从国内和国际供求关系看，计算大米出口量与进口量的"出进比"表明，中国一直是大米出口国家，随着进口量的增加，"出进比"已经由初期平均的 1.40 下降到末期平均的 1.26，表明中国大米"出进比"有所下降，但仍然是出口量大于进口量，仍属于净出口国家。

2.3.2　供给变化

大米的供给，对于水稻生产国家来说，主要来自于生产量，中国更是如此。中国大米生产量一直是供给的重要主体，1961～1963 年三年平均，大米生产量占供给量的比重为 99.0%，2007～2009 年上升到 99.3%，水稻生产发展对于中国大米供给十分重要，但适当进口大米也很重要，因此中国大米供给中水稻生产供给所占比重小于 100%。中国大米供给量与结构长期变化结果详见表 2-2。

表 2-2　中国大米供给量与结构变化

时间	数量/万吨				占比/%		
	总供给	生产量	进口量	库存变化量	生产量	进口量	库存变化量
1961 年	3790.7	3749.7	54.4	−13.4	98.9	1.4	−0.4
2009 年	13200.9	13118.6	80.5	1.7	99.4	0.6	0.0
初期平均	4452.1	4409.6	52.0	−9.5	99.0	1.2	−0.2
末期平均	12930.1	12836.7	85.2	8.2	99.3	0.7	0.1
年均增量	184.3	183.2	0.7	0.4	99.5	0.7	−0.2
递增率/%	2.40	2.40	1.10	−199.7	0.01	−1.26	−197.3

注："初期平均"指本表所列年份最初三年年度平均值，"末期平均"指本表所列年份最后三年年度平均值

资料来源：根据 FAO 数据库历年数据整理并计算

在供给量中，中国大米进口量是国内需求保障要素之一，是解决供给问题的必要补充，随着水稻生产能力的不断持续提升，中国逐步加大了大米进口量。按照 1961～1933 年三年平均计算，进口量为 52.0 万吨，按照 2007～2009 年三年平均计算，进口量增加到 85.2 万吨，年均增加 0.7 万吨，年递增率 1.10%。在供给结构中，中国大米进口量占供给量的比重，由 1.2% 下降到 0.7%，长期平均为 0.4%，可见进口大米对于中国大米供

给显然只是补充。

在供给量中，库存变化量是一种调剂。中国大米库存量比重较高，年度间的变化较大。总体上看，中国大米年度库存量，在充实库存与减少库存之间变化，占供给量的比重，最高是 2003 年增加库存量 2030 万吨，占供给量的 15.7%，最低是 1991 年减少库存量 1188 万吨，占供给量的 -10.6%。

2.3.3 需求变化

需求量变化，主要是由国内使用量、出口量及损耗量，关键是国内功能性使用所决定的，国内使用量是水稻生产大国的主体。

中国大米国内使用量很大，已由 1961～1963 年三年平均 4134.7 万吨增加到 2007～2009 年三年平均 12 228.5 万吨，国内使用量占大米需求量的比重，已由 1961～1963 年三年平均 92.9% 上升到 2007～2009 年三年平均 94.6%，长期平均为 95.5%，国内大米使用量比重上升，说明国内需求的相对重要性有所增加。中国大米需求量与结构长期变化结果详见表 2-3。

表 2-3   中国大米需求量与结构变化

时间	数量/万吨				占比/%				
	总需求	国内使用量	出口量	损耗量	国内使用量	出口量	损耗量	耗产率	耗用率
1961 年	3790.7	3571.4	11.7	207.6	94.2	0.31	5.48	5.54	5.81
2009 年	13 200.9	12 513.6	82.8	604.6	94.8	0.63	4.58	4.61	4.83
初期平均	4452.1	4134.7	72.8	244.6	92.9	1.64	5.49	5.55	5.92
末期平均	12 930.4	12 228.5	107.5	594.4	94.6	0.83	4.60	4.63	4.86
年均增量	184.3	176.0	0.75	7.61	92.72	1.49	5.79	5.82	6.25
递增率/%	2.40	2.44	0.87	1.99	0.04	-1.49	-0.40	-0.40	-0.44

注："初期平均"指本表所列年份最初三年年度平均值，"末期平均"指本表所列年份最后三年年度平均值

资料来源：根据 FAO 数据库历年数据整理并计算

在大米需求量中，中国大米对于满足国际需求的出口量也明显增长，这对国际大米市场来说也具有十分重要的作用。中国大米出口量由 1961～1963 年三年平均 72.8 万吨增加到 2007～2009 年三年平均 107.5 万吨，但占需求量的比重则由 1.64% 下降到 0.83%，年度平均为 1.5%。

在需求量中，使用过程中的损耗则相对较小。中国大米损耗量由 1961～1963 年三年平均 244.6 万吨增加到 2007～2009 年三年平均 594.4 万吨，它占总需求量的比重，由 5.49% 下降到 4.60%，年度平均为 5.79%；损耗量占生产量的比重由 5.55% 下降到 4.63%，年度平均为 5.82%；损耗量占国内使用量的比重，由 5.92% 下降到 4.86%，年度平均为 6.25%。

2.4   大 米 食 用

从水稻生产的目的性和需求的功能性来看，发展水稻生产旨在满足国内日益增长的食用需求，在于为人们提供生存与发展所需要的能量和营养。

2.4.1　食用量比较

1961～2009 年，按照 1961～1963 年和 2007～2009 年三年平均计算，中国大米食用量由 3337.8 万吨增加到 10 336.2 万吨，年均增加 148.9 万吨，总体上不断增长。中国大米、小麦、玉米和其他谷物食用量长期变化结果详见表 2-4。

表 2-4　中国谷物食用量变化比较

时间	人口/万人	食用量/万吨				人均食用量/(公斤/人)			
		大米	小麦	玉米	其他	大米	小麦	玉米	其他
1961 年	68 135	2846	1410	156	1747	41.8	20.7	2.3	25.6
2009 年	136 558	10 426	9071	925	246	76.3	66.4	6.8	1.8
初期平均	69 069.7	3337.8	1599.5	164.2	1783.5	48.3	23.1	2.4	25.8
末期平均	135 873.3	10 336.2	9060.0	914.1	237.0	76.1	66.7	6.7	1.7
年度平均	106 650.4	7987.1	6564.4	542.8	1184.2	73.6	58.1	4.8	12.8
年均增量	1421.4	148.9	158.7	16.0	−32.9	0.6	0.9	0.1	−0.5
递增率/%	1.48	2.49	3.84	3.80	−4.29	0.99	2.33	2.29	−5.69

注："初期平均"指本表所列年份最初三年度平均值，"末期平均"指本表所列年份最后三年度平均值

资料来源：根据 FAO 数据库历年数据整理并计算

剔除人口增加的影响，计算大米人均食用量，中国大米人均消费量居于世界中等偏上的水平，显然也已经处在缓慢下降的过程中。就平均来看，按照 1961～1963 年三年平均计算，如表 2-4 和图 2-10 所示，中国大米人均食用量为 48.3 公斤，按照 2007～2009 年三年平均计算，进一步上升到 76.1 公斤，年均增加 0.6 公斤，年递增率 0.99%。在谷物中，大米人均食用量仍然是最高的，相比，小麦人均食用量由年均 23.1 公斤上升到 66.7 公斤，年均增加 0.9 公斤，年递增率 2.33%；玉米人均食用量由 2.3 公斤上升到 6.7 公斤，其他谷物人均食用量由 25.8 公斤下降到 1.7 公斤。中国大米、小麦、玉米和其他谷物人均食用量长期变化详见图 2-10。

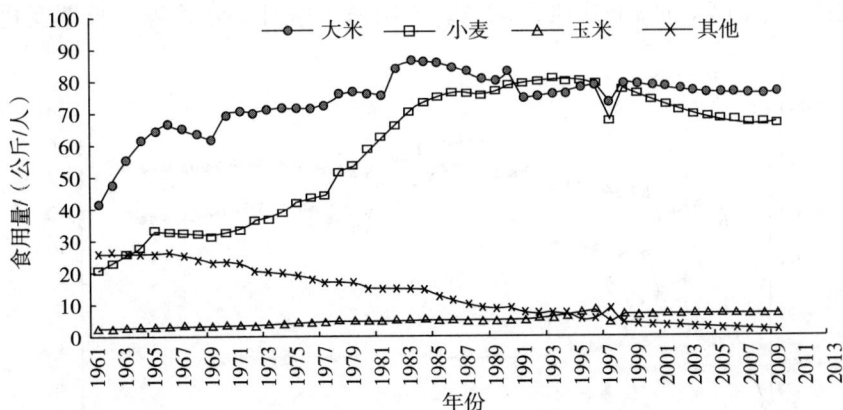

图 2-10　中国四类谷物人均食用量变化比较

2.4.2　米食营养

就全国平均而言，中国国民通过食物获取的营养量，在世界排名居中。在食物营养

中，主要是通过植物性食物获得能量和营养。食用大米获取营养，对于中国国民来说，是十分重要的。如表 2-5 所示，按照 1961～1963 年三年平均计算，每人每日通过食物获得热量 1523 千卡，按照 2007～2009 年三年平均计算的每人每日通过食物获得的热量为 3000 千卡，年均增加 31 千卡，年递增率 1.48％。中国每人每日食物营养量长期变化详见表 2-5。

表 2-5　中国每人每日食物营养量年度变化

时间	总营养量（A）		植物性食物营养量（B）		大米营养量		大米热量占比/%		大米蛋白质占比/%	
	热量/千卡	蛋白质/克	热量/千卡	蛋白质/克	热量/千卡	蛋白质/克	（A）	（B）	（A）	（B）
1961 年	1426	39.1	1370	35.6	431	7.9	30.2	20.2	31.5	22.2
2009 年	3036	93.8	2342	56.8	794	14.7	26.2	15.7	33.9	25.9
初期平均	1524	41.9	1454	37.7	497	9.1	32.6	34.2	21.7	24.1
末期平均	3000	92.1	2332	56.3	791	14.6	26.4	33.9	15.9	26.0
年度平均	2343	63.9	2036	48.6	763	14.0	32.6	37.5	21.9	28.8
年均增量	31.4	1.1	18.7	0.4	6.2	0.1	−0.1	0.0	−0.1	0.0
递增率/%	1.48	1.73	1.03	0.87	1.01	1.04	−0.46	−0.02	−0.68	0.16

注：“初期平均”指本表所列年份最初三年年度平均值，“末期平均”指本表所列年份最后三年年度平均值
资料来源：根据 FAO 数据库历年数据整理并计算

中国仍然以植物性食物为主，作为植物性食物的大米，所占地位十分重要。按照 1961～1963 年三年平均计算，中国每人每日通过食用大米获得热量 497 千卡，2007～2009 年上升到 791 千卡，年均增加 6.2 千卡，年递增率 1.01％。同时，大米还提供了 9.1 克和 14.6 克的蛋白质，以及一定量的植物性脂质。据此计算，大米为中国人提供的热量占总热量的比重由 32.6％下降到 26.4％，占植物性食物热量的比重由 34.2％下降到 33.9％。大米为中国人提供的蛋白质占蛋白质总量的比重由 21.7％下降到 15.9％，占植物性蛋白质的比重由 24.1％上升到 26.0％。中国每人每日大米营养量长期变化情况详见图 2-11。

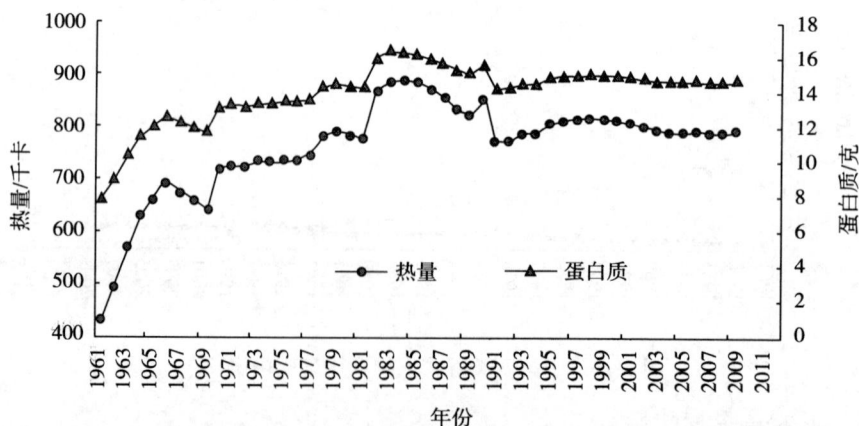

图 2-11　中国每人每日大米营养量年度变化

2.5　市　场　贸　易

大米市场分为国内市场与国际市场。在国内市场上，通过价格变化来反映国内大米市场变化走势。在国际市场上，主要通过价格和贸易量的变化来反映该国大米在国际大米市场上的地位及其变化情况。

2.5.1　国内大米价格

(1)中国稻谷收购价格月度变化。根据有关数据，得到中国全国平均各类稻谷收购价格。从稻谷收购价格情况看，中国稻谷收购价格明显经历了波动变化，阶段性变化十分突出。长期来看，中国稻谷价格由 1978 年 212 元/吨上升到 1998 年 1638 元/吨，2002 年下降到 1022 元/吨，此后逐步上升，2012 年上升到 2761 元/吨。中国稻谷收购价格的长期变化情况详见表 2-6。

表 2-6　中国稻谷收购价格长期变化

年份	价格/(元/吨)					环比变动/%				
	稻谷	早籼稻	中籼稻	晚籼稻	粳稻	稻谷	早籼稻	中籼稻	晚籼稻	粳稻
1978	212	193	200	206	249	—	—	—	—	—
1985	350	314	324	331	433	65.3	63.1	61.9	60.4	73.7
1988	521	432	454	526	672	48.7	37.5	40.3	59.1	55.3
1990	580	512	522	547	740	11.3	18.4	15.0	3.9	10.2
1991	567	522	489	547	711	−2.3	2.0	−6.3	0.0	−4.0
1992	585	530	503	573	731	3.1	1.6	2.9	4.9	2.8
1993	810	736	725	888	890	38.5	38.8	44.1	54.9	21.7
1994	1350	1135	1227	1458	1579	66.7	54.2	69.2	64.1	77.5
1995	1638	1435	1441	1620	2057	21.4	26.5	17.4	11.1	30.2
1996	1605	1541	1532	1548	1801	−2.0	7.4	6.3	−4.4	−12.4
1997	1383	1302	1354	1369	1508	−13.8	−15.5	−11.6	−11.6	−16.2
1998	1328	1189	1284	1342	1498	−4.0	−8.7	−5.1	−2.0	−0.7
1999	1128	1083	1031	1131	1265	−15.1	−8.9	−19.7	−15.7	−15.6
2000	1031	858	955	1104	1209	−8.5	−20.2	−7.4	−2.4	−4.5
2001	1065	939	1008	1058	1256	3.3	9.4	5.5	−4.1	4.0
2002	1022	952	977	1013	1145	−4.1	1.4	−3.0	−4.3	−8.8
2003	1195	1031	1109	1273	1364	16.9	8.3	13.5	25.7	19.1
2004	1594	1522	1508	1638	1709	33.5	47.6	35.9	28.7	25.3
2005	1547	1455	1426	1538	1767	−3.0	−4.4	−5.4	−6.1	3.4
2006	1602	1504	1478	1632	1795	3.6	3.4	3.7	6.2	1.6
2007	1704	1618	1651	1806	1741	6.3	7.6	11.7	10.6	−3.0
2008	1908	1933	1850	1981	1868	12.0	19.4	12.1	9.7	7.3
2009	1978	1920	1889	1985	2116	3.7	−0.6	2.1	0.2	13.3
2010	2342	2048	2184	2399	2737	18.4	6.7	15.6	20.9	29.3
2011	2556	2369	2493	2509	2853	9.1	15.7	14.2	4.6	4.2
2012	2761	2621	2768	2752	2902	8.0	10.6	11.0	9.7	1.7

资料来源：根据国家水稻产业经济研究室数据库有关数据整理计算

2012 年,是 2004 年以来实行稻谷保护价收购国家支持的第 9 年,这一年,中国稻谷收购价格月度变化的波动性比较大。根据中国稻谷收购价格监测数据,对近三年来中国各类稻谷收购价格分析表明,2012 年全国稻谷平均收购价格达到 2761 元/吨,比 2011 年上涨 8.0%,其中早籼稻价格达到 2621 元/吨,比 2011 年上涨 10.6%;中籼稻价格 2768 元/吨,比 2011 年上涨 11.0%;晚籼稻(中晚籼稻)价格 2752 元/吨,比 2011 年上涨 9.7%;粳稻价格 2902 元/吨,比 2011 年上涨 1.7%。2012 年中国稻谷收购价格月度变化情况详见表 2-7。

表 2-7 2012 年中国稻谷收购价格月度变化

时间	收购价格/(元/吨)					同比增幅/%				
	稻谷	早籼	中籼	晚籼	粳稻	稻谷	早籼	中籼	晚籼	粳稻
全年	2761	2621	2768	2752	2902	8.0	10.6	11.0	9.7	1.7
1 月	2693	2538	2713	2679	2843	11.1	11.8	16.7	16.1	1.6
2 月	2711	2575	2721	2699	2851	10.1	14.3	11.6	13.8	2.1
3 月	2740	2590	2756	2753	2863	10.2	14.4	15.2	13.4	0.1
4 月	2769	2642	2790	2779	2864	11.1	18.0	16.2	12.4	0.2
5 月	2787	2661	2814	2792	2881	10.6	15.3	15.0	12.6	1.2
6 月	2807	2662	2873	2811	2881	10.0	12.9	16.8	11.7	0.4
7 月	2809	2632	2870	2822	2911	9.0	12.7	14.3	11.1	−0.4
8 月	2800	2666	2763	2813	2959	8.4	10.7	10.2	11.3	2.3
9 月	2782	2648	2729	2747	3002	6.5	7.2	7.5	7.7	3.7
10 月	2759	2618	2749	2712	2957	5.3	5.9	6.6	3.8	4.9
11 月	2747	2613	2744	2722	2910	3.2	3.5	3.6	3.0	2.6
12 月	2723	2604	2696	2696	2896	1.7	3.1	0.8	1.3	1.7

资料来源:根据国家水稻产业经济研究室数据库有关数据整理计算

(2)中国大米批发价格变化。根据中国全国农业信息中心大米批发市场监测数据,全国大米批发价格,在 20 世纪 90 年代中期已经达到较高水平,然后明显下降,自 2002 年开始连续 12 年上涨。根据粳米、籼米和其他大米三种类型简单平均计算,2012 年全国大米批发价格达到 4597 元/吨,比 2011 年上涨 5.0%,其中籼米(晚籼米)批发价格 4162 元/吨,比 2011 年上涨 6.8%;粳米批发价格 4680 元/吨,比 2011 年上涨 3.0%;其他大米(包括进口大米、功能大米、特色大米等)批发价格 4950 元/吨,比 2011 年上涨 5.4%。1996～2012 年中国国内大米批发价格年度变化情况详见表 2-8。

表 2-8 中国国内大米批发价格年度变化

年份	价格/(元/吨)				变动/%			
	大米	粳米	籼米	其他	大米	粳米	籼米	其他
1996	3153	3294	3013	—	—	—	—	—
1997	2323	2367	2280	—	−26.3	−28.1	−24.3	—
1998	2278	2218	2337	—	−2.0	−6.3	2.5	—
1999	1968	2023	1913	—	−13.6	−8.8	−18.1	—
2000	1703	1678	1728	—	−13.5	−17.0	−9.7	—
2001	1733	1800	1666	—	1.8	7.3	−3.6	—

续表

年份	价格/(元/吨)				变动/%			
	大米	粳米	籼米	其他	大米	粳米	籼米	其他
2002	1654	1779	1528	—	−4.6	−1.2	−8.3	—
2003	1811	1777	1672	1985	9.5	−0.1	9.4	
2004	2673	2731	2517	2770	47.6	53.7	50.5	39.6
2005	2678	2741	2524	2770	0.2	0.3	0.3	0.0
2006	2738	2883	2387	2945	2.2	5.2	−5.4	6.3
2007	2950	3128	2676	3047	7.7	8.5	12.1	3.5
2008	3120	3228	2910	3220	5.7	3.2	8.8	5.7
2009	3302	3365	3074	3466	5.8	4.2	5.6	7.6
2010	3790	3907	3353	4110	14.8	16.1	9.1	18.6
2011	4378	4543	3897	4694	15.5	16.3	16.2	14.2
2012	4597	4680	4162	4950	5.0	3.0	6.8	5.4

资料来源：根据国家水稻产业经济研究室数据库有关数据整理计算

近年来，中国大米批发价格波动性增加，但仍然表现出总体向上、价格逐步提升变化趋势。2012 年大米批发价格同比（比上一年）上涨 5.0%，2011 年大米批发价格同比（比2010 年）上涨 15.5%。价格月度变化数据表明，2012 年大米批发价格的波动性明显高于2011 年。2012 年各月度价格，仍然高于 2011 年同期价格，但粳米价格约有 6 个月几乎与2011 年同期价格持平，从 2012 年月度价格与 2011 年月度价格同比的变化情况来看，价格上涨趋于平缓，涨幅变小。详细比较结果见表 2-9。

表 2-9　近期中国大米批发价格月度变化

时间	价格/(元/吨)				同比变动/%			
	大米	粳米	籼米	其他	大米	粳米	籼米	其他
2012 年全年	4597	4680	4162	4950	5.0	3.0	6.8	5.4
1 月	4511	4568	4062	4904	8.2	7.5	9.3	7.9
2 月	4540	4627	4081	4911	7.0	5.4	7.2	8.5
3 月	4545	4600	4133	4903	5.8	2.0	7.9	7.7
4 月	4497	4558	4100	4833	3.1	0.0	5.4	4.4
5 月	4533	4569	4164	4866	3.8	0.1	6.9	5.0
6 月	4530	4625	4206	4759	3.4	1.0	7.6	2.2
7 月	4537	4629	4198	4783	2.3	0.0	6.3	1.3
8 月	4632	4684	4161	5052	4.8	1.2	5.9	7.3
9 月	4721	4791	4197	5175	6.2	3.8	6.3	8.3
10 月	4708	4874	4170	5081	5.5	5.6	5.4	5.5
11 月	4685	4801	4226	5028	4.4	4.0	6.2	3.3
12 月	4725	4832	4246	5099	5.7	5.7	7.3	4.3

资料来源：根据国家水稻产业经济研究室数据库有关数据整理计算

(3)中国大米零售价格变化。从国内大米消费者角度看，主食大米越来越倾向于粳米消费，粳米消费量约占主食大米消费量的 60%，尤其是大中城市家庭多以粳米为主食。

据国家统计局数据（国家统计局从 2009 年 3 月起在国家统计局网站公布上述调查数据，包括全国 50 个大中城市 29 种与居民生活密切相关的食品价格）在全国 50 个大中城市的调查数据显示，2012 年粳米零售价格 5505 元/吨，同比上涨 1.9%；2011 年粳米零售价格同比上涨 17.2%，2010 年粳米零售价格同比上涨 18.5%。如表 2-10 所示，2012 年，粳米价格最高是 12 月 5677 元/吨，最低是 3 月份 5387 元/吨，全年各月份粳米价格涨幅都很小，表现为十分缓慢的变化。表 2-10 还给出了面粉（标粉）零售价格变化情况。

表 2-10 中国城市粳米零售价格变化

时间	价格/(元/吨)		同比变动/%	
	粳米	标粉	粳米	标粉
2012 年全年	5505	4056	1.9	−0.3
1 月	5467	4110	4.6	4.3
2 月	5390	3980	3.4	0.7
3 月	5387	4003	0.6	−0.4
4 月	5407	4000	0.6	−1.6
5 月	5403	4013	0.4	−0.7
6 月	5443	4023	1.0	−1.1
7 月	5443	4027	0.2	−1.6
8 月	5513	4053	1.1	−1.1
9 月	5620	4070	3.5	−1.2
10 月	5660	4107	2.7	−0.8
11 月	5653	4127	2.4	−0.2
12 月	5677	4153	2.7	0.9

资料来源：根据国家水稻产业经济研究室数据库有关数据整理计算

2.5.2 大米国际贸易

中国是世界重要的大米贸易国家。在国际大米市场，中国在大米国际贸易中的重要地位因大米出口大国而有特别显著。按照 1986～2010 年 25 年平均计算，大米出口量 118.6 万吨，大米进口量 40.4 万吨。总的来看，中国大米出口量年度波动较大，进口量有所下降。自 1986 年以来，中国大米进出口贸易变化情况详见表 2-11。

表 2-11 中国大米进出口贸易变化

年份	出口			进口			净出口		
	数量/万吨	金额/万美元	价格/(美元/吨)	数量/万吨	金额/万美元	价格/(美元/吨)	数量/万吨	金额/万美元	价格/(美元/吨)
1986	12.8	1427.4	111.6	0.4	94.0	261.0	12.4	1333.4	−149.4
1987	121.7	21 249.1	174.6	38.9	5829.6	150.0	82.9	15 419.5	24.5
1988	80.0	20 368.9	254.7	31.4	7614.4	242.5	48.6	12 754.5	12.2
1989	38.3	11 139.3	290.9	110.9	28 112.9	253.5	−72.6	−16 973.6	37.4
1990	40.5	9777.6	241.7	5.2	1033.6	197.7	35.2	8744.0	43.9
1991	81.7	18 153.8	222.3	7.1	2415.9	340.3	74.6	15 737.9	−118.0
1992	102.9	23 164.5	225.1	10.5	3941.3	376.9	92.5	19 223.2	−151.8

年份	出口			进口			净出口		
	数量/万吨	金额/万美元	价格/(美元/吨)	数量/万吨	金额/万美元	价格/(美元/吨)	数量/万吨	金额/万美元	价格/(美元/吨)
1993	145.7	25 583.7	175.6	9.6	3510.9	366.1	136.1	22 072.8	-190.5
1994	97.0	28 238.7	291.2	48.6	13 735.7	282.5	48.3	14 503.0	8.7
1995	23.4	5533.4	236.2	157.9	41 925.5	265.5	-134.5	-36 392.1	-29.2
1996	25.1	8903.7	354.3	70.4	27 195.4	386.2	-45.3	-18 291.7	-31.9
1997	94.3	25 022.4	265.2	30.7	13 618.6	443.2	63.6	11 403.8	-177.9
1998	368.2	89 074.2	241.9	23.7	11 865.6	501.6	344.5	77 208.6	-259.6
1999	265.8	61 958.1	233.1	17.1	7903.2	461.8	248.7	54 054.9	-228.7
2000	288.4	52 932.9	183.5	24.4	11 448.6	469.3	264.0	41 484.3	-285.7
2001	192.3	31 887.1	165.8	27.2	9999.1	367.5	165.1	21 888.0	-201.6
2002	195.7	35 249.4	180.2	26.8	9081.4	338.9	168.9	26 168.0	-158.7
2003	245.7	44 930.3	182.9	30.7	11 239.3	366.3	215.0	33 691.0	-183.5
2004	77.2	18 157.5	235.1	79.4	26 800.3	337.5	-2.2	-8642.8	-102.4
2005	55.9	17 550.4	314.0	53.3	20 615.5	386.7	2.6	-3065.1	-72.7
2006	109.0	34 138.7	313.2	69.2	28 589.4	413.1	39.8	5549.3	-99.9
2007	115.3	38 446.2	333.4	44.3	20 769.6	468.9	71.0	17 676.6	-135.4
2008	79.9	37 034.9	463.2	27.8	17 736.8	637.6	52.1	19 298.1	-174.4
2009	62.2	36 457.7	586.0	33.4	21 740.5	651.5	28.8	14 717.2	-65.5
2010	47.1	27 347.1	580.2	31.1	22 724.1	731.2	16.1	4623.0	-151.0
年数	25	25	25	25	25	25	25	25	25
年度平均	118.6	28 949.1	244.0	40.4	14 781.6	365.9	78.2	14 167.4	-121.9

资料来源：根据 FAO 数据库历年数据整理并计算

长期来看，1961～2010 年，中国各年度大米(包括米制品等全部加总按大米等值计算)国际贸易量变化情况如图 2-12 所示，中国大米出口量有两个高峰阶段，大米进口量有两个大的进口年份，近年来进口量有所增加，大米进口量和出口量在年度间的波动也有所加大。中国大米国际贸易量长期变化情况详见图 2-12。

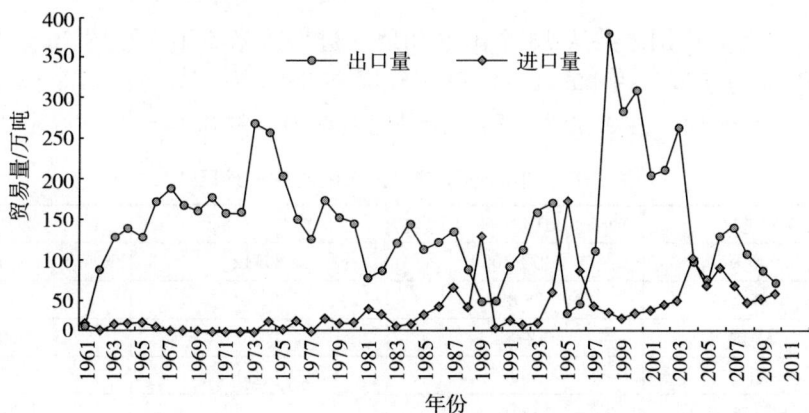

图 2-12　中国大米国际贸易量长期变化

2.5.3 进口来源

1986～2010 年，中国总共从 37 个国家和地区进口大米，按照 25 年平均，中国平均每年进口大米 40.4 万吨。长期的进口来源第 1 位是泰国，占 85.86%；第 2 位是越南，占 8.81%；第 3 位是朝鲜，占 1.89%；第 4 位是缅甸，占 1.55%；第 5 位是美国，占 0.70%。1986～2010 年，中国内地进口大米的国家和地区的分布情况详见表 2-12。

表 2-12   中国内地长期进口大米的国家和地区

位次与国家和地区		1986～2010 年平均/万吨	占比/%	累比/%
1	泰国	346 848.7	85.86	85.9
2	越南	35 595.0	8.81	94.7
3	朝鲜	7622.7	1.89	96.6
4	缅甸	6247.8	1.55	98.1
5	美国	2827.2	0.70	98.8
6	巴基斯坦	1566.7	0.39	99.2
7	埃及	1348.8	0.33	99.5
8	印度	763.8	0.19	99.7
9	新加坡	561.6	0.14	99.9
10	澳大利亚	225.4	0.06	99.9
11	日本	127.7	0.03	99.9
12	老挝	65.7	0.02	100.0
13	尼泊尔	56.8	0.01	100.0
14	韩国	29.4	0.01	100.0
15	中国香港	29.0	0.01	100.0
16	乌拉圭	18.7	0.00	100.0
17	澳门	13.1	0.00	100.0
18	菲律宾	12.9	0.00	100.0
19	保加利亚	3.4	0.00	100.0
20	印度尼西亚	2.6	0.00	100.0

资料来源：根据 FAO 数据库历年数据整理并计算

2008～2010 年，中国总共从 13 个国家和地区进口大米，年度平均 30.8 万吨。近期进口来源第 1 位是泰国，占 89.12%；第 2 位是越南，占 9.37%；第 3 位是美国，占 0.90%；第 4 位是缅甸，占 0.30%；第 5 位是巴基斯坦，占 0.14%。详见表 2-13。

表 2-13   中国近期进口大米的国家和地区

位次与国家和地区		1986～2010 年平均/万吨	占比/%	累比/%
1	泰国	274 106	89.12	89.1
2	越南	28 833	9.37	98.5
3	美国	2782	0.90	99.4
4	缅甸	936	0.30	99.7
5	巴基斯坦	418	0.14	99.8

续表

位次与国家和地区		1986～2010 年平均/万吨	占比/%	累比/%
6	韩国	230	0.07	99.9
7	日本	183	0.06	100.0
8	朝鲜	30	0.01	100.0
9	印度	22	0.01	100.0
10	意大利	5.0	0.00	100.0
11	澳大利亚	2.0	0.00	100.0
12	柬埔寨	1.7	0.00	100.0
13	马来西亚	0.3	0.00	100.0

资料来源：根据 FAO 数据库历年数据整理并计算

2.5.4　出口去向

与大米进口来源相比，中国大米出口的国家分布更为广泛。1986～2010 年的 25 年间，中国共向全球 166 个国家和地区出口大米，年均出口量 118.6 万吨，每年平均向每个国家出口大米 7147 吨。表 2-14 是 1986～2010 年中国内地大米出口的前 20 位国家和地区的分布及占比情况。

表 2-14　中国内地长期大米出口的前 20 位国家和地区

位次与国家和地区		1986～2010 年平均/万吨	占比/%	累比/%
1	科特迪瓦	233 396.8	19.67	19.67
2	印度尼西亚	127 616.8	10.76	30.43
3	菲律宾	78 364.3	6.61	37.03
4	古巴	70 597.8	5.95	42.98
5	俄罗斯	62 637.7	5.28	48.26
6	日本	55 180.2	4.65	52.91
7	朝鲜	44 992.6	3.79	56.71
8	利比里亚	40 939.1	3.45	60.16
9	中国香港	37 588.8	3.17	63.33
10	多哥	36 054.9	3.04	66.36
11	利比亚	30 314.1	2.56	68.92
12	伊拉克	24 235.1	2.04	70.96
13	几内亚	20 286.6	1.71	72.67
14	毛里求斯	19 542.4	1.65	74.32
15	美国	18 870.4	1.59	75.91
16	巴布亚新几内亚	18 297.5	1.54	77.45
17	尼日利亚	18 009.0	1.52	78.97
18	马来西亚	15 671.3	1.32	80.29
19	罗马尼亚	11 311.0	0.95	81.24
20	肯尼亚	11 291.7	0.95	82.20

资料来源：根据 FAO 数据库历年数据整理并计算

从近年出口的国家来看，中国每年出口量 63.1 万吨，共向世界 95 个国家和地区出口大米。第 1 位为科特迪瓦，占 15.22％；第 2 位为利比里亚，占 13.27％；第 3 位为朝鲜，占 9.67％；第 4 位为日本，占 7.64％；第 5 位为韩国，占 7.11％。2008～2010 年，中国内地出口大米的前 20 位国家和地区的分布情况详见表 2-15。

表 2-15　中国内地近期出口大米去向前 20 位国家和地区

位次与国家和地区		2008～2010 年平均/万吨	占比/%	累比/%
1	科特迪瓦	96 041.7	15.22	15.22
2	利比里亚	83 725.7	13.27	28.49
3	朝鲜	61 036.3	9.67	38.16
4	日本	48 201.7	7.64	45.80
5	韩国	44 888.0	7.11	52.92
6	尼日利亚	43 654.3	6.92	59.83
7	中国香港	40 721.7	6.45	66.29
8	巴布亚新几内亚	40 656.0	6.44	72.73
9	南非共和国	36 258.3	5.75	78.48
10	俄罗斯	24 741.0	3.92	82.40
11	贝宁	9910.7	1.57	83.97
12	吉尔吉斯斯坦	9548.0	1.51	85.48
13	美国	9542.7	1.51	86.99
14	哈萨克斯坦	9162.0	1.45	88.45
15	萨摩亚	7056.3	1.12	89.57
16	坦桑尼亚	6846.3	1.09	90.65
17	塔吉克斯坦	6699.3	1.06	91.71
18	叙利亚	6048.0	0.96	92.67
19	乌克兰	4876.3	0.77	93.44
20	蒙古	4852.3	0.77	94.21

资料来源：根据 FAO 数据库历年数据整理并计算

2.6　展　望

中国是世界上重要的水稻生产国家，也是世界稻米市场大米国际贸易的重要国家。中国水稻生产状况和大米进出口贸易，不仅影响本国的农业与粮食安全，也对世界稻米市场有重要影响。

中国是大米消费大国，国内大米食用量很大，人均食用量较高，但大米人均食用量已经处在稳步下降阶段。由于人口仍在不断增加，因此中国大米食用量仍将缓慢增加。

与许多其他国家相比，中国国内大米价格总体上与国民收入水平比较适应，稻谷收购价格稳步提高，但近年受市场影响，中国稻谷价格年度波动较大，不同种类（类型）的稻谷收购价格差距不断缩小，但国内稻米市场总体上仍属正常。

在国际大米市场上，中国大米出口量有所下降，进口量变化较大，预计中国大米进出口波动将进一步加大，出口量和进口量预计将进一步增加，但由于所占比重很低，中国缓慢增加大米进出口量，不会影响国内大米需求，也不会太影响国际大米市场剧烈变化。

第3章

越南稻米产业发展

越南，即越南社会主义共和国(The Socialist Republic of Viet Nam)。越南国土总面积 32.95 万平方千米，人口 8784 万人(2011)。面积和人口分别居世界第 65 位和第 13 位。越南是一个正在从传统农业向现代农业迈进的发展中国家，水稻生产和大米国际贸易，对其十分重要，对世界稻米产业具有越来越重要的影响。

3.1　产业背景

越南稻米产业发展，由自然资源条件、人口状况与经济水平三大要素决定。

3.1.1　自然资源条件

越南位于中南半岛东部，北与中国接壤，西与老挝、柬埔寨交界，东面和南面临南海。海岸线长 3260 多千米。地处北回归线以南，属热带季风气候，高温多雨。年平均气温 24℃左右，年平均降雨量 1500~2000 毫米。越南北方分春、夏、秋、冬四季，南方雨旱两季分明，大部分地区 5~10 月为雨季，11 月至次年 4 月为旱季。

越南地形狭窄，纬度跨越大，气候条件各地颇不相同。但总的特点是气温高，湿度大，风雨多。南部靠近赤道，年温差很小，最热的时间为 4 月，月平均气温约 29℃；最冷的 12 月平均气温也有 26℃左右。北方的气温变化较大，最热为 7 月，平均气温约 29℃，最冷为 1 月，月平均气温约 15℃，有时也会降到 5℃以下。在山区和高原地区，有时也冷至 0℃以下，但终年不下雪。越南属热带季风地区，海岸线长，除西北部外，气候受海洋性气候影响显著。每年 7~11 月沿海地区常遭台风袭击。夏季在越南中部还有一种季风，叫"老挝风"，它吹过的地方燥热干旱，对植物危害很大。越南雨量充沛，年平均降雨量达 1800~2000 毫米，南方的一些地区甚至高达 3000~4000 毫米。在河内地区，全年下雨天数在 150 天以上。越南的气候分为雨季和旱季，每年 5~10 月为雨季。11 月至次年 4 月为旱季，雨季的降雨量约占全年降雨量的 80%。

越南全国划分为 58 个省和 5 个直辖市，可以分为 8 个农业生态区。越南的农作物主要是水稻、玉米、红薯、木薯、甘蔗、花生、大豆等。越南农业计划工程研究所依据地形、土壤和气候条件把该国分成八个农业生态区。北部四区，即红河平原(包括 11 个省市)、东北部地区(包括 11 个省份)、西北部地区(3 个省份)、中北部地区(6 个省份)。南部四区：中南部沿海地区(6 个省份)、西原地区(4 个省份)、东南部地区(8 个省份)、九龙江平原（也称湄公河平原，12 个省份）。

越南位于受热带季风气候影响的地区，南北地区有不同的气候特征，北部由于受季风气候的影响是冬季潮湿、寒冷的亚热带气候；南部则是典型的热带气候。一年分为两个明显的季节：4～10 月是雨季，11 月至次年 3 月是旱季。在这样的气候条件下能种植许多农作物。特别是在一些高纬度地区和海拔超过 1500 米的地方，如南部的大叻，北部的沙巴、三岛、同文等省份都可种植一些特别的作物品种。越南的日照时间从南到北逐步增加：河内市 1681 小时，波莱古省 1971 小时，河仙省 2392 小时。年平均温度 24℃～28℃，从北到南逐渐增加，是典型的热带气候。一些地区由于受到山区地貌的影响是典型的大陆架气候。在这个季节里，南部的田间产量总比北方要高一些。它的降雨量是不平均的，年平均降雨量从 1023 毫米（藩切省）至 2890 毫米（顺化省）。越南土地总面积中有 690 万公顷是农业可耕地，占国土面积 21%。较难耕种的面积 380 万公顷，占 55%，这其中的 210 万公顷是酸性硫酸盐土质，100 万公顷是盐碱地，20 万公顷是淹水田和 50 万公顷是沙质土。但在红河和湄公河流域这两个土地肥沃的地方，农民还是能种出高产、优质的水稻。由于地理和气候的原因，整个国家可种植的农作物非常多，特别是在红河和湄公河流域这两个土地肥沃地区，可全年种植水稻并且有较高的产量。

越南是一个多山之国，境内 2/3 以上是山地和高原。北部和西北部为高山和高原；东部沿海为平原，红河三角洲地势平坦，河网密布，是越南主要产米区之一；但是红河及其支流经常发生严重的洪水。湄公河三角洲土壤肥沃，面积 3 万平方千米，几乎是红河三角洲的 4 倍，是世界上最富庶的水稻产区之一。湄公河的洪水具有规律性，为泛滥平原带来新的沃土。其他地区自然条件较差，生产条件不佳。由于自然条件和历史的原因，越南的西原地区、中部地区、东南部地区、九龙江平原区和红河平原区的发展很不平衡。越南矿产资源丰富，煤的储量丰富且品质优良，易于露天开采。全国的耕地面积为 628 万公顷，耕地面积占国土面积 20.3%，全国人均 0.071 公顷，平均一个农业劳动力 0.2 公顷，低于世界平均水平，属于人多地少国家。

越南是一个欠发达国家，属于发展中经济体。1986 年开始实行革新开放。1996 年越共八大提出要大力推进国家工业化、现代化。2001 年越共九大确定建立社会主义方向的市场经济体制，并确定了三大经济战略重点，即以工业化和现代化为中心，发展多种经济成分、发挥国有经济主导地位，建立市场经济的配套管理体制。2006 年越共十大提出发挥全民族力量，全面推进革新事业，使越南早日摆脱欠发达状况。2011 年越共十一大通过了《2011—2020 年经济社会发展战略》，提出 2011～2015 年经济年均增速达到 7%～7.5%，到 2015 年，人均 GDP 增至约 2000 美元；力争 2020 年 GDP 总量达到 2010 年的 2.2 倍，人均 GDP 达约 3000 美元。

越南是传统农业国，农业人口约占总人口的 75%。耕地及林地占总面积的 60%。粮食作物包括稻米、玉米、马铃薯、番薯和木薯等，经济作物主要有咖啡、橡胶、胡椒、茶叶、花生、甘蔗等。2011 年越南农林渔业总产值 245.9 万亿越盾，比 2010 年增长 5.2%，其中农、林、渔业产值分别增长 4.8%、5.7%、6.1%。森林面积约 1000 万公顷。越南主要种植水稻、玉米、高粱、豆类、木薯等粮食作物。稻谷是其主要粮食作物，主要分布在红河三角洲、湄公河三角洲及沿海平原地区。1989 年越南农业种植面积为 893.6 万公顷，其中粮食种植面积为 707.3 万公顷，稻谷播种面积占了 596.3 万公顷。1995 年，越南水稻单产平均每公顷为 3660 公斤，中部地区只有 3140 公斤。1991～1995 年全国水稻产量平均增长 5.4%，而中部地区只有 3.6%，九龙江平原为 6.3%。

在过去长期发展过程中，越南耕地面积有一个增加的过程，进入 21 世纪以后，耕地面积开始下降。按照 1961～1963 年三年平均计算，耕地面积为 555 万公顷，到 2007～2009 年为 629 万公顷，长期来看有所增加，按照移动平均方法计算，年均增加 1.61 万公顷，年递增率 0.28%。纵观整个时期呈现上升的过程中，曾于 20 世纪 70 年代中期有一个明显的上升过程，然后迅速由 600 万公顷下降到 534 万公顷，此后快速上升到 676 万公顷，此后虽有下降但仍维持在 630 万公顷上下。对越南耕地面积长期变动轨迹进行模拟，二次多项式方程的解释程度仅为 46.12%。越南耕地面积长期变化与模拟结果详见图 3-1。

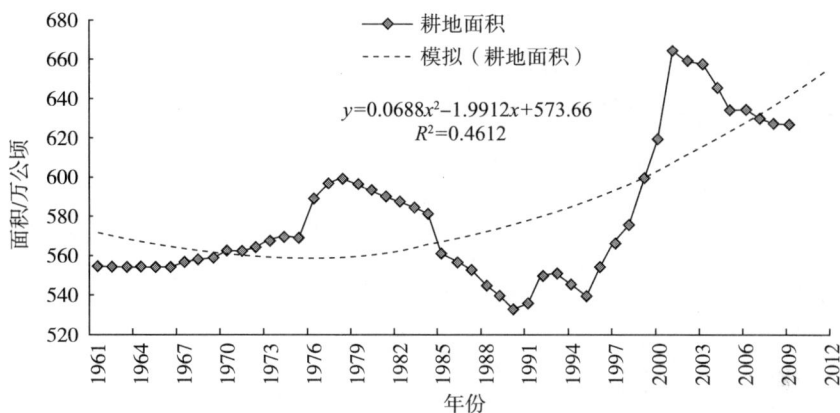

图 3-1　越南耕地面积变化

我们也注意到，越南农业和农村发展部、自然资源和环境部将联合调整越南 33 个省市的规划，调整后，越南水稻种植总面积将为 380 万公顷，其中 320 万公顷是种植两季以上的水稻种地。报道称，越南两大部门联合核查 2006～2010 年阶段用地规划的水稻种地，旨在考虑调整土地规划以保证水稻种地的面积。根据相关研究报告，预计 2030 年，越南的水稻种植面积将仅为 368 万公顷，比 2009 年减少 40.88 万公顷，与此次水稻种地规划目标相比减少 12 万公顷。越南将大力发展水稻产业，但规划面积将有所减少。据越南消息，越南农业部正在编制和完善"2020 年及面向 2030 年全国水稻耕地总体规划"，其中包括各个地区的具体规划，旨在达成确保国家粮食安全目标，节约和有效使用水稻耕地。越南水稻耕作区具体划分为北部中游山区、北中部、红河平原、南中部沿海、西原、东南部和九龙江平原等 7 个主产区。九龙江平原和红河平原是全国最大的水稻种植地区，占水稻总种植面积的 67%，稻谷总产量的 70%。其中，九龙江平原占水稻种植面积的 52%，稻谷产量的 53%，红河平原则占到水稻种植面积的 15%，稻谷产量的 17%。在九龙江平原，无论是短期还是长期来看，水稻生产在全国都最具优势。该地区关系到越南国家粮食安全和大米出口，稻谷增产潜力也很大。计划到 2020 年，稻田面积达到 175.5 万公顷，播种面积超过 360 万公顷，平均每公顷产量 6 吨，稻谷总产量近 2140 万吨。到 2030 年，稻田面积达到 174 万公顷，平均每公顷产量 6.2 吨，稻谷总产量近 2219 万吨。红河平原是全国水稻重点产区，计划到 2020 年，稻田面积达到 5 万公顷，播种面积超过 105 万公顷，平均每公顷产量 680 吨，稻谷总产量近 710 万吨。到 2030 年，稻田面积达到 54 万公顷，平均每公顷产量 7.1 吨，稻谷总产量近 730 万吨。在北中部地区，计划到 2030 年，稻田面积 35 万公顷，平均每公顷产量 6.1 吨，稻谷总产量近 378 万吨。越南农业部在上述计划中还提出在缺水地区改善土壤，投资水利，帮助人们定耕定居，保护森林，涵养水源，规划好工业用地等措施，保障水稻耕作用地。

3.1.2 人口状况

越南人口，在过去较长时期增长较快。2011 年，越南总人口达到 8784 万人，早在 1960 年还只有 3473.2 万人。按照 1960～1962 年三年平均计算，总人口为 3543.1 万人，按照 2009～2011 年三年平均计算，总人口为 8693.1 万人，年均增加 103 万人，人口年递增率 1.85%。如果将越南人口增长过程进行模拟，线性增长趋势的解释程度高达到 99.71%，近年人口增长趋势有所放缓，模拟的三次多项式方程的解释程度提高到 99.98%。越南总人口长期变化情况与模拟结果详见图 3-2。

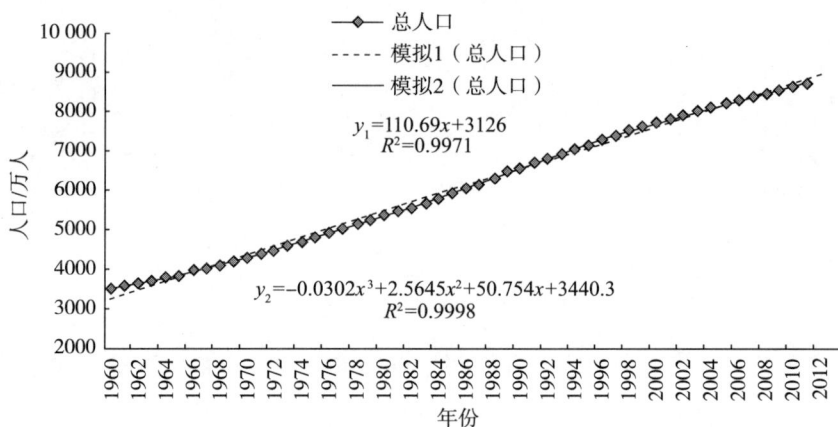

图 3-2 越南总人口变化

作为一个农业国家，越南大量人口仍然聚集在广阔的乡村地区。1960～2011 年，越南乡村地区人口数量由 3010 万人增加到 6050 万人，按照初期和末期三年均计算，年均增加 61 万人，年递增率 1.43%。同期，城市人口也有一定幅度的增长，城市人口数量由 533 万人增加到 2643 万人，按照初期和末期三年平均计算，年均增加 42 万人，年递增率高达 3.32%。

越南乡村人口和城市人口都在不断增加，但由于增加速度不同，人口城乡结构初步改善。1960～2011 年，越南乡村人口率由 85.0% 下降到 69.6%，如图 3-3 所示，如果用二次多项式方程模拟，解释程度达到 96.48%。同期，越南城市人口率由 15.04% 上升到 30.40%，其增长过程十分明显，长期趋势可以拟合成二次多项式方程，其解释程度达到 98.23%。越南城乡人口结构长期变化情况如图 3-3 所示。

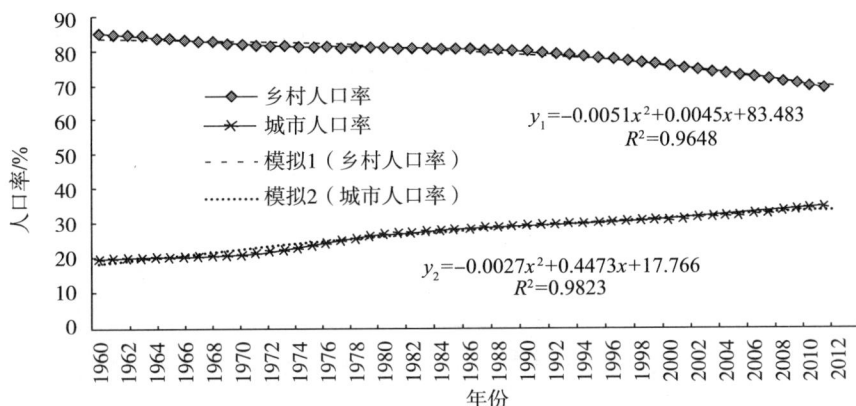

图 3-3 越南城乡人口结构变化

3.1.3 经济水平

越南自 1976 年 7 月宣布全国统一之后，经济缓慢增长，加上 20 世纪末期金融危机的冲击，经济增长仍然十分疲弱。2011 年，越南 GDP（现值）为 2535 千万亿越南盾，约合 1236 亿美元，列世界所有国家第 56 位。

结合人口状况，按照 2000 年美元不变价格计算，1984～2011 年，越南人均 GDP 由 199 美元增加到 721 美元，按照 1984～1986 年和 2009～2011 年三年平均计算，年均增加 21 美元，年递增率 5.47%。这一变化过程可以拟合成二次多项式方程，解释程度达到 99.85%。越南人均 GDP 长期变化情况与模拟结果详见图 3-4。

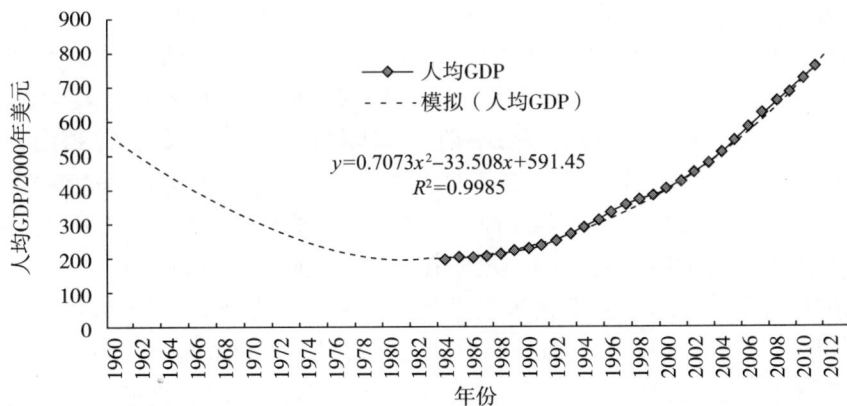

图 3-4 越南人均 GDP 变化

从国民收入角度看，越南人均国民收入略低于人均 GDP 的经济水平变化。按照 2000 年美元不变价格计算，1989～1991 年越南人均国民收入为 220 美元，按照 2009～2011 年三年平均计算，泰国人均国民收入为 686 美元，年均递增率 6.17%，与许多发展中国家相比，增长速度一般，国民收入水平仍然处在缓慢增长阶段。越南人均国民收入长期变化与模拟结果详见图 3-5。

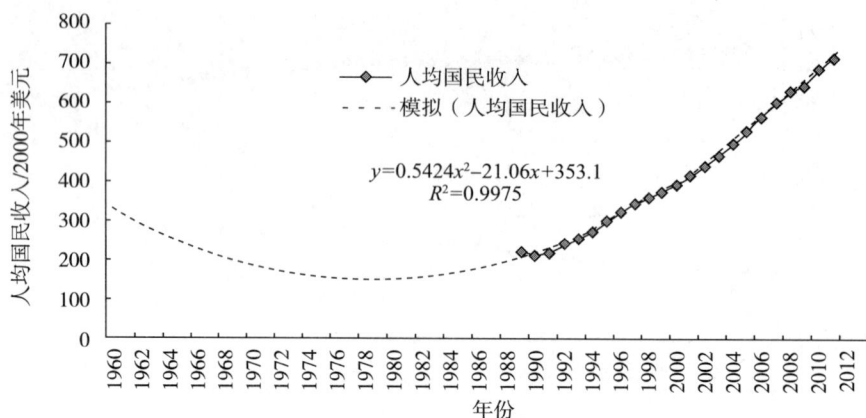

图 3-5 越南人均国民收入变化趋势

图中公式： $y=0.5424x^2-21.06x+353.1$，$R^2=0.9975$

3.2 水稻生产

越南是世界水稻生产历史悠久、自然资源条件优良的国家之一，水稻生产对越南农民生产与生活至关重要，对世界大米产业发展有重要影响。

3.2.1 稻作生产

越南有 0.7 万公顷土地用于农业生产，越南总的作物面积占农业土地面积的 78%，而水稻栽培面积就占了农业土地面积的 57%。九龙江平原和红河平原是越南种植水稻最大的两个农业生态区，其中九龙江平原从 1998 年开始水稻种植面积占越南水稻面积的一半以上。杂交水稻种植主要在越南北部，约占水稻种植面积的 20%。九龙江平原号称越南的稻米之乡，水稻产量远远超过其他各地区，占越南总产的一半以上。其次是红河平原。红河平原和九龙江平原的水稻单产最高，其中最高的是红河平原的太平省，是 20 世纪 90 年代第一个达到每公顷 5 吨的省份。西北部地区的水稻单产最低。越南每年可种植 2～3 季水稻。夏季稻主要在中北部和南部四区种植。北部以河内为代表，冬春稻在 12 月和次年的 1 月播种，晚稻在 6 月中旬播种。南部的气候为雨季旱季，收完即可接着播种。

近年来，越南大力发展杂交水稻，尤其值得关注。水稻在越南是第一大粮食作物，它在全国范围内都可种植。越南人把大米当做主食，认为它有丰富的营养价值。1990 年的水稻种植面积有 600 万公顷，通过推广杂交水稻，目前种植面积超过 750 公顷，而且单产也从原来的 3.2 吨/公顷提高到现在的 4.13 吨/公顷。越南南部的热带气候和北部的季风气候都合适水稻的生长，并且这个地区还有两个土地肥沃的冲积平原，红河流域和湄公河流域是两个大粮仓。目前，越南水稻的生产总量是许多因素共同作用的结果，不过在这 10 年间，杂交水稻生产应是排第一位且有完全影响力的因素。杂交水稻在一些地区进行试种成功后，越南农业与农村发展部在 1991 年决定发展 100 万公顷杂交水稻作为晚稻种植；1992 年扩大早稻，在不同气候条件的地区扩大种植到 1156 公顷。在 2003 年，杂交水稻的面积稳定在 60 万公顷，单产则达到 6～6.45 吨/公顷。在相同的栽培条件下，杂交水稻比常规稻的单产要高出 1～1.5 吨/公顷，有时甚至 2 吨/公顷以上。根据越南农业与农村发展部的预计,未来越南北方杂交水稻的面积将会从50万公顷提高到70万公顷。杂交水稻虽然对越南的粮食生产做出了很大地贡献,却只是被简单地认为适合在越南北方和中部沿海及高地的一些省份种植,在东南部和湄公河流域仍是一个空白。如果按目前的前景来看,越南杂交水稻的生产应该能够达到更大的面积。

杂交水稻在越南安家落户已近20年。20世纪90年代初期,越南就在同中国接壤的一些乡村试种杂交水稻。随着试种取得初步成功,越南农业部门鼓励有条件的地方进一步推广。杂交水稻在越南平均每公顷产量约为6.3吨,比常规稻高出1.81吨左右。这不但大幅提高了越南水稻总产量,保证了国家粮食安全,还为越南成为世界第二大大米出口国立下汗马功劳。越南政府还在2002年授予"杂交水稻之父"袁隆平院士越南农业和农村发展勋章,以表彰他对越南杂交水稻发展做出的卓越贡献。近年来,越南杂交水稻的种植面积不断增加,零零星星的杂交水稻种植迅速发展到目前70多万公顷的规模,今年计划将增加1200公顷,以进一步降低稻种成本,而1998年杂交水稻育种面积仅有340公顷。一些生长周期短的杂交稻种如T-H3-3、VL20、HYT100、TH5-5、LC25等在越南北部地区大面积种植。在南部地区,生长周期在90~100天的杂交稻种帮助九龙江平原的农民通过提前或推后插秧时间,躲避雨季汛期,以减少洪涝灾害对水稻造成的损失。这不但是越南全国杂交水稻推广取得巨大成功的标志,也是越南农业部门和农业专家因地制宜,根据区域自然条件特点种植不同品种杂交水稻的成功范例。

随着越南国家工业化、现代化建设步伐的加快,越南农业面临新的挑战。由于建设用地规模扩大,农业用地面积呈减少趋势。尽管如此,得益于杂交水稻大面积种植,水稻总产量并未随着农业用地减少而下降。仅以2004年为例,越南全年水稻种植面积较前一年减少了90公顷,但2004年越南水稻总产量不但满足了国家粮食储备的需求,还向世界出口大米400多万吨。2009年受多个强热带风暴影响,越南西原地区和中南部沿海地区水稻歉收,但由于越南南北两大"粮仓"红河平原和九龙江平原大力推广种植高产的优质稻种,全年水稻产量不但并未减少,反而达到3890万吨,比2008年还增加了近17万吨,大米出口量更是增加了25.4%,创汇27亿美元。杂交水稻不但提高了产量,还改变了越南水稻种植模式,即减少种植面积,提高产能和质量,也更好地面向世界市场。越南农业与农村发展部指导各地方政府鼓励农户和企业生产杂交稻种,并及时对新培育的稻种进行实验,还选派农业技术干部到田间地头宣传杂交水稻的优势,指导农民科学种植。越南农业部门和农业专家同中国杂交水稻领域的权威机构和专家合作,通过对从中国等国家进口的杂交水稻稻种进行试种和研究,目前已实现部分杂交稻种的国产化。越南中央种子公司同农业科研机构联合研制出的HC1杂交稻种在实验取得成功后已在多个省份大面积种植,依托"科研机构+种子公司+农户"的发展模式,越南计划在未来几年内自主满足国内70%的杂交水稻稻种需求。

3.2.2 水稻面积

水稻是越南国民的大宗口粮,其重要性不言而喻,越南水稻种植面积和收获面积变化较大。1961~2010年,越南水稻收获面积总体上有明显增长,1961~1963年三年平均,越南水稻收获面积471万公顷,2008~2010年增加到745万公顷,年均增加5.7万公顷,年递增率0.98%,增长趋势比较明显。如图3-6所示,在长期增长变化过程中,越南水稻收获面积有年度间小幅度波动，1987年后逐步增加，并在2000年达到766万公顷的历史最高，近年开始有所下降。这种变化过程，可以用二次多项式方程加以模拟，其解释程度达到93.44%。越南水稻收获面积长期变化情况与模拟结果详见图3-6。

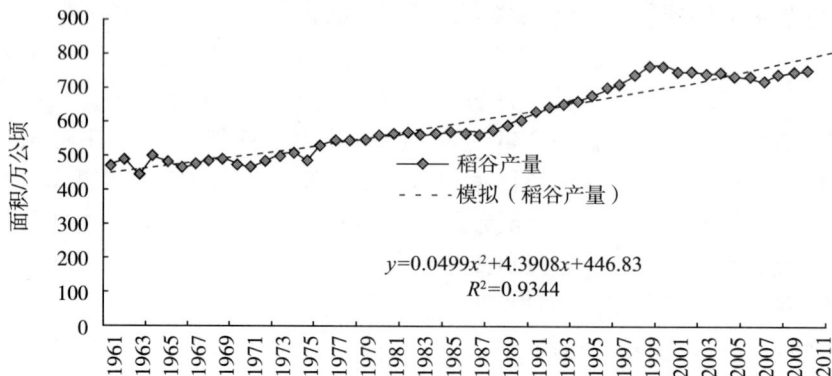

图 3-6　越南水稻收获面积变化

3.2.3　水稻产量

越南是世界上重要的水稻生产国家之一，水稻产量的变化，对国内稻农，甚至整个世界大米市场都有重要影响。纵观越南水稻产量变化，按照1961～1963年三年平均计算，水稻产量946万吨，按照2008～2010年三年平均计算，水稻产量达到3922万吨，年均增加62万吨，年递增率3.07%。越南水稻产量长期变化情况与模拟结果详见图3-7。

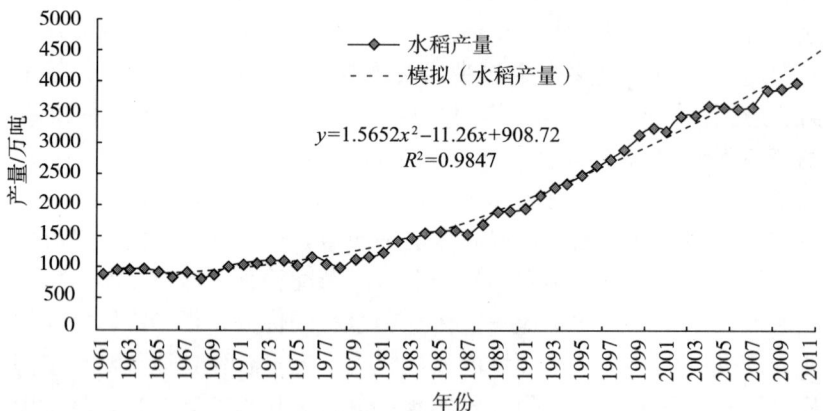

图 3-7　越南水稻产量变化

过去50年，越南水稻产量在年度间虽然有波动，但总体上不断增长。近年来，波动增加，产量增长放缓，这个过程可以用二次多项式方程来描述，解释程度高达98.47%。

3.2.4　单产变化

按照单位面积计算水稻产量，越南水稻单产总体上经历了一个明显的上升过程，单产水平相对较高，但波动也不断加大。按照1961～1963年三年平均计算的单产为2010公斤/公顷，按照2008～2010年三年平均计算，单产为5264公斤/公顷，年均提高67.8公斤，年递增率达到了 2.67%。越南水稻单产长期变化情况与模拟结果详见图3-8。

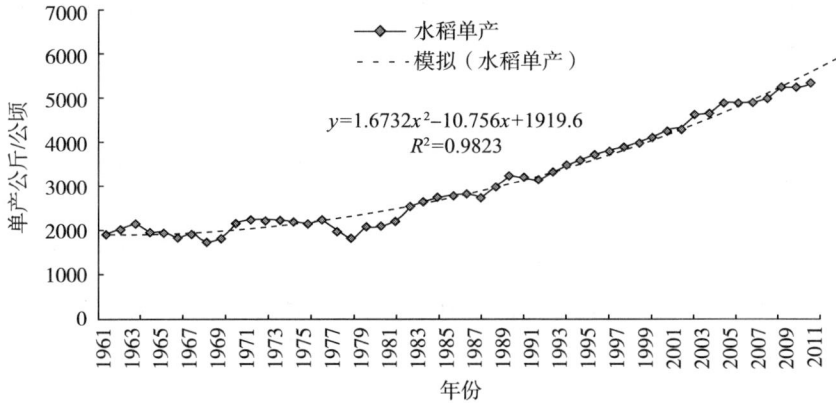

$$y=1.6732x^2-10.756x+1919.6$$
$$R^2=0.9823$$

图 3-8　越南水稻单产变化

从长期变化过程看，越南水稻单产水平是在波动中不断提高的，但总体水平仍然较低，上升速度相对较快，用二次多项式方程模拟，解释程度高达 98.23%，近几年单产水平已经下降到趋势水平以下。

3.3　供　求　关　系

按照一定时期内总供给量与总使用量相等的原则，考察越南在特定时期内稻米（按大米计算）供求关系变化的长期情况。

3.3.1　供求平衡表

从供求平衡角度分析，供给方包括生产量、进口量和库存变化量三个部分，需求方包括国内实际用量、出口量和损耗量三个部分。

考察越南大米总供求量的变化，越南全国大米总供给与总需求处在动态均衡状态。按照 1961～1963 年三年平均计算，总供求量 631.4 万吨，2007～2009 年 2471.1 万吨，长期年度平均 1284.9 万吨，年均递增率 3.01%。越南大米供求表详见表3-1。

表 3-1　越南大米供求平衡表

时间	总供求/万吨	供给/万吨			需求/万吨			比值	
		生产量	进口量	库存变化量	国内使用量	出口量	损耗量	产用比	出进比
1961 年	602.0	600.1	1.90	0.0	525.9	18.7	57.4	1.14	9.9
2009 年	2594.4	2594.3	0.09	0.0	1745.6	601.0	247.8	1.49	7021.1
初期平均	631.4	630.7	23.3	−22.6	552.8	17.1	61.4	1.14	3.6
末期平均	2471.1	2524.9	0.1	−53.9	1716.6	513.4	241.1	1.47	5382.6
年均增量	1284.9	1283.1	28.4	−26.6	1014.3	146.2	124.5	1.20	—
递增率/%	3.01	3.06	−10.79	1.91	2.49	7.67	3.02	1.23	17.23

注："初期平均"指本表所列年份最初三年度平均值，"末期平均"指本表所列年份最后三年度平均值

资料来源：根据 FAO 数据库历年数据整理并计算

从供求平衡关系角度看，计算大米生产量与国内使用量的"产用比"表明，越南总体上以生产量大于使用量为主，而且"产用比"已由初期的 1.14 提高到目前的 1.47，表明越南大米生产与使用比有大幅度提升。

从国内和国际供求关系看，计算大米出口量与进口量的"出进比"表明，越南在 20 世纪 60 年代大量进口大米，进入 20 世纪 90 年代以后进口量已经变行很少，同时变成大量出口大米的国家，相比于进口量，出口量已经足够大了，这也表明越南对国际大米市场的正向贡献是十分重要的。

3.3.2 供给变化

大米供给，对水稻生产国家来说，主要来自于生产量。越南大米生产量一直是供给的绝对主体，1961～1963 年三年平均，越南大米生产量占供给总量的比重为 99.9%，2007～2009 年提高到 102.2%，这是水稻生产发展的结果。越南大米供给量与结构长期变化情况详见表 3-2。

表 3-2 越南大米供给量与结构变化

时间	数量/万吨				结构/%		
	总供给	生产量	进口量	库存变化量	生产量	进口量	库存变化量
1961 年	602.0	600.1	1.9	0.0	99.7	0.3	0.0
2009 年	2594.4	2594.3	0.1	0.0	100.0	0.0	0.0
初期平均	631.4	630.7	23.3	−22.6	99.9	3.7	−97.1
末期平均	2471.1	2524.9	0.1	−53.9	102.2	0.0	−44324.8
年均增量	1284.9	1283.1	28.4	−26.6	97.7	3.7	−1.4
递增率/%	3.0	3.1	−10.8	—	0.05	−13.4	14.2

注："初期平均"指本表所列年份最初三年年度平均值，"末期平均"指本表所列年份最后三年年度平均值
资料来源：根据 FAO 数据库历年数据整理并计算

在供给量中，进口量是弥补国内需求不足和品种调剂的必要补充，并且随着水稻生产能力的不断持续提升，大米进口量已经变得很少，从初期平均的 23.3 万吨变成末期平均的 0.1 万吨。

在供给量中，库存变化量是一种调剂。越南大米库存量比重不高，但在年度间的变化却比较大。总体上看，越南大米年度库存量，在充实库存与减少库存之间变化，占总供给量的比重，最高是 1972 年 12.4%，最低是 2002 年 −13.6%，近年来比较突出的情况是1999～2008 年连续动用库存，2002 年和 2004 年库存减少量都在 200 万吨以上。

3.3.3 需求变化

需求量变化，主要是由国内使用量、出口量及损耗量，关键是国内功能性使用所决定的，国内使用量是水稻生产大国的主体。

越南大米国内使用量不断增加。从占需求量的比重来看，越南国内使用量占需求量的比重已由 1961～1963 年三年平均的 87.6% 下降到 2007～2009 年三年平均的 69.5%，在其他条件不变的情况下，说明国内需求的相对重要性明显下降。越南大米需求量与结构长期变化情况详见表 3-3。

表 3-3 越南大米需求量与结构变化

时间	数量/万吨				结构/%			损耗率/%	
	总需求	国内使用量	出口量	损耗量	国内使用量	出口量	损耗量	耗产率	耗用率
1961 年	602.0	525.9	18.7	57.4	87.4	3.1	9.5	9.6	10.9
2009 年	2594.4	1745.6	601.0	247.8	67.3	23.2	9.5	9.6	14.2
初期平均	631.4	552.8	17.1	61.4	87.6	2.7	9.7	9.7	11.1
末期平均	2471.1	1716.6	513.4	241.1	69.5	20.8	9.8	9.6	14.0
年均增量	1284.9	1014.3	146.2	124.5	82.9	7.5	9.6	9.8	11.7
递增率/%	3.0	2.5	7.7	3.0	-0.5	4.5	0.0	0.0	0.5

注："初期平均"指本表所列年份最初三年年度平均值，"末期平均"指本表所列年份最后三年年度平均值

资料来源：根据 FAO 数据库历年数据整理并计算

在需求量中，越南大米为满足国际需求的出口量是十分重要的。越南大米出口量已经显示出强劲的增长趋势。平均来看，已由 1961～1963 年三年平均 17.1 万吨上升到 2007～2009 年三年平均 513.4 万吨，占需求量的比重已由 2.7% 上升到 20.8%，出口量的年递增率高达 7.7%。个别年份出口量达到 500 万吨以上，在国际市场上具有越来越重要的地位。

在需求量中，使用过程中的损耗量却不小。越南国内大米损耗量由 1961～1963 年三年平均 61.4 万吨增加到 2007～2009 年三年平均 241.1 万吨，它占总需求量的比重，由 9.7% 上升到 9.8%，年度平均为 9.6%；损耗量占生产量的比重由 9.7% 下降到 9.6%，年度平均为 9.8%；损耗量占国内使用量的比重，由 11.1% 上升到 14.0%，年度平均为 11.7%。

3.4 大米食用

从水稻生产的目的性和需求的功能性来看，水稻生产主要为了满足国内日益增长的食用需求，为人们提供生存与发展所需的能量和营养。

3.4.1 食用量比较

1961～2009 年，按照 1961～1963 年和 2007～2009 年三年平均计算，越南大米食用量由 515.7 万吨增加到 1227.1 万吨，年均增加 15.2 万吨，表现为总体上不断增长的过程。越南大米、小麦、玉米和其他谷物食用量长期变化情况详见表 3-4。

表 3-4 越南谷物食用量变化比较

时间	总人口/万人	食用量					人均用量				
		大米/万吨	小麦/万吨	玉米/万吨	其他/万吨	大米占比/%	大米/公斤	小麦/公斤	玉米/公斤	其他/公斤	大米占比/%
1961 年	3605.6	490.3	11.4	26.6	529.1	92.7	136.0	3.2	7.4	146.7	92.7
2009 年	8690.1	1227.1	123.4	94.9	1445.5	84.9	141.2	14.2	10.9	166.3	84.9

续表

时间	总人口/万人	食用量					人均用量				
		大米/万吨	小麦/万吨	玉米/万吨	其他/万吨	大米占比/%	大米/公斤	小麦/公斤	玉米/公斤	其他/公斤	大米占比/%
初期平均	3698.6	515.0	13.0	29.6	558.7	92.2	139.2	3.5	8.0	151.0	92.2
末期平均	8595.3	1229.9	110.5	95.3	1435.9	85.7	143.1	12.9	11.1	167.1	85.7
年均增量	104.2	15.2	2.1	1.4	18.7	−0.1	0.1	0.2	0.1	0.3	−0.1
递增率/%	1.85	1.91	4.76	2.57	2.07	−0.16	0.06	2.87	0.71	0.22	−0.16

注:"初期平均"指本表所列年份最初三年度平均值,"末期平均"指本表所列年份最后三年度平均值

资料来源:根据 FAO 数据库历年数据整理并计算

剔除人口增加的影响,计算大米人均食用量,除个别年份外,越南大米人均食用量仍处在高位水平上,就平均来看,由 1961~1963 年三年平均 139.2 公斤上升到 2007~2009 年三年平均 143.1 公斤,长期年均增量 0.1 公斤,年递增率 0.06%。与大米人均食用量的变化相适应,小麦和玉米人均食用量都很低,小麦人均食用量由初期 3.5 公斤上升到 12.9 公斤,年均上升 0.2 公斤,年递增率 2.87%;玉米人均食用量由初期 8.0 公斤上升到 11.1 公斤,年均上升 0.1 公斤,年递增率 0.71%。越南食用谷物,除大米、小麦和玉米以外,其他谷物很少。越南大米、小麦、玉米和其他谷物人均食用量长期变化情况详见图 3-9。

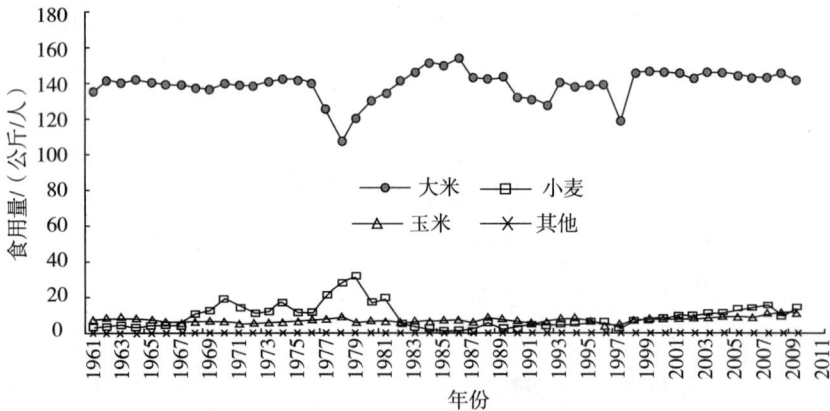

图 3-9 越南四类谷物人均食用量变化

3.4.2 米食营养

就越南全国平均而言,国民通过食物获取的营养量,总体上相对较高,增长速度较快。在食物营养中,主要是植物性食物提供的能量和营养。食用大米获取营养,对越南国民来说是生活中十分重要的事情。如表 3-5 所示,按照 1961~1963 年三年平均,每人每日通过食物获得热量 1835 千卡,按照 2007~2009 年三年平均,每人每日通过食物获得热量 2656 千卡,年均增加 17 千卡,年递增率 0.81%。越南每人每日食物营养长期变化情况详见表 3-5。

表 3-5　越南每人每日食物营养量年度变化

时间	总营养量（A）		植物性食物营养量(B)		大米营养量		大米热量占比/%		大米蛋白质占比/%	
	热量/千卡	蛋白质/克	热量/千卡	蛋白质/克	热量/千卡	蛋白质/克	(A)	(B)	(A)	(B)
1961 年	1794	42.8	1664	34.4	1318	26.9	73.5	79.2	62.9	78.2
2009 年	2690	74.5	2146	45.5	1390	28.3	51.7	64.8	38.0	62.2
初期平均	1835	44.0	1702	35.2	1349.3	27.5	73.5	79.3	62.5	78.1
末期平均	2656	72.4	2149	45.6	1408.3	28.7	53.0	65.5	39.6	63.0
年均增量	17.47	0.60	9.50	0.22	1.26	0.02	−0.44	−0.29	−0.49	−0.32
递增率/%	0.81	1.09	0.51	0.56	0.09	0.09	−0.71	−0.41	−0.99	−0.47

注："初期平均"指本表所列年份最初三年年度平均值，"末期平均"指本表所列年份最后三年年度平均值

资料来源：根据 FAO 数据库历年数据整理并计算

　　越南人以植物性食物为主，大米占有重要地位，植物性食物为越南人民提供了重要的食物保障，从营养角度来看也是如此。按照 1961～1963 年三年平均计算，越南人通过食用大米获得的热量为 1349 千卡，按照 2007～2009 年三年平均计算，上升到 1408 千卡，年均上升 1.26 千卡，年递增率 0.09%。同时，大米还提供了 27.5 克和 28.7 克的蛋白质，以及 4.47 克和 4.67 克的植物性脂质。

　　据此计算，大米为越南人提供的热量占总热量的比重由 73.5% 下降到 53.0%，占植物性食物所提供热量的比重由 79.3% 下降到 65.5%。大米为越南人提供的蛋白质占蛋白质总量的比重由 62.5% 下降到 39.6%，占植物性食物蛋白质的比重由 78.1% 下降到 63.0%。由此可见，即使在大米食用量有所下降的今天，大米对于越南人食物营养来讲，仍然具有十分重要的作用。越南每人每日大米营养量长期变化情况详见图 3-10。

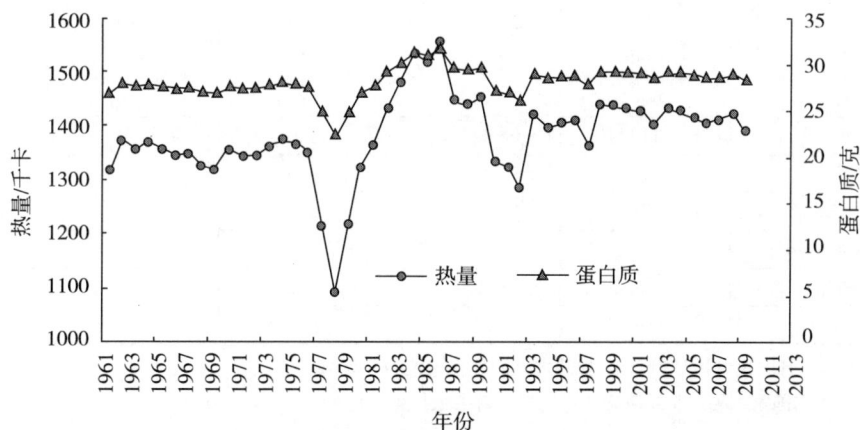

图 3-10　越南每人每日大米营养量年度变化

3.5　市场贸易

　　大米市场分为国内市场与国际市场。在国内市场上，通过价格变化来反映国内大米市场变化走势。在国际市场上，主要通过价格和贸易量的变化来反映该国大米在国际大米市

场上的地位及其变化情况。

3.5.1 国内大米价格

本节越南国内大米价格行情来自越南同塔省。同塔省是越南南部九龙江平原的一个稻米主产省份，与胡志明市相距约 145 千米，西与柬埔寨相邻，边界线 48 千米，东接永隆省，北与前江省相邻，南毗连安江省与芹苴省。同塔省包括 9 个县及两个市区，总面积约 3.314 万平方千米，人口约 160 万人。

（1）越南 20％碎率大米零售价格变化。根据监测数据，得到越南同塔省 2008 年以来的 20％碎率大米零售价格月度变化数据。2012 年 12 月，越南 20％碎率大米零售价格为 370 美元/吨，比 2011 年同期 440 美元/吨下降了 70 美元，下降幅度 15.9％。2012 年全年（1～12 月）20％碎率大米零售价格平均 378 美元/吨，比 2011 年全年 451 美元下降了 72.5 美元，下降幅度为 16.1％。2008～2012 年越南 20％碎率大米零售价格月度变化情况详见表 3-6。

表 3-6　越南 20％碎率大米零售价格月度变化

时间	2012 年	2011 年	2010 年	2009 年	2008 年
全年	378	451	384	365	405
1 月	400	460	460	300	340
2 月	380	410	410	360	370
3 月	360	400	340	370	410
4 月	370	420	330	380	460
5 月	370	420	330	350	550
6 月	360	420	330	350	510
7 月	360	440	300	360	460
8 月	370	490	340	340	430
9 月	390	490	410	330	390
10 月	400	510	420	360	360
11 月	410	510	460	420	280
12 月	370	440	480	460	300
12 月同比增量	−70.0	−40.0	20.0	160.0	—
12 月同比增幅/％	−15.9	−8.3	4.3	53.3	—
全年增量	−72.5	66.7	19.2	−40.0	—
全年增幅/％	−16.1	17.4	5.3	−9.9	—

注：本表中"12 月同比增幅"与"全年增幅"之外的项目单位为美元/吨

资料来源：根据国家水稻产业经济研究室数据库有关数据整理计算

（2）越南 25％碎率大米零售价格变化。根据监测数据，得到越南同塔省 2008 年以来的 25％碎率大米零售价格月度变化数据。2012 年 12 月，越南 20％碎率大米零售价格 370 美元，比 2011 年同期 430 美元/吨下降了 60 美元，下降幅度 14％。2012 年全年（1～12 月）20％碎率大米零售价格平均 369 美元/吨，比 2011 年全年 437 美元/吨下降了 67.5 美元/吨，下降幅度为 15.5％。2008～2012 年越南 25％碎率大米零售价格月度变化情况详见表 3-7。

表 3-7 越南 25%碎率大米零售价格月度变化

时间	2012 年	2011 年	2010 年	2009 年	2008 年
全年	369	437	374	357	398
1 月	390	440	450	290	330
2 月	360	400	410	350	360
3 月	350	390	340	370	410
4 月	360	410	320	370	450
5 月	360	410	320	350	540
6 月	350	410	320	340	500
7 月	350	430	300	340	460
8 月	370	470	330	330	430
9 月	380	470	390	320	380
10 月	390	490	410	350	350
11 月	400	490	440	410	270
12 月	370	430	460	460	290
12 月同比增量	−60.0	−30.0	0.0	170.0	—
12 月同比增幅/%	−14.0	−6.5	0.0	58.6	—
全年增量	−67.5	62.5	17.5	−40.8	—
全年增幅/%	−15.5	16.7	4.9	−10.3	—

注：本表中"12 月同比增幅"与"全年增幅"之外的项目单位为美元/吨
资料来源：根据国家水稻产业经济研究室数据库有关数据整理计算

3.5.2 大米国际贸易

在过去几十年中，越南大米在国际市场的表现出现了翻天覆地的变化，由原来的大米进口国，一跃成为世界重要的大米出口国家。

1961～2010 年，越南稻米（按照大米加总计算）进口量由 1.9 万吨变成 0.1 万吨，其中有 4 年没有进口，46 年年均进口量 31 万吨。同期，越南大米出口量由 18.2 万吨上升到 688 万吨，年均出口大米 157 万吨。从 20 纪 80 年代末期开始，越南大米进口微乎其微，而出口变得更为重要。越南稻米（按大米加总）进出口贸易长期变化情况详见表 3-8。

表 3-8 越南稻米进出口贸易变化

时间	出口			进口		
	数量/万吨	金额/万美元	价格/(美元/吨)	数量/万吨	金额/万美元	价格/(美元/吨)
1961 年	18.2	1805	99.0	1.9	348	187.8
2010 年	688.6	324 786	471.6	0.1	77	780.3
年数/个	50	50	50	46	46	46
年均	156.4	46 508.0	241.8	29.8	6318.8	340.1

资料来源：根据 FAO 数据库历年数据整理并计算

　　通过比较越南大米进口量和出口量变化发现，越南在国际大米市场中的地位越来越重要。按照同轴同同的原则，图 3-11 表明，从 1989 年开始，越南大米出口与进口形成了明显的反差，进口量很少，出口量迅速上升，目前已经接近 700 万吨的水平，在世界大米市场三分天下的局面下，已经占据一席。越南大米贸易量长期变化情况详见图 3-11。

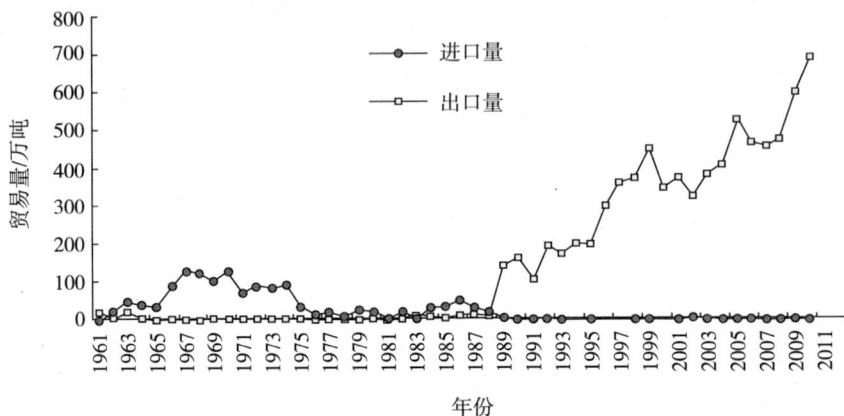

图 3-11　越南大米贸易量变化

3.6　展　望

　　越南是世界上重要的水稻生产国家，其作用越来越重要越南谷物生产高度集中于水稻生产上面，因此，水稻生产对于越南稻农和国际稻米市场都十分重要。近年来，越南水稻生产仍在不断增长，估计今后还会有一个较大的增长过程。

　　越南是一个大米消费大国，大米在提供国民营养、解决贫困人口主食供应等方面都具有重要价值。虽然大米人均食用量缓慢下降，但随着人口不断增加，越南大米食用量仍将继续增加，并带动国内大米需求量继续增长。

　　与其他国家相比，越南国内大米价格总体上与国民收入水平相适应，价格不高，但价格波动较大。

　　在国际大米市场上，越南大米国际贸易在经济利益激励下，仍将在国际市场发挥重要作用，但也面临传统大米出口大国和其他新型大米出口大国的挑战。

第 4 章

菲律宾稻米产业发展

菲律宾，即菲律宾共和国(Republic of the Philippines)。菲律宾国土总面积 29.97 万平方千米，总人口 9485 万人(2011 年)。面积和人口分列居世界第 72 位和 12 位。菲律宾是一个正在从传统农业向农业现代化迈进的发展中农业国家，水稻生产和大米国际贸易，对其十分重要，对世界稻米产业具有重要影响。

4.1 产 业 背 景

菲律宾稻米产业发展，由自然资源条件、人口状况与经济水平三大要素决定。

4.1.1 自然资源条件

菲律宾位于亚洲东南部，北隔巴士海峡与中国台湾省遥遥相对，南和西南隔苏拉威西海、巴拉巴克海峡与印度尼西亚、马来西亚相望，西濒中国南海，东临太平洋，是一个岛国，自北而南呈狭长带状分布。全国共有大小岛屿 7000 多个，其中吕宋岛、棉兰老岛、萨马岛等 11 个主要岛屿占全国总面积的 96%，海岸线长约 18 533 千米。

菲律宾属季风型热带雨林气候，高温多雨，湿度大，台风多。年平均气温 27℃，全年降水量 2000~3000 毫米。全国主要分为吕宋、维萨亚和棉兰老三大部分。全国设有首都地区、科迪勒拉行政区、棉兰老穆斯林自治区等 17 个地区，下设 81 个省和 117 个市。菲律宾大部分地区有明显的雨季和旱季，按生产季节可以将菲律宾水稻生产划分为雨季稻(6~11 月)和旱季稻(当年 11 月至次年 6 月)。水稻主要分布在灌溉区、雨育区和旱作区。全国森林面积 1579 万公顷，覆盖率达 53%。有乌木、檀木等名贵木材。水产资源丰富，鱼类品种达 2400 多种，金枪鱼资源居世界前列。已开发的海水、淡水渔场面积 2080 平方千米。

菲律宾经济以出口导向型经济为主。第三产业在国民经济中的地位尤其突出，农业和制造业也占相当比重。菲律宾在 20 世纪 60 年代后期采取开放政策，积极吸引外资，经济发展取得显著成效。20 世纪 80 年代后，受西方经济衰退和自身政局动荡影响，经济发展明显放缓。20 世纪 90 年代初，拉莫斯政府采取一系列振兴经济措施，经济开始全面复苏，并保持较高增长速度。1997 年爆发的亚洲金融危机对菲律宾经济冲击不大，但却使菲律宾经济增速再度放缓。阿基诺总统执政后，增收节支，加大对农业和基础设施建设的投入，扩大内需和出口，国际收支得到改善，经济保持较快增长。2010 年菲律宾农林渔业产值约为 1.2 万亿比索，同比增长 4%。农林渔业产值占 GDP 的 16.3%，从业人口占总劳力的 33%。

全国 3000 万公顷的土地，其中 47% 为农业可利用土地，33.39% 为商业林地，10.91% 为林业保护区，4.47% 为国家公园，0.43% 为军用和国家保护区，0.25% 为鱼池，0.55% 为民用保留地，3% 为其他土地。林地覆盖的树种主要有桃木（369 公顷）、松木（23 万公顷）、红树（11.7 万公顷）、苔地（105.9 万公顷）和边缘林木（48.9 万公顷），另外，灌木林也占到相当比重（220 万公顷）。菲律宾农场平均规模为 2.1 公顷，蔗糖、菠萝、椰子和纤维类作物农场的面积较大，它们的平均面积分别是 7.17 公顷、6.73 公顷、3.59 公顷和 3.29 公顷。农场经营结构体现出多样化，但多样化程度比不上其他许多亚洲国家。大多数农场的经营内容是在种植水稻、玉米、椰子的同时养殖几头猪和几只鸡。水稻、玉米和椰子农场占主导地位，这三种农场占到了农场总数的 82.69%

水稻是菲律宾农业发展的重中之重。菲律宾人口增长很快，为解决 9000 多万人口吃饭的大问题，每年都要进口相当数量的大米，加上自产稻米，全国每年稻米总供给量约为 1000 万吨左右，人均消费大米 120 公斤左右。但其他与菲律宾经济发展程度相似的发展中国家，其人均大米消费量一般都在 160 公斤左右，如按此计算每年菲律宾大米缺口在 320 万吨左右，也就是说以菲律宾目前稻米生产水平，要达到人均消费 160 公斤，每年需要进口 400 万吨以上的稻米。目前菲律宾收购稻谷的农场价格折合成稻米为 250 美元/吨左右，市场上普通稻米零售价格约 365 美元/吨，优质米 400 美元/吨以上，而国际市场（泰国、越南）普通稻米离岸价每吨都比国内价格高出 0.5～1 倍以上，可以说国民收入和价格因素抑制了当地人稻米消费，随着经济发展菲律宾稻米消费还将有较大幅度增长，发展稻米生产的任务还十分艰巨。目前政府通过多种途径加速发展稻米生产，最主要的是加快发展杂交水稻。菲律宾农业部确定推广高产杂交水稻，扩大水稻国内供给。据菲律宾在多点试验，杂交水稻每公顷产量可达 6～10 吨，农民种植杂交水稻每公顷可增收 13 000 比索（240 美元）。政府部门加大对杂交水稻推广的种子供应、信贷、技术的支持，国家水稻所从种子生产者购买的杂交稻种子以半价销售给农民，并鼓励种子公司竞争，以降低种子价格，促进杂交水稻的发展。农业部采取"先种植，后付款"的方式鼓励农民采用杂交水稻品种，凡有兴趣的农民都可从国家水稻所获得一袋 20 公斤重的杂交稻种子，待收获后再向最近的农业部地区办公室或国家粮食署支付 1200 比索（约 22 美元）种子款，可以付现金也可付稻谷。

在过去长期发展过程中，菲律宾耕地面积经历了"减少—增加—减少—增加"的两次大的变化，目前处在耕地面积增长时期，但增长速度明显趋缓。按照 1961～1963 年三年平均计算，耕地面积为 488 万公顷，2007～2009 年为 530 万公顷，按照移动平均方法计算，年均增加 0.91 万公顷，年递增率 0.18%。总体上呈现出上升的态势，曾于 1991 年达到 548.7 万公顷的最大规模，2003 年下降到 490 万公顷，相当于 1975 年的水平，近年缓慢上升，接近 1991 年最高水平。五次多项式方程的解释程度达到 96.47%。菲律宾耕地面积长期变化情况与模拟结果详见图 4-1。

在菲律宾，有一些耕地很奇特，形成有名的菲律宾水稻梯田。1995 年，联合国教育科学及文化组织（以下简称联合国教科文组织）将菲律宾的水稻梯田作为文化遗产，列入

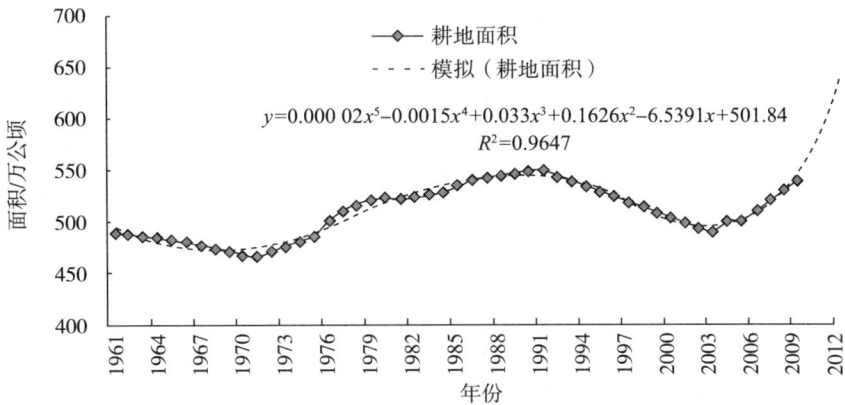

图 4-1　菲律宾耕地面积变化

《世界遗产名录》。2000 多年以来，伊富高地区山上稻田一直是沿着山坡种植的。代代相传的知识、神圣的传统和微妙的社会平衡使这里形成了一道美丽的风景，表现了人类与环境之间的征服和融合。菲律宾著名的稻米梯田，位于马尼拉以北 250 千米的安第斯山上，它是当地土著部落人民为了谋生而在裸露的山地上开垦出的土地。几个世纪以来，伊富高部落人民为了防止土壤流失，不辞辛劳地用一块块的岩石垒成一道道的堤坝，直至成为现在被美誉为"通往天堂的天梯"的稻米梯田。稻米梯田在整个亚洲并不罕见，但是完全靠人工在吕宋岛以北的崎岖的山脊上开垦出来的稻米梯田唯有菲律宾的稻米梯田。与此同时，伊富高并未融入现代的主流社会，而是继续从事传统的农耕生活，仍保持自己的信仰，但所幸的是古时当地人可怕的"猎头"习俗现已销声匿迹了。当地旅游部门为了发展旅游业建造了一些风格独特的旅馆，旅客可以在马尼拉乘飞机到达这些宾馆。游客在此住宿可以体会到当地的民风，能一边喝着鸡尾酒，一边欣赏到优美的民族舞蹈。喜欢漫步的游客可以在当地的仿古村落中徜徉，在这里还可以买得到当地著名的木雕工艺品。对于那些更喜欢冒险猎奇的游客可以游览巴塔克城附近的一些景点，在这里游客可以观赏到一直延伸到山顶的著名的形似圆形大剧场的菲律宾安第斯山稻米梯田。

　　如今，为了保护稻米梯田地区悠久的历史文化，同时提高居民的劳动生产能力，菲律宾当局、当地政府会同联合国教科文组织对当地的水文环境进行了大量的研究，并且对居民进行了一系列保护世界文化遗产的教育。专家认为，对稻米梯田生态系统保护的同时也维系了当地文化、风土民情的源远流长，这为旅游景点尤其是世界文化遗产景点的可持续化管理提供了一个良好的范例。菲律宾的水稻梯田，位于菲律宾吕宋岛的伊富高省，距首都马尼拉约 300 千米。自古以来，伊富高族人就居住在绵延 300 多千米的科迪勒拉山脉中央地带。他们在海拔 1000～2000 米的山坡上，开垦出梯田，称为"稻台"。这种非常独特的水稻梯田是菲律宾古代一项著名的农田工程。水稻是东南亚各国最重要的农作物。伊富高的梯田修建在海拔 1000～2000 米的陡峭山坡上，必须种植经过改良的耐寒水稻品种。伊富高的梯田雄伟壮观，仅巴那乌埃山谷中的梯田田埂总长度就有 2 万多千米，可绕赤道半圈，所用的石方超过埃及建造金字塔所用石方的总和，被誉为"世界大奇迹"。山谷中的巴塔德村正好位于梯田的底部，人们形象地把这里比喻为"圆形大剧场"。巴纳乌埃地区的梯田总面积约 400 平方千米，是伊富高民族在 2000 多年前用双手挖掘、建造出来的。每块水田宽仅 2~3 米，每层高 6~7 米，有的甚至超过 10 米。水稻梯田面积最大的有 2500 平方米，最小的只有 4 平方米，最高的梯田海拔 1500 米，最低的海拔 1150 米。梯田由泥墙或石壁组成的田埂支撑，围成梯田的田埂宽 30 厘米，高约 2 米，这也是农用道。在这种水田里很难使用农业机械，至今依靠人力耕作。所以这里仍然保留着非常古老的耕作方式。梯田用泉水灌溉，2000 年前就是这样。农民用挖空的竹筒将泉水引出，经过水闸，分流到梯田，由高到低，一层一层，直至谷底山涧。在日照充足的地块，每年可有两到三季的收成。

沧海桑田，古老的梯田文化犹如一株枯木迷失在社会现代化发展的春天里，它面临的是传统生活方式无法满足社会发展需求而产生的矛盾。伊富高梯田水稻一年只收获一季，其总产量仅能保障当地人五个月的粮食需求，其余时间都需要从外省进口。一位 42 岁、有 8 个孩子的木雕工匠说："我家有一块梯田，每年的产出仅供全家两个月的粮食，其余 10 个月必须靠副业赚钱为生。一个月卖木雕制品大约收入 4000~4500 比索（约合 500 多元人民币）。"巴格雷特介绍说，原始的手工耕种梯田、维护梯田泥石以换取微薄利润已不复存在，伊富高的年轻一代更倾心于从事跟旅游相关的工作，譬如手工编织、木雕等引导游客前往水稻梯田参观。"年轻的伊富高人已切断了自己与水稻梯田的纽带，他们甚至厌恶去耕种山间梯田的想法。原因很明显。脱离沉重乏味而又繁重的手工劳作，种植梯田已不再是现代社会一种获利和现实的劳动来源。"由于劳动力短缺，25%~30% 的梯田已处于荒废。伊富高一位议员索罗门·库噶拉沃对记者说："如果世界遗产委员会为了保护原始景观而让伊富高人回到过去的生活方式，我们都不会答应。我们不能像博物馆陈列古董似的陈列原始的生活方式，我们需要发展，需要与现代社会同步。梯田是伊富高人的骄傲，它是我们文化与传统的根。目前，原始农业生产无法满足伊富高人的物质需求，因此我们不得不忽视甚至放弃梯田。"他表示，欢迎世界遗产委员会保护梯田，但同时，应该允许当地发展经济，向现代化迈进。

4.1.2 人口状况

菲律宾人口增长很快。2011 年，菲律宾总人口达到 9485 万人，1960 年还只有 2601 万人。按照 1960~1962 年三年平均计算，总人口为 2690 万人，按照 2009~2011 年三年平均计算，总人口为 9327 万人，期间年均增加 133 万人，人口年递增率高达 2.57%，是世界上少有的保持高人口增长率的国家之一。如果将菲律宾人口增长过程加以模拟，拟合成的线性方程的解释程度可以达到 99.2%，如果拟合成二次多项方程，解释程度提高到 99.99%，说明目前仍处在快速上升的过程中。菲律宾总人口长期变化情况与模拟结果详见图 4-2。

作为一个农业国家，菲律宾大量人口仍然聚集在广阔的乡村地区。1960~2011 年，菲律宾乡村地区人口数量由 1868 万人增加到 4786 万人，按初期和末期三年平均计算，年均增加 58 万人，年递增率高达 1.94%。同期，城市人口也有一定幅度的增长，城市人口数量由 822 万人增加到 4541 万人，按初期和末期三年平均计算，年均增加 74 万人，年递增率高达 3.55%。

乡村人口和城市人口都在不断增加，但由于增加速度不同，人口城乡结构初步改善。1960~2011 年，乡村人口率由 69.4% 下降到 51.3%，如图 4-3 所示，如果用直线方程描述效果不理想，用二次曲线描述的解释率可以达到 96.48%。同期，菲律宾城市人口率由

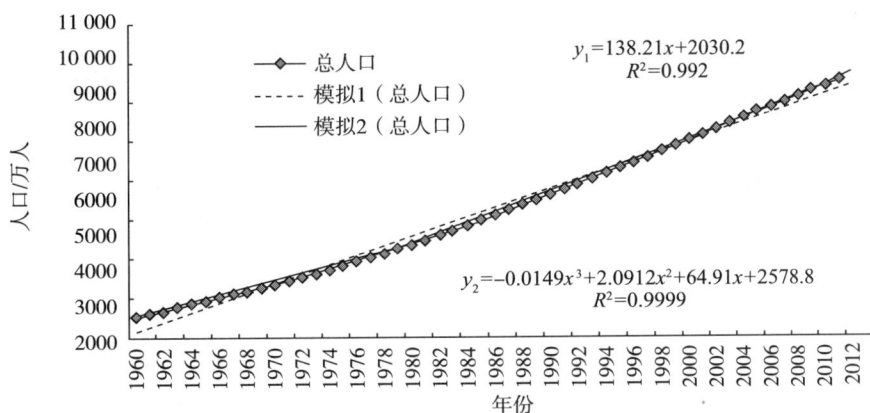

图 4-2　菲律宾总人口变化

30.56％上升到 48.69％，其增长过程亦不能用直线描述，拟合成的二次多项方程的解释
程度可以达到 98.23。菲律宾城乡人口结构变化情况如图 4-3 所示。

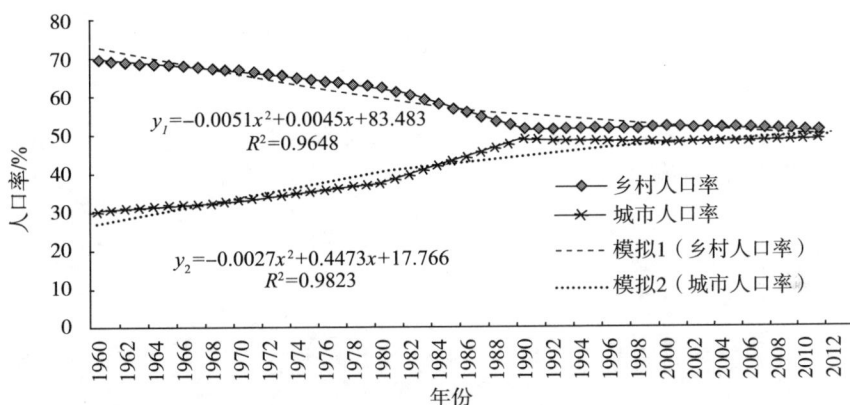

图 4-3　菲律宾城乡人口结构变化

4.1.3　经济水平

菲律宾经济，在 20 世纪 80 年代初期以前，有一个正常发展过程，但 20 世纪 80 年代
初期在国内经济危机冲击下，有一个较大的下降过程，进入 21 世纪之后增长较快，但近
期在金融危机打击下，经济出现新的波动，发展速度缓慢。以 2011 年为列，菲律宾 GDP
（现值）97 347 亿比索，约合 2247 亿美元，列世界所有国家第 43 位。

结合人口状况，按照 2000 年美元不变价格计算，1960～2011 年，菲律宾人均 GDP
由 692 美元增长到 1413 美元，按照 1960～1962 年和 2009～2011 年三年平均计算，年均
增加 13 美元，长期年递增率仅 1.36％。这一变化过程可以拟合成三次多项式方程，解释
程度达到 89.51％。菲律宾全国人均 GDP 长期变化情况与模拟结果详见图 4-4。

从国民收入角度看，菲律宾人均国民收入略低于人均 GDP。按照 2000 年美元不变价
格计算，1960～2011 年，菲律宾人均国民收入由 682 美元增长到 1421 美元，按照首尾三
年平均计算年递增率仅 1.38％，增长速度很低，国民收入仍然处在较低的水平上。这一

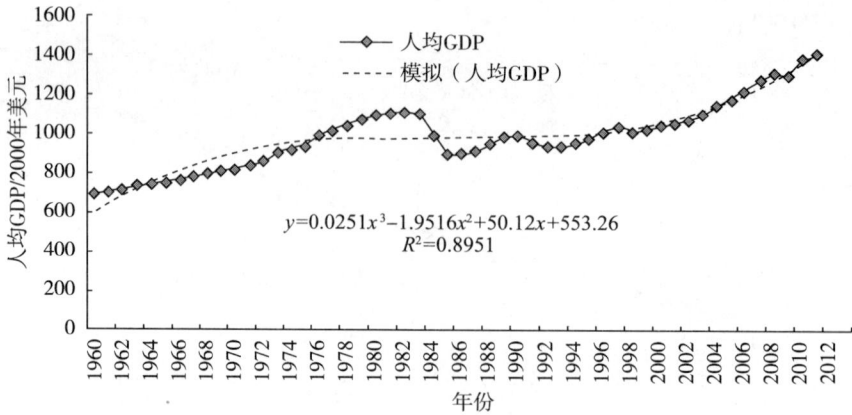

图 4-4　菲律宾人均 GDP 变化

变化过程可以拟合成三次多项式方程，解释程度达到 89.09％。菲律宾人均国民收入长期变化情况与模拟结果详见图 4-5。

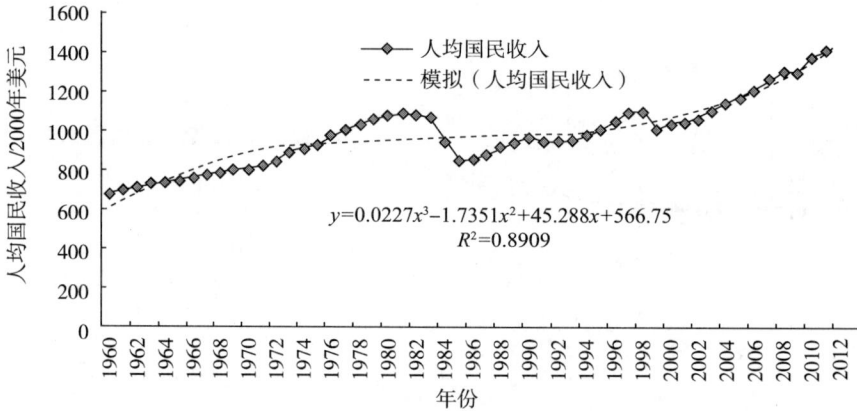

图 4-5　菲律宾人均国民收入变化

4.2　水　稻　生　产

菲律宾是世界上水稻生产历史悠久的国家之一，自然资源条件相对较好，是世界重要的国际研究机构——国际水稻研究所的所在地，水稻生产对菲律宾农民生产与生活至关重要，其是世界重要的稻米国家之一。

4.2.1　稻作生产

菲律宾的气候属于热带海洋气候，菲律宾水稻生产气候条件较好。菲律宾水稻生产发展较快，主要有三方面的原因：一是播种面积扩大，二是栽培技术进步，三是现代品种推广，其中现代品种推广的贡献率最大。稻米是菲律宾人的主要食物。多年来，菲律宾人口快速增长，消费需求压力很大。虽然大面积推广现代水稻品种，促进了粮食大幅度增长，但是稻米生产整体水平低，不能满足人口快速增长的消费需求，每年要进口稻米 60 万吨以上。实现菲律宾稻米自给的最佳途径是加快杂交水稻发展，工作的重点是尽快解决投入不足、种子短缺、推广乏力等问题。

通过大力发展杂交水稻实现稻米自给自足，仍是菲律宾所面临的主要问题。但其在发展杂交水稻方面，问题很突出。第一，农业基础设施条件差，生产投入普遍不足。菲律宾水稻生产整体水平较低，一个重要的原因是农业基础设施条件差。全国 1300 万公顷耕地中，水稻播种面积 406 万公顷，但有效灌溉面积只有 80 多万公顷，仅占水稻播种面积的 20%，抵御自然灾害的能力弱。此外，由于肥料、农药、农机具和劳动力等生产成本高，农民对水稻生产的投入普遍不足。水稻生产施肥量较低，全国平均每公顷施有效氮、磷、钾仅 5800 公斤、1500 公斤和 1200 公斤。因农民缺钱买农药，防治措施不力，每年都会有病虫危害大面积发生，导致严重减产。农民依赖合作社购买农机具，但多数合作社缺乏足够的资金支持，许多农活农民只能靠手工劳动，增加了劳动成本。近几年来，菲律宾虽然对农业加大了投入力度，新增和完善了一部分灌溉设施，对农民使用水稻良种实行价格补贴，向涉农私营企业提供贸易和财政支持，鼓励其投资发展种子生产和产后加工设备等，但就全国整体而言，农业基础设施条件差、农民对水稻生产投入不足的问题并未得到根本解决。第二，杂交稻种子生产不能满足杂交水稻快速发展的需要。目前，菲律宾杂交水稻种子生产存在四个突出问题：一是生产量小。每年只能生产 4000 吨种子，可以种植 15 万～20 万公顷。扩大种子生产面积，涉及投入的增加、技术人员和农民的培训，需要时间。二是种子生产成本高。Mestizol 种子生产成本高达 1.8 美元/公斤，销售给农民 2.1 美元/公斤，每公顷水稻种子成本高达 42.9 美元（目前政府补贴每公顷 21.4 美元，但难持久）。三是品种单一。目前全国审定通过的杂交水稻组合有 6～7 个，其中正式命名的只有 4 个。当家品种 Mestizol，种子生产产量低，只有每公顷 100 吨左右，要较大幅度提高种子产量难度很大。四是种子的质量不高。根据中国专家组对部分农户的抽样调查，菲律宾农民自发制种生产的杂交水稻种子纯度只有 80% 左右（中国杂交水稻种子纯度都在 96% 以上），种子质量不高，杂交水稻增产优势很难发挥出来。第三，国家杂交水稻推广示范缺乏力度。菲律宾从 1997 年起开始推广杂交水稻技术。1998 年，菲律宾国家水稻研究所在旱季安排了 8 个示范区试验，当年雨季示范区扩大到 11 个，每个区 20 公顷，此外雨季还安排了 33 个 1 公顷的试验示范点。后来，菲律宾水稻示范区和示范点的面积和数量逐年增加。除了国家水稻所安排的试验示范外，还有部分杂交水稻种子公司也在全国各地安排了一些试验示范。目前，菲律宾杂交水稻示范区和试验示范点已增加到 514 个，杂交水稻示范总面积已达到 769 公顷。从试验示范的效果来看，涌现了一批每公顷 800 吨以上的大面积生产典型示范片，小面积示范有每公顷超过 1200 吨的典型，充分显示了杂交水稻的巨大增产潜力。但是，从整体上看，菲律宾对推广示范杂交水稻的支持还缺乏力度。在水稻主产区，缺乏连片种植 1 公顷以上的大面积推广示范片。杂交水稻增产的巨大作用在水稻主产区还未做到家喻户晓。

4.2.2 水稻面积

水稻是菲律宾的国粮，其重要性不言而喻，菲律宾水稻种植面积和收获面积变化较大。1961～2010 年，菲律宾水稻收获面积总体上有明显增长，按照 1961～1963 年三年平均计算，全国水稻收获面积 314 万公顷，2008～2010 年增加到 445 万公顷，年均增加 2.7 万公顷，年递增率 0.74%，近期来看，虽然目前仍有一定的年度波动，但仍处在面积增加阶段。长期来看，年度波动和阶段性波动都较大，如图 4-6 所示，增长过程比较明显，这种变化过程，可以用二次多项式加以模拟，其解释程度达到 76.73％。菲律宾水稻收获面积长期变化情况与模拟结果详见图 4-6。

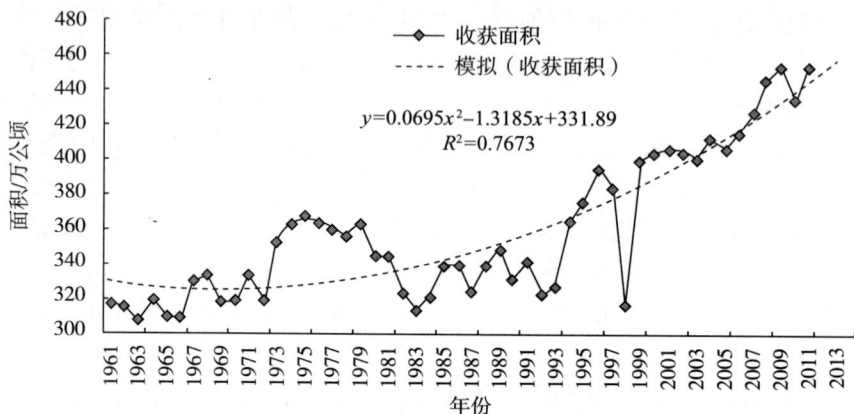

$$y=0.0695x^2-1.3185x+331.89$$
$$R^2=0.7673$$

图 4-6　菲律宾水稻收获面积变化

4.2.3　水稻产量

菲律宾是世界上重要的水稻生产国家之一，水稻产量的变化，对于其国内稻农，甚至整个世界大米市场都有重要影响。纵观菲律宾水稻产量变化，按照 1961～1963 年三年平均计算，水稻产量 391 万吨，按照 2008～2010 年三年平均计算，水稻产量达到 1628 万吨，年均增加 26 万吨，年递增率 3.08％。菲律宾水稻产量长期变化情况与模拟结果详见图 4-7。

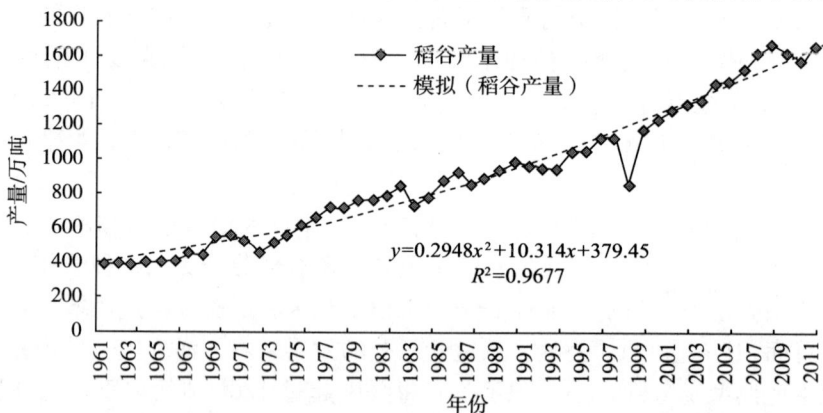

$$y=0.2948x^2+10.314x+379.45$$
$$R^2=0.9677$$

图 4-7　菲律宾水稻产量变化

过去 50 年间，菲律宾水稻产量在波动中不断增长，平均四年左右一个波动过程，这个过程可以用二次多项式方程来描述，解释程度高达 96.77％，比线性方程解释程度明显提高。

4.2.4　单产变化

按照单位面积计算水稻产量，菲律宾水稻单产总体上在较大波动中不断提高，经历了一个明显的上升过程。按照 1961～1963 年三年平均计算的单产为 1243 公斤/公顷，按照 2008～2010 年三年平均计算，水稻单产为 3661 公斤/公顷，年均提高 50 公斤/公顷，年递增率 2.32%，是水稻单产提高速度较快的国家之一。菲律宾水稻单产长期变化情况与模拟结果详见图 4-8。

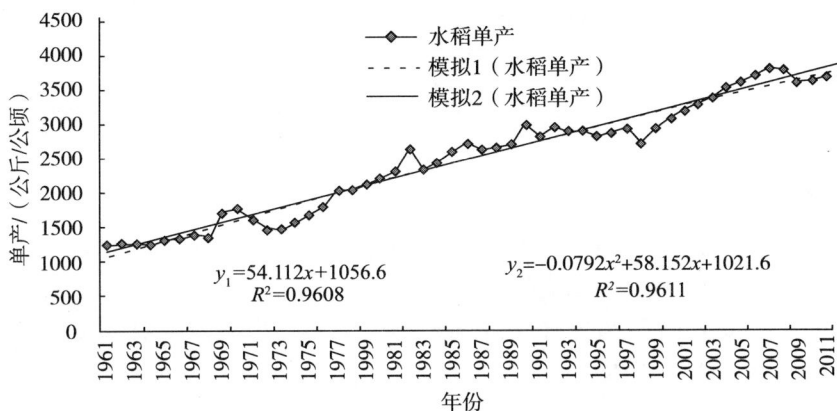

图 4-8　菲律宾水稻单产变化

长期来看，菲律宾水稻单产水平在较大的波动中不断提高，但总体水平仍然不高，近期有所下降，用二次多项式方程模拟，解释程度 99.11%，目前已经处在低于长期模拟水平之下，如何稳定提高单产将是菲律宾水稻生产所面临的严峻现实问题。

4.3　供求关系

按照一定时期内总供给量与总使用量相等的原则，考察菲律宾在特定时期内稻米（按大米计算）供求关系变化的长期情况。

4.3.1　供求平衡表

从供求平衡角度分析，供给方包括生产量、进口量和库存变化量三个部分，需求方包括国内使用量、出口量和损耗量三个部分。

大米供求量是大米总供给与总需求的均衡量，1961～1963 年三年平均 277.7 万吨，2007～2009 年三年平均 1237.1 万吨，长期年度平均 619.4 万吨，年递增率 3.30%。1961～2009 年菲律宾大米供求平衡表详见表 4-1。

表 4-1　菲律宾大米供求平衡表

时间	总供求 /万吨	供给/万吨			需求/万吨			比值	
		生产量	进口量	库存变化量	国内使用量	出口量	损耗量	产用比	出进比
1961 年	277.2	260.8	20.20	−3.8	268.7	0.0	8.6	0.97	0.0
2009 年	1213.3	1085.0	185.84	−57.6	1196.9	0.0	16.3	0.91	0.0
初期平均	277.7	260.6	15.9	1.3	268.9	0.0	8.9	0.97	6.7
末期平均	1237.1	1096.6	210.4	−69.9	1219.6	0.1	17.4	0.90	0.0
年均增量	619.4	588.1	51.6	−20.3	604.7	1.8	13.0	0.99	—
递增率/%	3.30	3.17	5.77	—	3.34	5.17	1.49	0.95	−19.54

注："初期平均"指本表所列年份最初三年年度平均值，"末期平均"指本表所列年份最后三年年度平均值

资料来源：根据 FAO 数据库历年数据整理并计算

从供求平衡关系角度看，大米生产量与国内使用量的"产用比"表明，菲律宾总体上生产量小于使用量，而且"产用比"已由初期平均的 0.97 下降到末期平均的 0.90，表明大米生产量占使用量的比重有大幅度的下降。

从国家和国际供求关系看，大米出口量与进口量的"出进比"表明，菲律宾在 1980 年前后有少量出口大米，其他年份几乎无大米出口。作为重要的大米进口国，多数年份进口一定数量的大米，因此总体上大米进口对菲律宾大米供求平衡很重要。

4.3.2　供给变化

大米供给，对于水稻生产国家来说，主要来自于生产量，菲律宾也是一样。菲律宾大米生产量一直是供给的重要主体，按照 1961～1963 年三年平均计算，大米生产量占供给量的比重为 93.8%，2007～2009 年下降到 88.6%，水稻生产发展对解决大米供给问题很重要，但比重却在下降。菲律宾大米供给量与结构长期变化情况详见表 4-2。

表 4-2　菲律宾大米供给量与结构变化

时间	数量/万吨				结构/%		
	供给量	生产量	进口量	库存变化量	生产量	进口量	库存变化量
1961 年	277.2	260.8	20.2	−3.8	94.1	7.3	−1.4
2009 年	1213.3	1085.0	185.8	−57.6	89.4	15.3	−4.7
初期平均	277.7	260.6	15.9	1.3	93.8	6.1	7.9
末期平均	1237.1	1096.6	210.4	−69.9	88.6	19.2	−33.2
年均增量	619.4	588.1	51.6	−20.3	95.8	6.8	−2.6
递增率/%	3.3	3.2	5.8	—	−0.12	2.5	—

注："初期平均"指本表所列年份最初三年年度平均值，"末期平均"指本表所列年份最后三年年度平均值

资料来源：根据 FAO 数据库历年数据整理并计算

在供给量中，大米进口量是满足国内需求的重要保障，是解决供给问题的必要补充，虽然水稻生产能力不断提升，菲律宾仍逐步加大了大米进口量。20 世纪其大米进口量不足 100 万吨，进入 21 世纪后，其大米进口量超过 100 万吨。按照 1961～1933 年三年平均计算，大米进口量 15.9 万吨，按照 2007～2009 年三年平均计算，大米进口量高达 210.4 万吨，年均增量 51.6 万吨，年递增率 5.8%，进口可以解决大米供给问题，对菲律宾具有极其重要的意义。

在供给量中，库存变化量是一种调剂。菲律宾大米库存量比重不高，但在年度间的变化却比较大。总体上看，菲律宾大米库存量，在充实库存与减少库存之间变化，大米库存量占供给量的比重，最高是 1965 年 8.3%，最低是 1990 年 −12.9%，因为菲律宾是一个长年依靠进口解决供给问题的国家，其大米库存量长期多年为负。

4.3.3　需求变化

需求量变化，主要是由国内使用量、出口量及损耗量，关键是国内功能性使用所决定的，国内使用量是水稻生产大国的主体。

菲律宾大米国内使用量较大，占总需求量的比重，已由 1961～1963 年三年平均的 96.8% 上升到 2007～2009 年三年平均的 98.6%，在其他条件不变的情况下，这说明国内

需求的相对重要性越来越大。菲律宾大米需求量与结构长期变化情况详见表 4-3。

表 4-3　菲律宾大米需求量与结构变化

时间	数量/万吨				结构/%			损耗率/%	
	需求量	国内使用量	出口量	损耗量	国内使用量	出口量	损耗量	耗产率	耗用率
1961 年	277.3	268.7	0.0	8.6	96.9	0.0	3.1	3.3	3.2
2009 年	1213.3	1196.9	0.0	16.3	98.7	0.0	1.3	1.5	1.4
初期平均	277.8	268.9	0.0	8.9	96.8	0.0	3.2	3.4	3.3
末期平均	1237.1	1219.6	0.1	17.4	98.6	0.0	1.4	1.6	1.4
年均增量	619.4	604.7	1.8	13.0	97.2	0.3	2.4	2.5	2.5
递增率/%	3.3	3.3	5.2	1.5	0.0	1.8	−1.8	−1.6	−1.8

注："初期平均"指本表所列年份最初三年年度平均值，"末期平均"指本表所列年份最后三年年度平均值
资料来源：根据 FAO 数据库历年数据整理并计算

在需求量中，菲律宾大米为满足国际需求的出口十分微弱。菲律宾大米出口年份很少，出口量也很少。

在需求量中，使用过程中的损耗也相对较小。菲律宾大米损耗量由 1961~1963 年三年平均 8.9 万吨增加到 2007~2009 年三年平均 17.4 万吨，它占总需求量的比重，由 3.2% 下降到 1.4%，年度平均为 2.4%；损耗量占生产量的比重由 3.4% 下降到 1.6%，年度平均为 2.5%；损耗量占国内使用量的比重，由 3.3% 下降到 1.4%，年度平均为 2.5%。

4.4　大米食用

从水稻生产的目的性和需求的功能性来看，发展水稻生产旨在满足国内日益增长的食用需求，在于为人们提供生存与发展所需要的能量和营养。

4.4.1　食用量比较

1961~2009 年，按照 1961~1963 年和 2007~2009 年三年平均计算，菲律宾大米食用量由 246.5 万吨增加到 1152.4 万吨，年均增加 19.4 万吨，表现为总体上不断增长的过程。菲律宾大米、小麦、玉米和其他谷物食用量长期变化情况详见表 4-4。

表 4-4　菲律宾谷物食用量变化比较

时间	人口/万人	食用量/万吨				人均食用量/(公斤/人)			
		大米	小麦	玉米	其他	大米	小麦	玉米	其他
1961 年	2689	247	36	31	0	91.7	13.2	11.4	0.0
2009 年	9170	1131	216	60	5	123.3	23.5	6.6	0.5
初期平均	2780.7	246.5	38.2	31.6	0.1	88.7	13.7	11.4	0.0
末期平均	9017.6	1152.4	202.6	53.4	5.1	127.8	22.5	5.9	0.6
年度平均	5604.4	559.1	119.9	75.6	2.7	96.8	20.0	14.4	0.4
年均增量	132.7	19.3	3.5	0.5	0.1	0.83	0.19	−0.12	0.01
递增率/%	2.59	3.41	3.70	1.15	8.24	0.80	1.08	−1.41	5.53

注："初期平均"指本表所列年份最初三年年度平均值，"末期平均"指本表所列年份最后三年年度平均值
资料来源：根据 FAO 数据库历年数据整理并计算

剔除人口增加的影响，计算大米人均食用量，菲律宾大米人均食用量仍然处在不断增长的上升阶段。按照 1961～1963 年三年平均计算，菲律宾大米人均食用量 88.7 公斤，按照 2007～2009 年三年平均计算，进一步上升到 127.8 公斤。与大米人均食用量的变化相适应，小麦人均食用量次之，由 13.7 公斤上升到 22.5 公斤；玉米人均食用量较低，由 11.4 公斤下降到 5.9 公斤；其他谷物人均食用量不足 1 公斤。菲律宾大米、小麦、玉米与其他谷物人均食用量长期变化情况详见图 4-9。

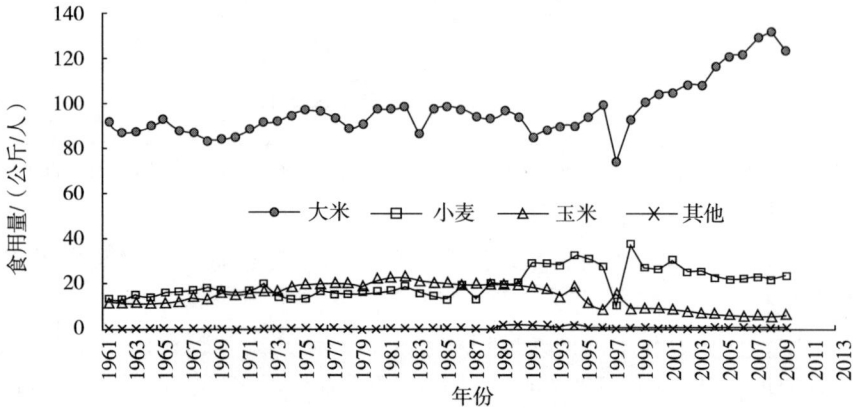

图 4-9 菲律宾四类谷物人均食用量变化

4.4.2 米食营养

就菲律宾全国平均而言，国民通过食物获取的营养量，总体上相对较高，增长速度较快。在食物营养中，主要是植物性食物提供的能量和营养。食用大米获取营养，对于菲律宾国民来说，是生活中十分重要的事情。如表 4-5 所示，按照 1961～1963 年三年平均，每人每日通过食物获得热量 1789 千卡，按照 2007～2009 年三年平均计算，每人每日通过食物获得热量 2607 千卡，年均增加 17 千卡，年递增率 0.82%。菲律宾每人每日食物营养量长期变化情况详见表 4-5。

表 4-5 菲律宾每人每日食物营养量年度变化

时间	总营养量（A）		植物性食物营养量（B）		大米营养量		大米热量占比/%		大米蛋白质占比/%	
	热量/千卡	蛋白质/克	热量/千卡	蛋白质/克	热量/千卡	蛋白质/克	(A)	(B)	(A)	(B)
1961年	1806	41.9	1604	26.4	854	14.9	47.3	35.6	53.2	56.4
2009年	2580	61.0	2185	34.9	1213	21.2	47.0	34.8	55.5	60.7
初期平均	1789	41.4	1583	25.9	826	14.5	46.2	52.2	34.9	55.9
末期平均	2607	61.1	2214	35.3	1257	22.0	48.2	56.8	36.0	62.3
年度平均	2174	50.3	1895	29.7	939	16.4	43.2	49.6	32.7	55.2
年均增量	17.4	0.4	13.4	0.2	9.2	0.2	0.0	0.1	0.0	0.1
递增率/%	0.82	0.85	0.73	0.68	0.92	0.92	0.09	0.18	0.07	0.24

注："初期平均"指本表所列年份最初三年年度平均值，"末期平均"指本表所列年份最后三年年度平均值
资料来源：根据 FAO 数据库历年数据整理并计算

　　菲律宾人以植物性食物为主，大米占有重要位置，为全国人民提供了重要的食物保障，从营养角度来看也是如此。按照 1961～1963 年三年平均计算，菲律宾人通过食用大米获得的热量为 826 千卡，2007～2009 年上升到 1257 千卡，年均增加 9.2 千卡，年递增率 0.92%。同期，大米还提供了 14.5 克和 22.0 克的蛋白质，以及一定量的植物性脂质。据此计算，大米为菲律宾人提供的热量占总热量的比重由 46.2% 上升到 48.2%，占植物性食物热量的比重由 52.2% 上升到 56.8%。大米为菲律宾人提供的蛋白质占蛋白质总量的比重由 34.9% 上升到 36.0%，占植物性食物蛋白质的比重由 55.9% 上升到 62.3%。由此可见，在大米食用量不断上升的过程中，菲律宾大米营养在整个食物营养和植物性食物营养供给中的比重更大了。菲律宾每人每日大米营养量长期变化情况详见图 4-10。

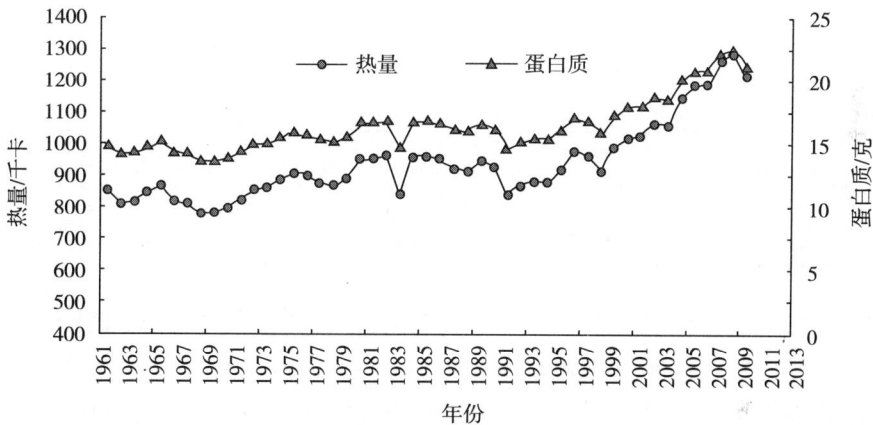

图 4-10　菲律宾每人每日大米营养量年度变化

4.5　市　场　贸　易

　　大米市场分为国内市场与国际市场。在国内市场上，通过价格变化来反映国内大米市场变化走势。在国际市场上，主要通过价格和贸易量的变化来反映该国大米在国际大米市场上的地位及其变化情况。

4.5.1　国内大米价格

　　(1)菲律宾普通大米批发与零售价格月度变化。通过监测，获得菲律宾 2012 年全年 12 个月与 2011 年全年 12 个月全国平均和全国 6 个地方(分别是宿务、达沃城、伊洛、大马尼拉、新埃西哈、南哥达巴托)的批发价格与零售价格的月度变化数据，据此计算菲律宾普通大米批发与零售平均价格。结果表明，2012 年菲律宾普通大米批发价格为 708.9 美元/吨，比 2011 年 668.2 美元/吨上涨 40.7 美元，上涨了 6.1%。2012 年菲律宾普通大米零售价格为 767.4 美元/吨，比 2011 年 722.5 美元/吨上涨了 37.4 美元，上涨了 5.1%。菲律宾普通大米批发与零售价格月度变化对比情况详见表 4-6。

表 4-6　菲律宾普通大米国内批发与零售价格月度变化

时间	批发/(美元/吨)			零售/(美元/吨)			零售差价/(美元/吨)	差价率/%
	平均	国家平均	6 地平均	平均	国家平均	6 地平均		
2012 年全年	708.9	712.5	705.3	767.4	759.2	775.6	58.5	8.2
1 月	678.3	680.0	676.7	736.7	730.0	743.3	58.3	8.6
2 月	698.3	700.0	696.7	753.3	740.0	766.7	55.0	7.9
3 月	700.0	700.0	700.0	752.5	740.0	765.0	52.5	7.5
4 月	705.8	700.0	711.7	765.0	750.0	780.0	59.2	8.4
5 月	702.5	700.0	705.0	762.5	750.0	775.0	60.0	8.5
6 月	710.0	710.0	710.0	762.5	750.0	775.0	52.5	7.4
7 月	731.7	730.0	733.3	784.2	770.0	798.3	52.5	7.2
8 月	720.8	730.0	711.7	779.2	770.0	788.3	58.3	8.1
9 月	713.3	720.0	706.7	780.0	780.0	780.0	66.7	9.3
10 月	709.2	720.0	698.3	770.0	770.0	771.7	61.7	8.7
11 月	715.8	730.0	701.7	779.2	780.0	778.3	63.3	8.8
12 月	720.8	730.0	711.7	782.5	780.0	785.0	61.7	8.6
2012 年增量	40.7	40.0	41.4	37.4	36.7	38.1	−3.3	−1.0
2012 年增率/%	6.1	5.9	6.2	5.1	5.1	5.2	−5.4	−10.8

资料来源：根据国家水稻产业经济研究室数据库有关数据整理计算

（2）菲律宾精制大米批发与零售价格月度变化。根据监测数据，对菲律宾精制大米监测结果分析表明，2012 年精制大米批发价格为 777.8 美元/吨，比 2011 年 739.2 美元/吨，上涨了 38.6 美元，上涨了 5.2%。2012 年精制大米零售价格为 844.0 美元/吨，比 2011 年 804.9 美元/吨上涨了 39.0 美元/吨，上涨了 4.8%。2011～2012 年菲律宾精制大米批发与零售价格月度变化详见表 4-7。

表 4-7　菲律宾精制大米批发与零售价格月度变化

时间	批发/(美元/吨)			零售/(美元/吨)			零售差价/(美元/吨)	差价率/%
	平均	国家平均	6 地平均	平均	国家平均	6 地平均		
2012 年全年	777.8	780.0	775.6	844.0	835.8	852.1	66.2	8.5
1 月	751.7	760.0	743.3	805.8	800.0	811.7	54.2	7.2
2 月	763.3	760.0	766.7	826.7	820.0	833.3	63.3	8.3
3 月	767.5	770.0	765.0	830.0	820.0	840.0	62.5	8.1
4 月	770.0	760.0	780.0	840.8	830.0	851.7	70.8	9.2
5 月	772.5	770.0	775.0	834.2	820.0	848.3	61.7	8.0
6 月	782.5	790.0	775.0	833.3	820.0	846.7	50.8	6.5
7 月	794.2	790.0	798.3	860.0	850.0	870.0	65.8	8.3
8 月	789.2	790.0	788.3	856.7	850.0	863.3	67.5	8.6
9 月	785.0	790.0	780.0	855.0	850.0	860.0	70.0	8.9
10 月	785.8	800.0	771.7	854.2	850.0	858.3	68.3	8.7
11 月	789.2	800.0	778.3	864.2	860.0	868.3	75.0	9.5
12 月	782.5	780.0	785.0	866.7	860.0	873.3	84.2	10.8

续表

时间	批发/(美元/吨)			零售/(美元/吨)			零售差价/(美元/吨)	差价率/%
	平均	国家平均	6地平均	平均	国家平均	6地平均		
2012年增量	38.6	39.2	38.1	39.0	35.0	43.1	0.4	−0.4
2012年增率/%	5.2	5.3	5.2	4.8	4.4	5.3	0.6	−4.4

资料来源：根据国家水稻产业经济研究室数据库有关数据整理计算

4.5.2 大米国际贸易

菲律宾是世界重要的大米进口国家，而菲律宾大米出口量却很少，其价格变化，尤其是进口大米的价格变化，对世界大米市场的走势有重要影响。

在国际大米市场，菲律宾大米国际贸易因进口量大而特别重要。按照1986～2010年平均计算，大米出口量10 242吨，进口量高达85.3万吨。1992年以前，每年尚有一定的出口，但此后出口量不足1000吨，1998年以后，每年进口量基本上稳定在100万吨以上，个别年份进口量在200万吨以上。1986年以来，菲律宾大米进出口贸易变化情况详见表4-8。

表4-8 菲律宾大米进出口贸易变化

年份	出口			进口		
	数量/万吨	金额/万美元	价格/(美元/吨)	数量/万吨	金额/万美元	价格/(美元/吨)
1986	—			2057	409	198.8
1987	111 500	24 636	221.0	29	14	482.8
1988	2	2	1000.0	119 187	47 590	399.3
1989	16 000	2688	168.0	195 180	54 496	279.2
1990	—	—	—	592 727	127 667	215.4
1991	10 000	2340	234.0	59	66	1118.6
1992	35 100	8517	242.6	634	317	500.0
1993	—	—	—	201 606	37 143	184.2
1994	—	—	—	1526	683	447.6
1995	—	—	—	263 248	82 707	314.2
1996	—	—	—	866 838	308 871	356.3
1997	—	—	—	722 398	211 324	292.5
1998	1	1	1000.0	1 178 135	646 609	548.8
1999	293	145	494.9	834 379	239 933	287.6
2000	225	114	506.7	642 233	135 508	211.0
2001	12	11	916.7	810 905	136 531	168.4
2002	—	—	—	1 196 094	211 662	177.0
2003	4	3	750.0	—	—	—
2004	114	75	657.9	999 831	262 317	262.4
2005	188	28	148.9	1 812 366	547 444	302.1
2006	14	13	928.6	1 700 335	508 490	299.1
2007	250	532	2128.0	1 793 958	649 653	362.1

续表

年份	出口			进口		
	数量/万吨	金额/万美元	价格/（美元/吨）	数量/万吨	金额/万美元	价格/（美元/吨）
2008	233	701	3008.6	2 426 635	1 951 065	804.0
2009	129	223	1728.7	1 752 447	1 032 589	589.2
2010	44	27	613.6	2 364 743	1 486 693	628.7
年数/个	17	17	17	24	24	24
年均	10 242	2356	867.5	853 231	361 658	392.9

资料来源：根据 FAO 数据库历年数据整理并计算

　　长期来看，1961～2010 年，菲律宾稻米国际贸易量变化如图 4-11 所示，左轴显示出口量，右轴显示进口量，图 4-11 表明菲律宾已经明显地由出口国变成世界重要的大米进口国，而且进口量在年度间的波动也有所加大。菲律宾大米国际贸易量长期变化情况详见图 4-11。

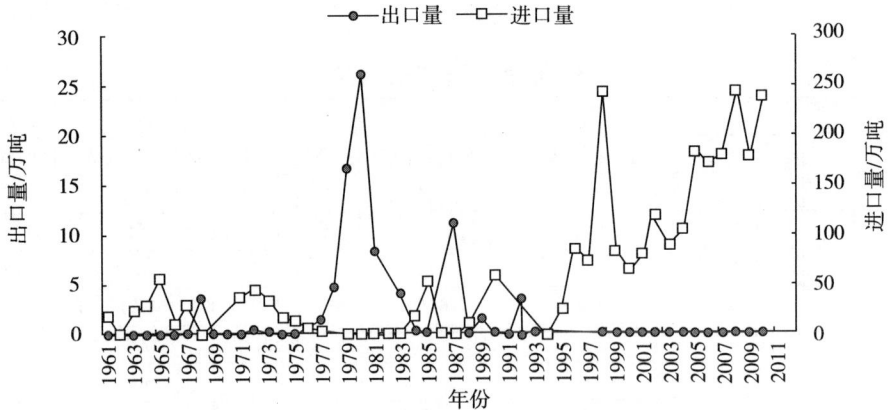

图 4-11　菲律宾大米国际贸易量长期变化

4.5.3　进口来源

　　菲律宾进口大米，1986～2010 年，总共从 20 个国家和地区进口大米，按照 25 年平均计算，25 年每年平均进口大米 81.91 万吨。菲律宾进口大米的国家来源，第 1 位是越南，占 68.86%；第 2 位是泰国，占 16.09%；第 3 位是印度，占 4.07%；第 4 位是中国内地，占 4.00%；第 5 位是美国，占 3.30%。按照 1986～2010 年长期年度平均计算，菲律宾进口大米的国家和地区的分布情况详见表 4-9。

表 4-9　菲律宾长期进口大米的国家和地区

位次与国家和地区		1986～2010 年平均/万吨	占比/%	累比/%
1	越南	564 004	68.86	68.9
2	泰国	131 815	16.09	84.9
3	印度	33 317	4.07	89.0
4	中国内地	32 798	4.00	93.0

续表

位次与国家和地区		1986~2010 年平均/万吨	占比/%	累比/%
5	美国	27 014	3.30	96.3
6	巴基斯坦	16 380	2.00	98.3
7	印度尼西亚	6272	0.77	99.1
8	缅甸	5473	0.67	99.8
9	日本	1248	0.15	99.9
10	新加坡	311	0.04	99.9
11	马来西亚	191	0.02	100.0
12	新西兰	149	0.02	100.0
13	澳大利亚	49	0.01	100.0
14	柬埔寨	47	0.01	100.0
15	葡萄牙	26	0.00	100.0
16	韩国	5	0.00	100.0
17	加拿大	2	0.00	100.0
18	中国香港	2	0.00	100.0
19	意大利	0.4	0.00	100.0
20	英国	0.1	0.00	100.0

资料来源：根据 FAO 数据库历年数据整理并计算

　　从 2008~2010 年近三年菲律宾进口大米的情况来看，按照三年平均计算，菲律宾每年总共从 11 个国家进口大米 218.1 万吨，第 1 位是越南，占 77.8%；第 2 位是泰国，占 16.4%；第 3 位是巴基斯坦，占 3.5%；第 4 位是美国，占 1.9%；第 5 位是缅甸，占 0.2%。另外还从新加坡、新西兰、柬埔寨、日本、中国和印度少量进口大米。按照近期年度平均，菲律宾进口大米的国家和地区的分布情况详见表 4-10。

表 4-10　菲律宾近年进口大米的国家和地区

位次与国家和地区		2008~2010 年平均/万吨	占比/%	累比/%
1	越南	1 696 326	77.8	77.8
2	泰国	357 992	16.4	94.2
3	巴基斯坦	76 135	3.5	97.7
4	美国	42 450	1.9	99.6
5	缅甸	4263	0.2	99.8
6	新加坡	2003	0.1	99.9
7	新西兰	1233	0.1	100.0
8	柬埔寨	388	0.0	100.0
9	日本	253	0.0	100.0
10	中国	210	0.0	100.0
11	印度	21	0.0	100.0

资料来源：根据 FAO 数据库历年数据整理并计算

4.5.4 出口去向

与进口来源相比，菲律宾大米出口的国家分布十分分散。1986～2010 年，菲律宾共向 21 个国家出口大米，年均出口 6964 吨，每年平均向每个国家出口大米 332 吨。表 4-11 是 1986～2010 年菲律宾出口大米的国家和地区的分布情况。

表 4-11　菲律宾长期出口大米的国家和地区

位次与国家和地区		1986～2010 年平均/万吨	占比/%	累比/%
1	印度尼西亚	6903.9	99.1	99.1
2	新加坡	27.1	0.4	99.5
3	中国	20.4	0.3	99.8
4	无名国家	3.9	0.1	99.9
5	美国	2.4	0.0	99.9
6	阿联酋	2.0	0.0	99.9
7	加拿大	1.4	0.0	100.0
8	帕劳	0.6	0.0	100.0
9	科威特	0.5	0.0	100.0
10	黎巴嫩	0.5	0.0	100.0
11	荷兰	0.4	0.0	100.0
12	孟加拉国	0.4	0.0	100.0
13	塞浦路斯	0.2	0.0	100.0
14	意大利	0.2	0.0	100.0
15	日本	0.2	0.0	100.0
16	希腊	0.1	0.0	100.0
17	马绍尔群岛	0.1	0.0	100.0
18	美属萨摩亚	0.0	0.0	100.0
19	阿鲁巴	0.0	0.0	100.0
20	约旦	0.0	0.0	100.0

注：0.0 表示小于 0.05
资料来源：根据 FAO 数据库历年数据整理并计算

从近年出口去向来看，菲律宾年均大米出口量只有 135.3 吨，共向 11 个国家和地区出口大米。第 1 位是新加坡，第 2 位是不确定的国家和地区，第 3 位是加拿大，第 4 位是美国，第 5 位是阿联酋。按照 2008～2010 年三年平均计算，菲律宾出口大米的国家和地区的分布情况详见表 4-12。

表 4-12　菲律宾近期出口大米的国家和地区

位次与国家和地区		2008～2010 年平均/万吨	占比/%	累比/%
1	新加坡	71.00	52.5	52.5
2	无名国家	32.00	23.7	76.1

续表

位次与国家和地区		2008～2010年平均/万吨	占比/%	累比/%
3	加拿大	11.67	8.6	84.7
4	美国	6.67	4.9	89.7
5	阿联酋	4.67	3.4	93.1
6	科威特	4.00	3.0	96.1
7	孟加拉国	3.33	2.5	98.5
8	塞浦路斯	0.67	0.5	99.0
9	马绍尔群岛	0.67	0.5	99.5
10	阿鲁巴	0.33	0.2	99.8
11	荷兰	0.33	0.2	100.0

资料来源：根据 FAO 数据库历年数据整理并计算

4.6 展　望

菲律宾是世界上重要的水稻生产国家，基于人口增长的口粮安全需求，预计其水稻生产将有一个大的发展过程，以实现水稻生产自给自足。近年来，菲律宾在推广现代品种和杂交水稻生产方面有新的发展，估计 2013 年水稻生产将进一步增长。

菲律宾是一个大米消费大国，大米在提供国民营养、解决贫困人口主食供应等方面都具有重要价值。虽然大米人均食用量开始减少，但人口仍在不断增加，估计菲律宾大米食用量仍将增加，并带动国内大米需求量缓慢增长。

与其他国家相比，菲律宾国内大米价格总体上与国民收入水平并不适应，价格普遍偏高，但国内大米市场还是稳定有序的，预计国内大米市场在未来仍然会充满活力。

在国际大米市场上，菲律宾也许会逐步增加大米出口，但仍将是以进口大米为主，预计在短期内进口量不会降低，将继续是国际大米市场上重要的进口国家。

第5章

孟加拉国稻米产业发展

孟加拉国，即孟加拉人民共和国（The People's Republic of Bangladesh）。孟加拉国国土总面积14.4万平方千米，总人口1.5亿人（2011年）。面积居世界第93位，人口居世界第8位。孟加拉国是一个传统农业国家，水稻生产和大米国际贸易，对其很重要，对世界稻米产业具有一定影响。

5.1 产业背景

孟加拉国稻米产业发展，由自然资源条件、人口状况与经济水平三大要素决定。

5.1.1 自然资源条件

孟加拉国位于南亚次大陆东北部的由恒河和布拉马普特拉河冲积而成的三角洲上。孟加拉国的东、西、北三面与印度毗邻，东南与缅甸接壤，南部地区濒临孟加拉湾，海岸线长550千米。全境85％的地区为平原，东南部和东北部为丘陵地带。大部分地区属亚热带季风型气候，湿热多雨。全年分为冬季（11～2月），夏季（3～6月）和雨季（7～10月），年平均气温为26.5℃。冬季是一年中最宜人的季节，全年最低温度4℃，夏季最高温度达45℃，雨季平均温度30℃。

孟加拉族是南亚次大陆古老民族之一。孟加拉地区曾数次建立过独立国家，版图一度包括现印度的西孟加拉邦和比哈尔邦等地区。16世纪孟加拉已发展成次大陆地区人口稠密、经济发达、文化昌盛的地区。18世纪中叶成为英国对印度进行殖民统治的中心。19世纪后半叶成为英属印度的一个省。1947年印巴分治，孟加拉又划归巴基斯坦（称东巴），1971年3月东巴宣布独立，1972年1月正式成立孟加拉人民共和国。孟加拉国全国划分为达卡、吉大港、库尔纳、拉吉沙希、巴里萨尔、锡莱特和郎故尔（由原拉吉沙希的8个县组成）7个行政区，全国下设64个县，472个分县，4490个乡，59 990个村。

孟加拉国是最不发达国家之一，经济发展水平较低，国民经济主要依靠农业。孟加拉国政府主张实行市场经济，推行私有化政策，改善投资环境，大力吸引外国投资，积极创建出口加工区，优先发展农业。人民联盟政府上台以来，制定了庞大的经济发展计划，包括建设"数字孟加拉"、提高发电容量、实现粮食自给等，但面临资金、技术、能源短缺等问题。2011年，孟加拉国全国GDP是79 670亿塔卡，约合1118亿美元，其国家货币名称为塔卡（Taka），汇率换算为1美元＝71塔卡。农业是孟加拉国经济中最重要的部门，农业产值约占 GDP 的 30%，总劳动力中有 57% 从事农业。土地所有权高度分散化及农户土地规模较小，限制了"绿色革命"成果在全国广泛推广应用，农业生产技术仍很落后。孟加拉国每年所需粮食中约 10% 依赖进口，且这些粮食中约 90% 左右是以援助形式提供的。在经济作物中，黄麻居最重要的地位，它是农业和工业的主要纽带，每年有一半的黄麻作为原料直接出口到国外，剩余的在国内加工后再出口，黄麻加工是最大的制造业部门。

孟加拉国农业有着悠久的发展历史。从地理位置上讲，孟加拉国地处恒河下游，境内多为冲积平原，土质疏松肥沃，非常适合农业耕作；从气候上讲，孟加拉国属亚热带海洋性气候，同时受南亚季风影响，有雨季和旱季之分，是多种热带植物的天然种植园；此外，孟加拉国境内河流湖泊纵横，拥有极其发达的水系，非常适合开展淡水养殖和捕捞。孟加拉国坐拥孟加拉湾的天然资源，又拥有近海捕捞的有利条件。因此，很久以前，孟加拉国人民就开始发展了自己的热带农业、家禽家畜饲养业、捕捞业和鱼虾养殖业。但是另一方面，近几十年来，缺乏规划的城镇化和工业化、人口急剧增加、耕地面积大量缩减，导致农业生产受到严重影响。20 世纪末，全国粮食已难以维持自给，不得不依赖进口。在这种形势之下，既要解决 1.4 亿多人口的吃饭问题，又要保持和提高农业的出口创汇能力，孟加拉国就必须加大对农业的政策倾斜，吸引更多投资投入农业生产及农产品的加工制造，唯有如此，才可实现其农业的振兴和可持续发展。

作为一个农业国，孟加拉国需要足够的粮食来养活日益增加的人口。孟加拉国可供耕种的土地在不断减少，每年约流失 8.29 万公顷可耕地，与此同时每年有 200 万人口降生到这个本已十分拥挤的国家。这意味着在可耕地以超乎预料的速度减少的同时，又不得不为持续增加的人口生产更多的粮食。官方统计显示，孟加拉国目前可耕地面积比十年前整整减少了 100 万公顷。城市化、工业化、河流侵蚀，无一不在蚕食着数量有限的可耕地。如果任这种趋势发展下去，孟加拉国每年将减少 1% 的可耕地（8.29 万公顷），或者说，每天减少 221 公顷。由于人口扩张再加上耕地面积迅速缩减，在 1999～2000 年实现粮食（主要是大米和小麦）产量与国内需求量持平以后，孟加拉国现在要维持这样的平衡已很困难。每年增加 200 万人口，减少 8 万多公顷可耕地，意味着每年要为新增人口增产 560 万公吨粮食。如果达不到这一目标，那就只有动用来之不易的外汇进口更多的粮食。

20 世纪 70 年代早期，孟加拉国全国只有 7000 万人，人口年增长率超过 3%，每年净增约 200 万人。现在人口年增长率已经大幅下降至 1.5%，但由于总人口基数已经增加到 1.4 亿，因此实际上每年净增的人口数仍然不低于 200 万。国内粮食自给自足与依赖进口弥补粮食缺口，其后果截然不同。在保持连续 3 年粮食自给以后，孟加拉国不得不重新依靠粮食进口。在 2002～2003 财年，孟加拉累计进口粮食 300 万公吨，花掉了 250 亿塔卡的等值外汇。在这种情况之下，仅仅维持粮食产量"平稳增长"已经远远不够，还必须实现粮食产量的"直线上升"，唯有如此，孟加拉国才能有足够的粮食喂养新增人口。

在过去长期发展过程中，孟加拉国耕地面积经历了从增加到减少的两次大的变化，目前处在耕地面积持续下降阶段。按照 1961～1963 年三年平均计算，耕地面积为 860 万公顷，2007～2009 年为 764 万公顷，按照移动平均方法计算，年均减少 2 万公顷，年递增率 -0.26%。总体上呈现出明显的下降态势，曾于 1989 年达到 955 万公顷的最大规模，2009 年下降到 456 万公顷，仅相当于 1989 年的 79.2%，短短 20 年时间，耕地面积剧烈下降程度很大，年均减少近 10 万公顷。将这一过程拟合成二次多项式方程，解释程度达到 84.52%。孟加拉国耕地面积长期变化情况与模拟结果详见图 5-1。

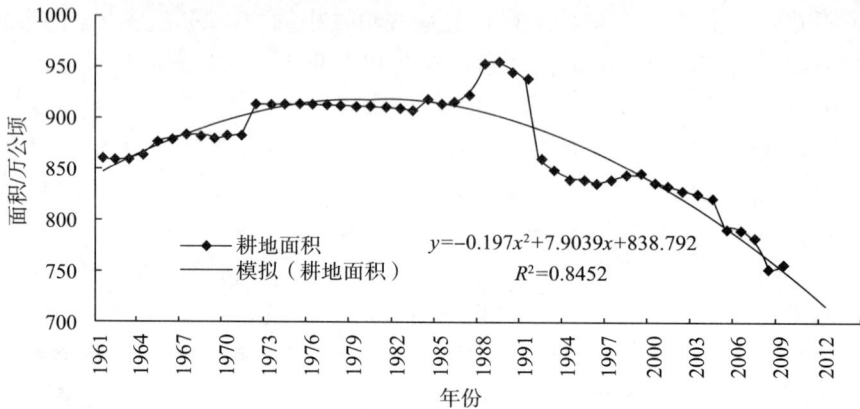

图 5-1　孟加拉国耕地面积变化

5.1.2　人口状况

孟加拉国人口增长很快。2011 年，孟加拉国总人口达到 15 049 万人，早在 1960 年还只有 5010 万人。按照 1960~1962 年三年平均计算，总人口为 5154 万人，按照 2009~2011 年三年平均计算，总人口为 14 874 万人，年均增加 194 万人，人口年递增率高达 2.19%，是世界上长期保持高人口增长率的国家之一。如果将孟加拉国人口增长过程加以模拟，拟合成的线性方程的解释程度可以达到 98.93%，说明目前仍处在快速上升的阶段。孟加拉国总人口长期变化情况与模拟结果详见图 5-2。

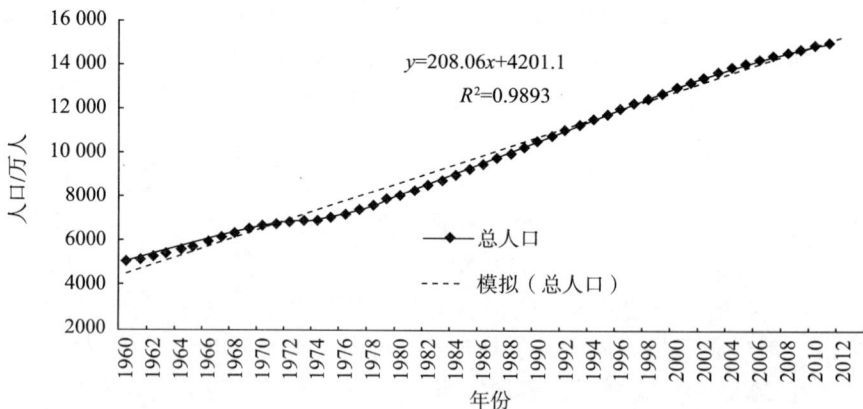

图 5-2　孟加拉国总人口变化

作为一个农业大国，孟加拉国大量人口仍然聚集在广阔的乡村地区。1960~2011 年，孟加拉国乡村地区人口数量由 4878 万人增加到 10 722 万人，按初期和末期三年平均计算，年均增加 117 万人，年递增率高达 1.62%。同期，城市人口也有一定幅度的增长，城市人口数量由 276 万人增加到 4152 万人，按初期和末期三年平均计算，年均增加 78 万人，年递增率高达 5.69%。

乡村人口和城市人口都在不断增加，但由于增加速度不同，人口城乡结构初步改善。1960～2011 年，乡村人口率由 94.6％下降到 72.1％，如图 5-3 所示，如果用直线方程描述，解释程度可以达到 98.67％。同期，孟加拉国城市人口率由 5.35％上升到 27.91％，其增长过程用直线方程加以描述，其解释程度可以达到 98.67％。孟加拉国城乡人口结构变化情况如图 5-3 所示。

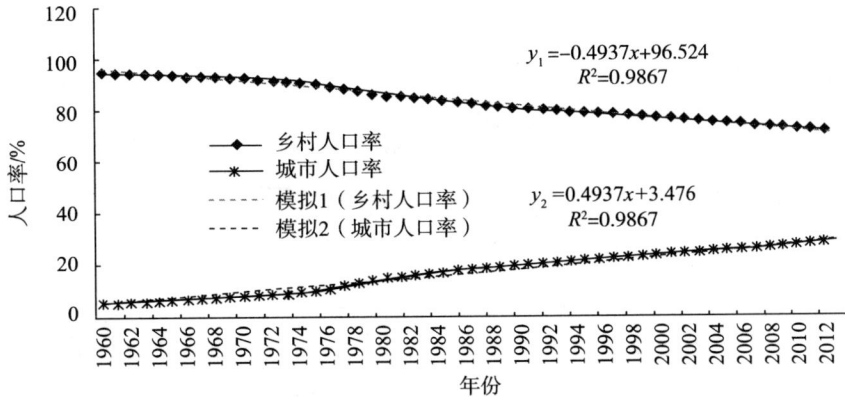

图 5-3　孟加拉国城乡人口结构变化

5.1.3　经济水平

孟加拉国经济水平，总体上还很落后，长期发展速度也比较缓慢。尤其是经历了建国初期经济发展下降的过程后，经过一定时期的经济缓慢增长，近年经济发展速度有所提升，推进了孟加拉国经济增长。以 2011 年为列，孟加拉国 GDP（现值）是 79 670 亿塔卡，约合 1118 亿美元，列世界所有国家第 58 位。

结合人口状况，按照 2000 年美元不变价格计算，1960～2011 年，孟加拉国人均 GDP 由 255 美元增长到 588 美元，按照 1960～1962 年和 2009～2011 年三年平均计算，年均增加 6 美元，长期年递增率仅 1.56％。这一变化过程可以拟合成三次多项式方程，其解释程度达到 98.85％。孟加拉国人均 GDP 长期变化情况与模拟结果详见图 5-4。

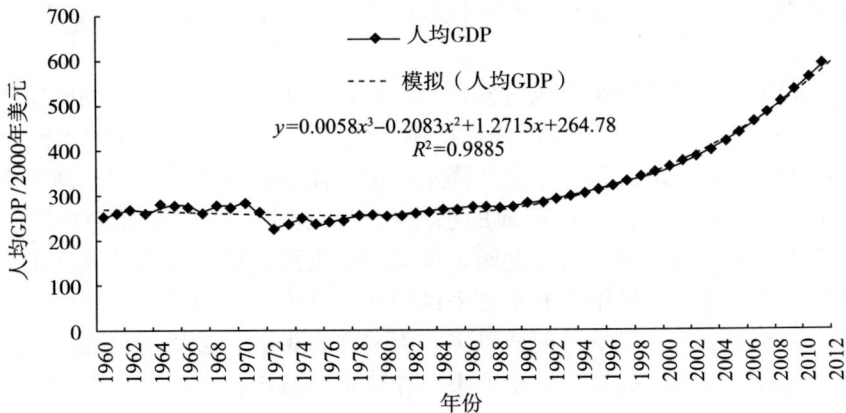

图 5-4　孟加拉国人均 GDP 变化

从国民收入角度看，孟加拉国人均国民收入略低于人均 GDP。按照 2000 年美元不变价格计算，1973～2011 年，孟加拉国人均国民收入由 239 美元增长到 607 美元，按照首尾三年平均计算，年递增率为 10.0%，增长速度较高，但国民收入水平仍然处在较低的水平上。这一变化过程可以拟合成三次多项式方程，解释程度达到 99.87%。孟加拉国人均国民收入长期变化情况与模拟结果详见图 5-5。

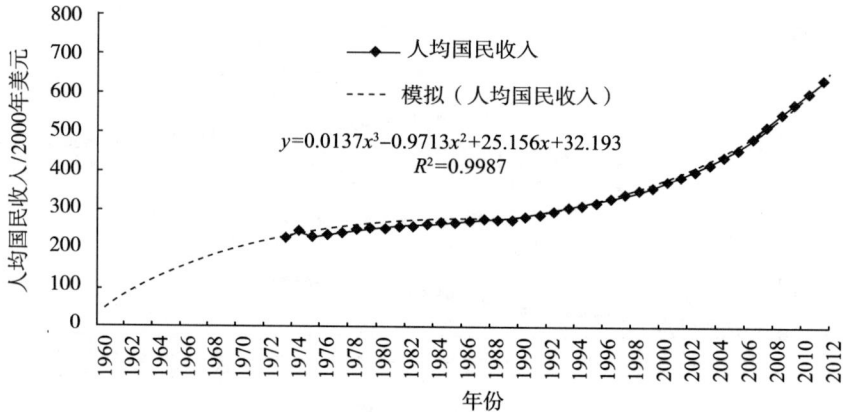

图 5-5　孟加拉国人均国民收入变化

5.2　水　稻　生　产

孟加拉国是世界上水稻生产历史悠久的国家之一，自然资源条件相对较好，为水稻生产发展创造了条件。水稻生产，对于孟加拉国农民生产与生活至关重要，孟加拉国也是世界重要的稻米国家之一。

5.2.1　稻作生产

孟加拉国全境 85% 的地区为平原，东南部和东北部为丘陵地带，河道纵横密布，大部分为肥沃、平坦的冲积平原，海拔 1～50 米，非常适合发展水稻产业和渔业生产，但雨季极易河水泛滥，被称为"水泽之乡"和"河塘之国"。由于人口众多，面积较小，人口密度达到每平方千米近千人，因此成为世界上人口密度最高的国家之一，成为稻作生产的压力。

孟加拉国的气候主要是热带季风气候，其特点是全年高温，有明显的雨季和旱季，一般 5～9 月为雨季，此时，印度洋上吹来的西南季风带着温暖而又饱和的水汽向低压区冲来，在山地抬升作用下常形成强度很大的降水，加之孟加拉国大部分位于南亚次大陆东北部的由恒河和布拉马普特拉河冲积而成的平原和三角洲上，南面濒临喇叭口状的孟加拉湾，低平的地势，密布的河网，雨季期间，极易遭受洪涝、风暴等自然灾害的袭击，而较长的旱季对于生长期间需水量很大的水稻来说同样会产生不利的影响。简单一点说就是热带季风气候，降水变率大，旱季易形成旱灾，雨季降水集中，多暴雨，加之地势低平，河网密布，排水不畅，极易形成暴雨洪涝灾害，导致水稻减产。

孟加拉国 69% 的可耕地每年能种两季甚至三季稻，所以孟加拉国也是世界上农耕密度最高的国家之一。粗略计算，孟加拉国必须在 2020 年可耕地比现在减少 200 万公顷的情况下，实现粮食产量增加 500~600 万吨，到那时全国人口预计将达到 1.73 亿。过去 30 年里，在国际稻米研究所和孟加拉国稻米研究所的共同努力下，新的高产品种被不断开发出来，孟加拉国才得以将粮食产量提高到与人口增长基本适应的水平。但农业专家也在担心，随着可耕地的不断减少，近期能否维持粮食产量的增长速度还是个问题。不管怎样，孟加拉国别无选择，只有通过采用生物技术和其他前沿科学成果，进一步提高单位粮食产量，努力实现粮食产量的"直线上升"，才能避免粮食危机，保证国民经济平稳发展。

孟加拉国每年的大米产量仍然不高。诺多尔、诺根、恰帕拉威哥和弟纳伯地区出产的米糠还可用于提炼食用油。在拉吉沙希地区可以建很多中等规模的米糠油加工厂。此外，孟加拉国还将高质量的香米出口到欧盟和美国市场。据估计，孟加拉国每年可供出口的优质香米（如 Kataribog、Chinigura 等品种）大约有 10 吨，创汇 3 亿美元。实际上，孟加拉国在 2001 年出口香米只有 1100 吨，此后每年递增 500 吨。相比之下，泰国每年的香米出口量高达 104.6 万吨。

5.2.2　水稻面积

水稻是孟加拉国的国粮，其重要性不言而喻，孟加拉国水稻种植面积和收获面积变化较大。1961~2010 年，孟加拉国水稻收获面积总体上经历了一个很大的变化过程。按照 1961~1963 年三年平均计算，全国水稻收获面积 873 万公顷，2008~2010 年增加到 1148 万公顷，年均增加 5.7 万公顷，年递增率 0.58%，从近期来看，虽然目前仍有一定的年度波动，但仍处在面积增加阶段。长期来看，年度波动和阶段性波动都较大，如图 5-6 所示，增长过程比较明显，这种变化过程，可以用三次多项式加以模拟，其解释程度可以达到 83.84%。孟加拉国水稻收获面积长期变化情况与模拟结果详见图 5-6。

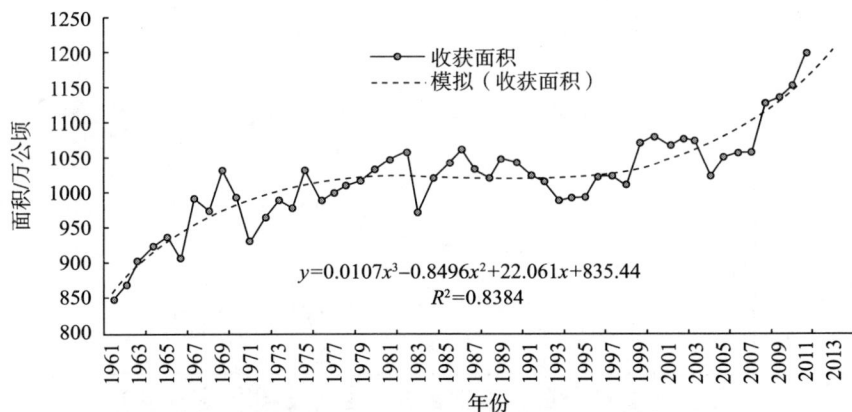

$$y=0.0107x^3-0.8496x^2+22.061x+835.44$$
$$R^2=0.8384$$

图 5-6　孟加拉国水稻收获面积变化

5.2.3　水稻产量

孟加拉国是世界上重要的水稻生产国家之一，水稻产量的变化，对于国内稻农，甚至整个世界大米市场都有一定影响。纵观孟加拉国水稻产量变化，按照 1961~1963 年三年平均计算，水稻产量 1456 万吨，按照 2008~2010 年三年平均计算，水稻产量达到 4794

万吨，年均增加 70 万吨，年递增率 2.57%。孟加拉国水稻产量长期变化情况与模拟结果详见图 5-7。

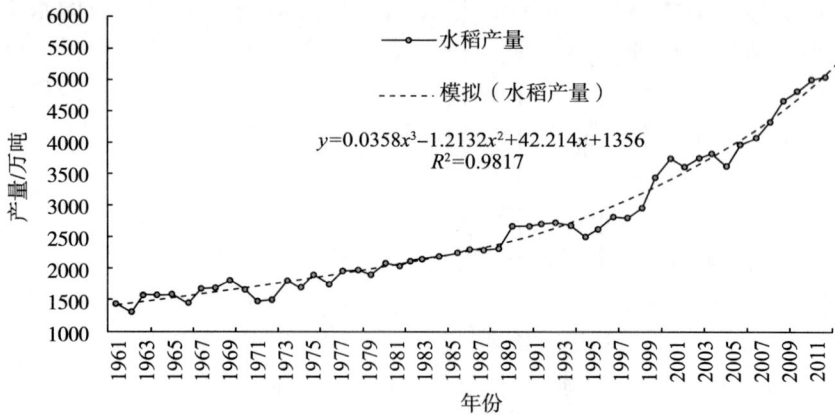

$$y=0.0358x^3-1.2132x^2+42.214x+1356$$
$$R^2=0.9817$$

图 5-7 孟加拉国水稻产量变化

在过去 50 年中，孟加拉国水稻产量在波动中不断增长，平均 4 年左右一个波动过程，这个过程可以用三次多项式方程来描述，解释性高达 98.17%，目前处在上升过程中。

5.2.4 单产变化

按照单位面积计算水稻产量，孟加拉国水稻单产总体上在较大波动中不断提高，经历了一个明显的上升过程。按照 1961~1963 年三年平均计算，水稻单产为每公顷 1667 公斤，按照 2008~2010 年三年平均计算，水稻单产为 4177 公斤，年均提高 52 公斤，年递增率 1.97%，是单产提高速度较快的国家之一。孟加拉国水稻单产长期变化情况与模拟结果详见图 5-8。

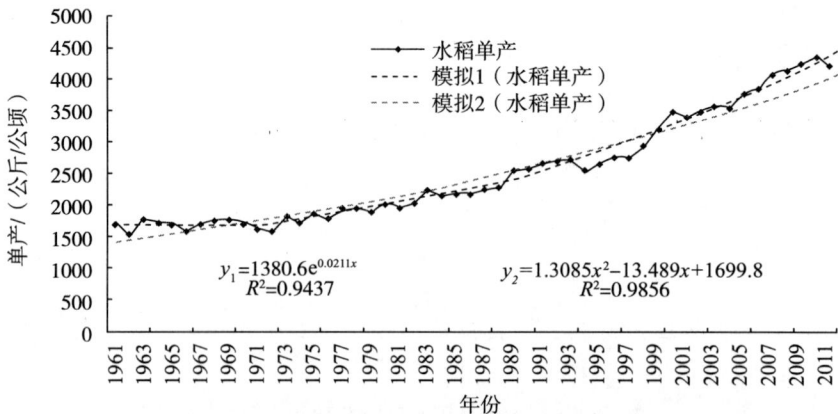

$$y_1=1380.6e^{0.0211x}$$
$$R^2=0.9437$$

$$y_2=1.3085x^2-13.489x+1699.8$$
$$R^2=0.9856$$

图 5-8 孟加拉国水稻单产变化

长期来看，孟加拉国水稻单产水平在较大的波动中不断提高，但总体水平仍然不高，近期徘徊不前，用二次多项式方程模拟，解释程度 98.56%，目前已经处在低于长期模拟水平之下，如何稳定提高单产将是孟加拉国水稻生产所面临的重要问题。

5.3 供 求 关 系

按照一定时期内总供给量与总使用量相等的原则，考察孟加拉国在特定时期内稻米（按大米计算）供求关系变化的长期情况。

5.3.1 供求平衡表

从供求平衡角度分析，供给方包括生产量、进口量和库存变化量三个部分，需求方包括国内使用量、出口量和损耗量三个部分。

孟加拉国大米总供求量，是全国大米总供给与总需求的均衡量，1961～1963年三年平均998.0万吨，2007～2009年三年平均2997.3万吨，长期年度平均1702.3万吨，年递增率2.42%。孟加拉国大米供求平衡表详见表5-1。

表 5-1　孟加拉国大米供求平衡表

时间	总供求/万吨	供给/万吨			需求/万吨			比值	
		生产量	进口量	库存变化量	国内使用量	出口量	损耗量	产用比	出进比
1961年	972.5	962.2	48.97	−38.7	953.3	0.0	19.2	1.01	0.0
2009年	3082.9	3183.2	3.78	−104.1	2923.1	0.5	159.3	1.09	0.1
初期平均	998.0	970.8	37.8	−10.7	978.6	0.0	19.4	0.99	0.0
末期平均	2997.3	3060.4	49.7	−112.7	2843.1	1.1	153.2	1.08	0.1
年均增量	1702.3	1671.0	44.3	−13.0	1659.9	0.2	42.4	1.01	0.0
递增率/%	2.42	2.53	0.60	5.26	2.35	—	4.59	1.08	—

注："初期平均"指本表所列年份最初三年年度平均值，"末期平均"指本表所列年份最后三年年度平均值

资料来源：根据FAO数据库历年数据整理并计算

从供求平衡关系角度看，大米生产量与国内使用量的"产用比"表明，孟加拉国总体上生产量大于使用量，而且"产用比"已由初期平均的0.99提高到末期平均的1.08，表明大米生产量占使用量的比重有大幅度的上升。

从国内和国际供求关系看，大米出口量与进口量的"出进比"表明，孟加拉国很少出口大米，反而进口量较大，因此多数年份的"出进比"几乎为零。孟加拉国作为重要的大米进口国，多数年份进口一定数量的大米，因此总体上大米进口对于其大米供求平衡很重要。

5.3.2 供给变化

大米的供给，对水稻生产国家来说，主要来自于生产量，孟加拉国也是一样。孟加拉国大米生产量一直是供给的重要主体，按照1961～1963年三年平均计算，孟加拉国大米生产量占供给量的比重为97.3%，2007～2009年上升到102.1%，水稻生产发展对于解决孟加拉国大米供给问题很重要。孟加拉国大米供给量与结构长期变化情况详见表5-2。

表 5-2　孟加拉国大米供给量与结构变化

时间	数量/万吨				结构/%		
	总供给	生产量	进口量	库存变化量	生产量	进口量	库存变化量
1961年	972.5	962.2	49.0	−38.7	98.9	5.0	−4.0
2009年	3082.9	3183.2	3.8	−104.1	103.3	0.1	−3.4

续表

时间	数量/万吨				结构/%		
	总供给	生产量	进口量	库存变化量	生产量	进口量	库存变化量
初期平均	998.0	970.8	37.8	−10.7	97.3	3.9	−28.2
末期平均	2997.3	3060.4	49.7	−112.7	102.1	1.6	−226.7
年均增量	1702.3	1671.0	44.3	−13.0	98.4	2.6	−1.1
递增率/%	2.4	2.5	0.6	5.3	0.11	−1.9	4.6

注："初期平均"指本表所列年份最初三年年度平均值，"末期平均"指本表所列年份最后三年年度平均值

资料来源：根据 FAO 数据库历年数据整理并计算

在供给量中，孟加拉国大米进口量是满足国内需求的重要保障，是解决供给问题的必要补充，随着水稻生产能力的不断持续提升，孟加拉国逐步加大了大米进口量。按照1961～1963 年三年平均计算，年度进口量 37.8 万吨，按照 2007～2009 年三年平均计算，年度进口量提高到 49.7 万吨，年度平均 44.3 万吨，年递增率 6.0%，可见进口可以解决大米供给问题，对孟加拉国具有极其重要的意义。

在供给量中，库存变化量是一种调剂。孟加拉国大米库存量比重不高，但在年度间的变化却比较大。总体上看，孟加拉国大米库存量，在充实库存与减少库存之间变化，最高是 1994 年库存增加量占供给量 11.8%，最低是 1973 年库存减少量占供给量 12.9%，近年来库存变化比较平稳，一般在增或减 100 万吨左右，所占比重也不高。

5.3.3 需求变化

需求量变化，主要是由国内使用量、出口量及损耗量，关键是国内功能性使用所决定的，国内使用量是水稻生产大国的主体。

孟加拉国大米国内使用量总量较大，占需求量的比重，已由 1961～1963 年三年平均的 98.1% 下降到 2007～2009 年三平均的 94.9%，在其他条件不变的情况下，说明国内需求的相对重要性有所变化。孟加拉国大米需求量与结构长期变化情况详见表 5-3。

表 5-3　孟加拉国大米需求量与结构变化

时间	数量/万吨				结构/%			损耗率/%	
	总需求	国内使用量	出口量	损耗量	国内使用量	出口量	损耗量	耗产率	耗用率
1961	972.5	953.3	0.0	19.2	98.0	0.0	2.0	2.0	2.0
2009	3082.9	2923.1	0.5	159.3	94.8	0.0	5.2	5.0	5.4
初期平均	998.0	978.6	0.0	19.4	98.1	0.00	1.9	2.0	2.0
末期平均	2997.3	2843.1	1.1	153.2	94.9	0.04	5.1	5.0	5.4
年均增量	1702.4	1659.9	0.2	42.4	97.7	0.0	2.3	2.3	2.3
递增率/%	2.4	2.3	—	4.6	−0.07	—	2.1	2.0	2.2

注："初期平均"指本表所列年份最初三年年度平均值，"末期平均"指本表所列年份最后三年年度平均值

资料来源：根据 FAO 数据库历年数据整理并计算

在需求量中，孟加拉国大米为满足国际需求的出口量十分微弱。孟加拉国大米出口年份很少，出口量也很小。

在需求量中,使用过程中的损耗也相对较小。孟加拉国大米损耗量由 1961～1963 年三年平均 19.4 万吨增加到 2007～2009 年三年平均 153.2 万吨,占总需求量的比重,由 1.9% 上升到 5.1%,年均增量为 2.3%。孟加拉国大米损耗量占生产量的比重,由 2.0% 上升到 5.0%,年均增量为 2.3%。孟加拉国大米损耗量占国内使用量的比重,由 2.0% 上升到 5.4%,年度平均为 2.3%。

5.4　大米食用

从水稻生产的目的性和需求的功能性来看,发展水稻生产旨在满足国内日益增长的食用需求,在于为人们提供生存与发展所需要的能量和营养。

5.4.1　食用量比较

1961～2009 年,按照 1961～1963 年和 2007～2009 年三年平均计算,孟加拉国大米食用量由 899 万吨增加到 2497 万吨,年均增加 34.0 万吨,表现为总体上不断增长的过程。孟加拉国大米、小麦、玉米和其他谷物食用量长期变化情况详见表 5-4。

表 5-4　孟加拉国谷物食用量变化比较

时间	人口/万人	食用量/万吨				人均食用量/(公斤/人)			
		大米	小麦	玉米	其他	大米	小麦	玉米	其他
1961 年	5153	876	44	1	5	170.0	8.5	0.1	1.0
2009 年	14 703	2549	235	119	1	173.3	16.0	8.1	0.1
初期平均	5299.4	899.3	46.5	0.7	5.0	169.7	8.8	0.1	0.9
末期平均	14 548.8	2497.9	226.6	116.4	1.6	171.7	15.6	8.0	0.1
年度平均	9596.8	1530.3	198.0	13.2	5.2	158.1	19.9	1.0	0.6
年均增量	196.8	34.0	3.8	2.5	-0.1	0.0	0.1	0.2	0.0
递增率/%	2.22	2.25	3.50	11.88	-2.48	0.03	1.26	9.46	-4.59

注:"初期平均"指本表所列年份最初三年年度平均值,"末期平均"指本表所列年份最后三年年度平均值

资料来源:根据 FAO 数据库历年数据整理并计算

剔除人口增加的影响,计算大米人均食用量,孟加拉国大米人均食用量仍然处在不断增长的上升阶段。就平均来看,按照 1961～1963 年三年平均计算,大米人均食用量 169.7 公斤,按照 2007～2009 年三年平均计算,进一步上升到 171.7 公斤。与大米人均食用量的变化相比,小麦次之,由 8.8 公斤上升到 15.6 公斤;玉米人均食用量较低,由 0.1 公斤上升到 8.0 公斤;其他谷物人均食用量不足 1 公斤。孟加拉国大米、小麦、玉米和其他谷物人均食用量长期变化情况详见图 5-9。

5.4.2　米食营养

就孟加拉国全国平均而言,国民通过食物获取营养量,总体上相对较高,但增长速度比较缓慢。在食物营养中,主要是通过植物性食物提供的能量和营养。食用大米获取营养,对孟加拉国国民来说,是生活中十分重要的事情。如表 5-5 所示,按照 1961～1963 年三年平均计算,每人每日通过食物获得热量 2129 千卡,按照 2007～2009 年三年平均计

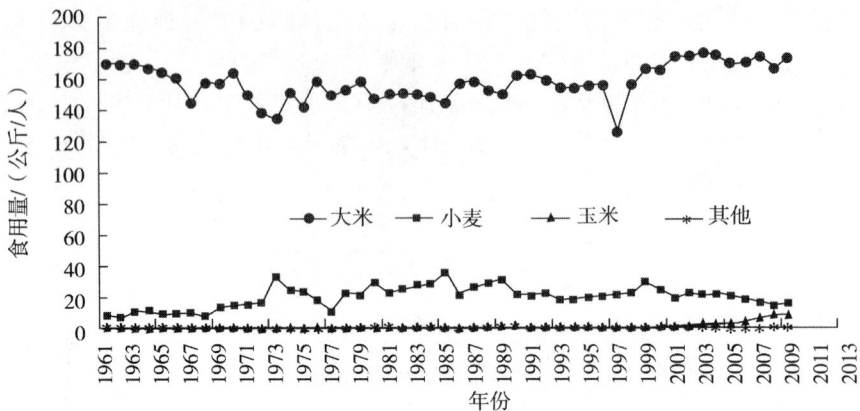

图 5-9　孟加拉国四类谷物人均食用量变化

算，每人每日通过食物获取的热量为 2438 千卡，年均增加 6 千卡，年递增率 0.3%。孟加拉国每人每日食物营养量长期变化情况详见表 5-5。

表 5-5　孟加拉国每人每日食物营养量年度变化比较

时间	总营养量(A)		植物性食物营养量(B)		大米营养量		大米热量占比/%		大米蛋白质占比/%	
	热量/千卡	蛋白质/克	热量/千卡	蛋白质/克	热量/千卡	蛋白质/克	(A)	(B)	(A)	(B)
1961 年	2130	45.0	2067	39.6	1694	31.8	79.5	70.7	82.0	80.3
2009 年	2481	57.7	2383	48.3	1727	32.4	69.6	56.2	72.5	67.1
初期平均	2129	44.9	2064	39.4	1691	31.7	79.4	81.9	70.7	80.6
末期平均	2438	55.5	2344	46.6	1711	32.1	70.2	73.0	57.9	69.0
年度平均	2159	46.9	2089	40.8	1581	29.7	73.2	75.7	63.3	72.8
年均增量	6.6	0.2	6.0	0.2	0.4	0.0	−0.2	−0.2	−0.3	−0.2
递增率/%	0.3	0.5	0.3	0.4	0.0	0.0	−0.3	−0.3	−0.4	−0.3

注："初期平均"指本表所列年份最初三年年度平均值，"末期平均"指本表所列年份最后三年年度平均值

资料来源：根据 FAO 数据库历年数据整理并计算

孟加拉国人以植物性食物为主，大米占有重要位置，为全国人民提供了重要的食物保障，从营养角度来看也是如此。按照 1961～1963 年三年平均计算，孟加拉国人通过食用大米获得热量 1691 千卡，按照 2007～2009 年三年平均计算，大米热量上升到 1711 千卡，年均增加 0.4 千卡，年递增率 0.03%。同期，大米还提供了 31.7 克和 32.1 克的蛋白质，以及一定量的植物性脂质。据此计算，大米为孟加拉国人民提供的热量占总热量的比重由 79.4%下降到 70.2%，占植物性食物热量的比重由 81.9%下降到 73.0%。大米为孟加拉国人民提供的蛋白质占蛋白质总量的比重由 70.7%下降到 57.9%，占植物性蛋白质的比重由 80.6%下降到 69.0%。由此可见，在大米食用量仍在不断上升的情况下，孟加拉国大米营养在整个食物营养和植物性食物营养供给中依然具有极其重要的地位。孟加拉国每人每日大米营养量长期变化情况详见图 5-10。

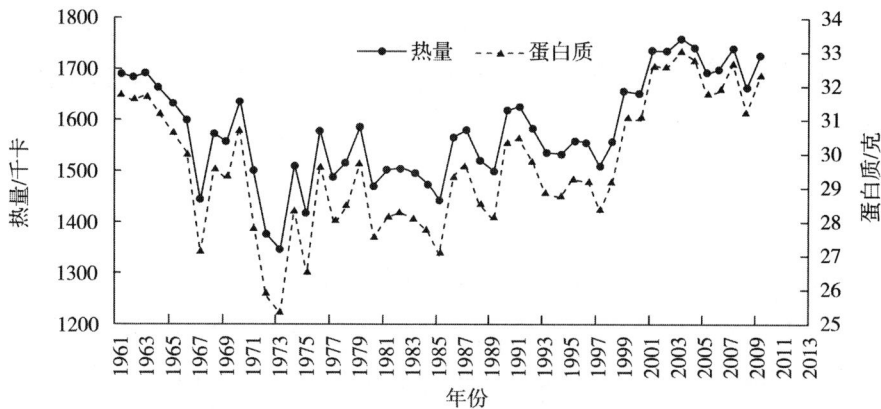

图 5-10 孟加拉国每人每日食用大米营养量年度变化

5.5 市 场 贸 易

大米市场分为国内市场与国际市场。在国内市场上，通过价格变化来反映国内大米市场变化走势。在国际市场上，主要通过价格和贸易量的变化来反映该国大米在国际大米市场上的地位及其变化情况。

5.5.1 国内大米价格

根据监测数据，得到孟加拉国 2012 年全年 12 个月与 2011 年全年 12 个月达卡(孟加拉国首都)的大米批发价格与零售价格的月度变化数据，据此计算孟加拉国大米批发与零售平均价格，结果表明，2012 年大米平均批发价格为每吨 301.4 美元，比 2011 年全年平均 409.6 美元下降了 108.2 美元，变动幅度为－26.4%。2012 年全年国内大米零售价格平均每吨 350.8 美元，比 2011 年全年 442.5 美元下降了 91.7 美元，变动幅度为－20.7%。孟加拉国普通大米批发与零售价格月度变化情况详见表 5-6。

表 5-6 孟加拉国普通大米批发与零售价格月度变化

时间	批发价格/(美元/吨)	零售价格/(美元/吨)	零批差价/(美元/吨)	差价率/%
2012 年全年	301.4	350.8	49.4	16.4
1 月	314.1	350	35.9	11.4
2 月	316.4	350	33.6	10.6
3 月	311.7	350	38.3	12.3
4 月	307.7	350	42.3	13.7
5 月	300.2	340	39.8	13.3
6 月	292.6	350	57.4	19.6
7 月	296.5	350	53.5	18.0
8 月	295.2	360	64.8	22.0
9 月	287.9	350	62.1	21.6
10 月	299.2	350	50.8	17.0
11 月	298.3	350	51.7	17.3
12 月	296.8	360	63.2	21.3

续表

时间	批发价格/（美元/吨）	零售价格/（美元/吨）	零批差价/（美元/吨）	差价率/%
2012 年增量	−108.2	−91.7	16.6	8.4
2012 年增率/%	−26.4	−20.7	50.3	104.3

资料来源：根据国家水稻产业经济研究室数据库有关数据整理计算

5.5.2 大米国际贸易

孟加拉国是世界重要的大米进口国家，而孟加拉国大米出口量却很少，其价格变化，尤其是进口大米的价格变化，对世界大米市场的走势有重要影响。

在国际大米市场，孟加拉国在大米国际贸易中的重要地位因进口大国而特别显著。1977 年以前没有出口，在 1997 年之后才开始每年有少量大米出口，但大米进口每年都有。按照 1961～1963 年三年平均计算，每年进口大米 38 万吨，按照 2008～2010 年三年平均计算，年均进口量 45.8 万吨。自 1961 年以来，孟加拉国大米进出口贸易变化情况详见表 5-7。

表 5-7　孟加拉国大米进出口贸易变化

时间	出口			进口		
	数量/万吨	金额/万美元	价格/（美元/吨）	数量/万吨	金额/万美元	价格/（美元/吨）
1961 年	—	—	—	49.2	4995	101.5
2010 年	0.4	293	744.0	65.7	27372	416.7
初期平均	0.0	0.0	—	38.0	4028.3	106.0
末期平均	0.6	448.1	751.7	48.8	19233.8	394.4
年度平均	0.2	72.2	454.7	45.8	8949.1	195.5
年均增量	0.0	9.3	751.7	0.2	316.8	1410.9
递增率/%	—	—	—	0.53	3.38	6.3

资料来源：根据 FAO 数据库历年数据整理并计算

1961～2010 年，孟加拉国大米国际贸易量变化情况如图 5-11 所示，结合表 5-7 数据可以发现，孟加拉国大米出口量（图 5-11）很少，呈现间断性特点，但近年有所增加，而进口量却大量增加（图 5-11），逐步成为世界重要的进口国家，进口量年度间的波动也有所加大。

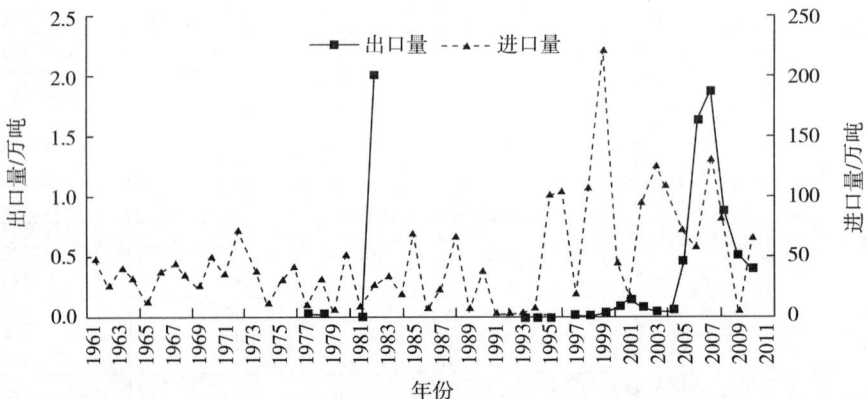

图 5-11　孟加拉国大米国际贸易量长期变化

5.5.3 进口来源

孟加拉国虽然是一个大米主产国家，但也是一个大米进口大国。1986~2010年可获得数据不多，仅根据2005~2007年数据加以分析。期间，总共从11个国家进口大米，按照3年平均计算，首位是印度，占97.4%；第2位是缅甸，占0.9%；第3位是泰国，占0.8%；第4位是巴基斯坦，占0.6%；第5位是越南，占0.2%。另外，也从中国、美国、韩国、尼日利亚和澳大利亚少量进口。2005~2007年孟加拉国进口大米的国家和地区的分布情况详见表5-8。

表5-8 孟加拉国进口大米的国家分布

位次与国家和地区		2005~2007年平均/万吨	占比/%	累比/%
1	印度	428 170	97.4	97.4
2	缅甸	3967	0.9	98.4
3	泰国	3396	0.8	99.1
4	巴基斯坦	2759	0.6	99.8
5	越南	887	0.2	100.0
6	中国	156	0.0	100.0
7	孟加拉国	26	0.0	100.0
8	美国	7	0.0	100.0
9	韩国	5	0.0	100.0
10	尼日利亚	4	0.0	100.0
11	澳大利亚	3	0.0	100.0

资料来源：根据FAO数据库历年数据整理并计算

5.5.4 出口去向

与大米进口相比，大米出口时间和出口量都很少，与大米进口来源，孟加拉国大米出口国家较多，出口的国家分布十分分散。从2005~2007年三年平均数据看，共向24个国家和地出口大米，年均出口5741吨，每年平均向每个国家出口大米239吨。表5-9是2005~2007年孟加拉国出口大米的国家和地区的分布情况。

表5-9 孟加拉国出口大米的国家和地区

位次与国家和地区		2005~2007年平均/万吨	占比/%	累比/%
1	意大利	3338	58.14	58.1
2	希腊	438	7.63	65.8
3	美国	404	7.04	72.8
4	阿联酋	343	5.97	78.8
5	沙特阿拉伯	286	4.98	83.8
6	英国	169	2.94	86.7
7	科威特	148	2.57	89.3
8	加拿大	119	2.08	91.3
9	中国香港	91	1.58	92.9
10	新加坡	91	1.58	94.5

位次与国家和地区		2005～2007 年平均/万吨	占比/%	累比/%
11	马来西亚	73	1.28	95.8
12	奥地利	68	1.18	97.0
13	澳大利亚	65	1.13	98.1
14	巴基斯坦	45	0.78	98.9
15	瑞典	17	0.29	99.2
16	塞浦路斯	14	0.24	99.4
17	黎巴嫩	9	0.15	99.5
18	韩国	6	0.10	99.7
19	巴林	5	0.08	99.7
20	卡塔尔	5	0.08	99.8

资料来源：根据 FAO 数据库历年数据整理并计算

5.6 展　望

　　孟加拉国是世界上重要的水稻生产国家，基于人口增长的粮食安全需求，预计水稻生产将进一步增长。近年来，随着孟加拉国杂交水稻快速推广和逐步普及，估计 2013 年水稻生产将进一步增长。

　　孟加拉国是一个大米消费大国，大米在提供国民营养、解决贫困人口主食供应等方面都具有十分重要的价值。随着大米人均食用量缓慢地增加，同时在人口不断增加的情况下，国内大米食用量仍将增加，并带动国内大米需求量进一步增长。

　　与许多其他国家相比，孟加拉国国内大米价格总体上与国民收入水平相适应，价格不高，流动秩序稳定有序，预计国内大米市场未来仍将保持正常。

　　在国际大米市场上，孟加拉国大米在经济利益激励下，出口增长速度可能会逐步加快，在正常气候条件下，预计未来进口量可能会有所减少，而出口量估计将有一个更大幅度的增加。

第6章

印度稻米产业发展

印度，即印度共和国(The Republic of India)，国土面积约 328 万平方千米(包括印占区和克什米尔印度实际控制区等，有争议)，面积居世界第 7 位。总人口 12.2 亿(2011年)，居世界第 2 位。印度是一个发展中的农业大国，也是世界稻米产业中十分重要的国家。稻米产业发展，对印度国内经济收入、粮食安全与国际大米市场都有重要意义。

6.1 产业背景

印度稻米产业发展，由自然资源条件、人口状况与经济水平三大要素决定。

6.1.1 自然资源条件

印度是南亚次大陆最大的国家，东北部同中国、尼泊尔、不丹接壤，孟加拉国夹在其东北部的国土之间，东部与缅甸为邻，东南部与斯里兰卡隔海相望，西北部与巴基斯坦交界。东临孟加拉湾，西濒阿拉伯海，海岸线长 5560 千米。印度属热带季风气候，全年共分四季，1～2 月为凉季，3～5 月为夏季，6～9 月为西南季风雨季，10～12 月为东北季风旱季。北方气温最低为 15℃，几乎全年都是无霜期，全年均可生长农作物，热量资源相当丰富，为水稻生长提供了良好的温度与日照资源，热量资源和水分保障条件良好。但在不同季节和不同的地区，降水很不均衡，对全国农业，尤其是对水稻生产有着不同方向的影响。

印度土地面积辽阔，地形地貌复杂多样，全境大致可以分为四个部分。北部喜马拉雅高山区，约占国土面积的 11%；中部恒河平原区，约占国土面积的 43%；南部德干高原区，西部塔尔沙漠区，台地约占 10%，丘陵约占 36%。耕地约占国土面积的 47%，森林面积约占 22%，草地约占 4%。印度的水资源比较丰富，全年降雨总量 39 300 亿立方米，全国年均降水量 1083 毫米。全国有 36% 的地区年均降水量在 1500 毫米以上，33.5% 的地区降水量约 750～1150 毫米，33.5% 的地区为 750 毫米。印度境内河流众多，最主要的河流是恒河，全长 2700 千米，支流 10 余条，流域面积 106 万平方千米；其次是布拉马普特拉河、戈达瓦里河、讷尔默达河、克里希纳河等。充沛的雨水和众多的河流为农业生产和农业灌溉提供了有利条件，全国农业灌溉面积占农业用地面积的 35.1%。

印度是一个大国。全国由 35 个一级行政区组成，分为三类，即邦、联邦属地、首都辖区，其中邦为主要形式共 28 个，另外有 6 个联邦属地和 1 个首都辖区德里。28 个邦级行政区划面积占比分别是：拉贾斯坦邦，占 10.81％；中央邦，占 9.74％；马哈拉施特拉邦，占 9.71％；安得拉邦，占 8.69％；北方邦，占 7.61％；古吉拉特邦，占 6.19％；卡纳塔克邦，占 6.06％；奥里萨邦，占 4.92％；恰蒂斯加尔邦，占 4.27％；泰米尔纳德邦，占 4.11％；查谟和克什米尔邦，占 3.20％；比哈尔邦，占 2.97％；西孟加拉邦，占 2.80％；阿鲁那恰尔邦（有争议），占 2.64％；贾坎德邦，占 2.52％；阿萨姆邦，占 2.48％；喜马偕尔邦，占 1.76％；北阿坎德邦，占 1.69％；旁遮普邦，占 1.59％；哈里亚纳邦，占 1.40％；喀拉拉邦，占 1.23％；梅加拉亚邦，占 0.71％；曼尼普尔邦，占 0.71％；米佐拉姆邦，占 0.67％；那加兰邦，占 0.52％；特里普拉邦，占 0.33％；锡金邦，占 0.22％；果阿邦邦，占 0.12％。印度货币单位为卢比（Rupee），2011 年汇率平均值为 1 美元＝47.7 卢比。

印度传统农业特点十分明显。一是农业对气候和雨水等自然条件的依赖性很大，抵御自然灾害的能力较差，经常遭受季风的危害而造成水旱灾害。例如，据历史统计，1951～1983 年的 32 年间，因旱涝灾害而造成农业减产的就有 13 次之多。二是以传统的生产工具和手工劳动为主，现代投入较少。全国有 85％的耕地依靠人畜力耕作，70％的耕地无灌溉设施，靠雨水灌溉。农业先进技术大都局限于小麦和水稻，而对豆类和油料作物没有重大影响，造成这些作物产量低下，每年需进口大量食油才能满足国内需要。这导致印度的农业生产率和农民收入都较低。全国 2/3 的劳动力从事农业生产，但每个农业劳动力创造的价值为非农业劳动力的 1/3。三是印度农作物的单产水平较低。一些作物的单产水平低于东南亚许多国家。由于投资乏力、化肥使用不合理等因素，近年来农业发展缓慢。四是印度社会经济结构是封建的、个体的和资本主义的经济成分并存，小农经济占绝对优势，每个农户的经营规模较小。印度独立（1947 年）以后，就开始进行"土地改革"，并公布了名目繁多的法令，但大多并未认真执行，成效不大。因此，虽经历了长达 40 年的"土地改革"，但印度的土地占有状况并未发生根本性变化，土地所有权仍集中在少数人手里，封建和半封建的经济成分占有优势。据印度官方抽样调查，占农户总数 1.3％的最富有的大农拥有 14％的土地，23％的农户是佃农与半自耕农的混合，而占总数 50％的最穷的小农只拥有 1％的土地。不仅如此，一些小农和"边际农"（耕种土地不足半公顷）还不断丧失其土地而不得不加入无地农民的队伍。目前，无地农民占到了全国人口的 35％。印度农业主要以个体农户为经营单位，平均经营的土地规模为 1.68 公顷，但占农户总数的 57.8％的边际农户的平均规模只有 0.39 公顷。

印度农业自然资源条件优越，农业用地量大面广，耕地资源数量庞大，但在过去长期发展过程中，印度耕地面积不断减少。1961～2009 年，49 年间全国耕地数量年均 1.61 亿公顷。如图 6-1 所示，在初期经过约 20 年不断增长，1977 年达到最高的 1.64 亿公顷，目前下降到 1.57 亿公顷，下降趋势十分明显。印度耕地面积长期变化与模拟结果详见图 6-1。

6.1.2 人口状况

印度统计普查总署 2011 年 3 月 31 日公布了 2011 年人口普查的初步统计结果，印度总人口数已达 12.102 亿，其中男性人口 6.237 亿，女性人口 5.865 亿。据印度报业托拉斯报道称，人口普查最新统计结果较 2001 年人口普查结果增加了 1.81 亿，几乎相当于巴

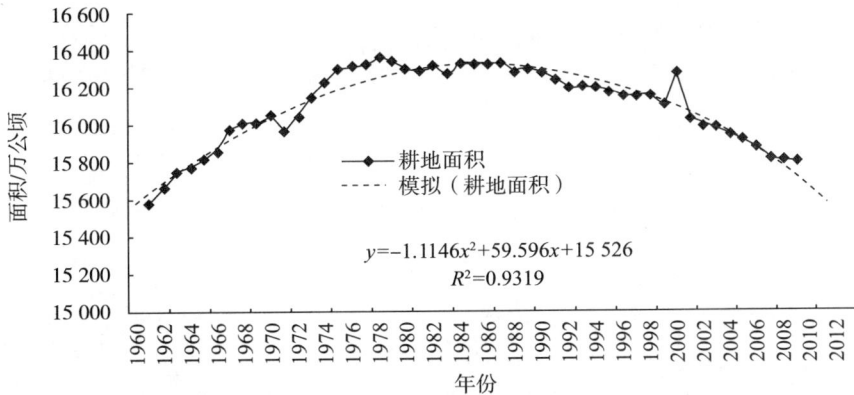

$$y=-1.1146x^2+59.596x+15\ 526$$
$$R^2=0.9319$$

图 6-1 印度耕地面积变化

西的总人口数，而目前印度总人口已经超过美国、印度尼西亚、巴西、巴基斯坦和孟加拉国的人口之和。另外，印度北方邦成为人口总数最大的省份，而该邦与马哈拉施特拉邦的人口总和大于美国。根据普查结果，过去十年，印度人口增长率为 17.64%，较 2001 年人口普查时的 21.15% 出现明显下降。印度统计普查总署负责人也表示，该增长率也是印度开展人口普查以来的最大降幅。印度总人口长期变化情况与模拟结果详见图 6-2。

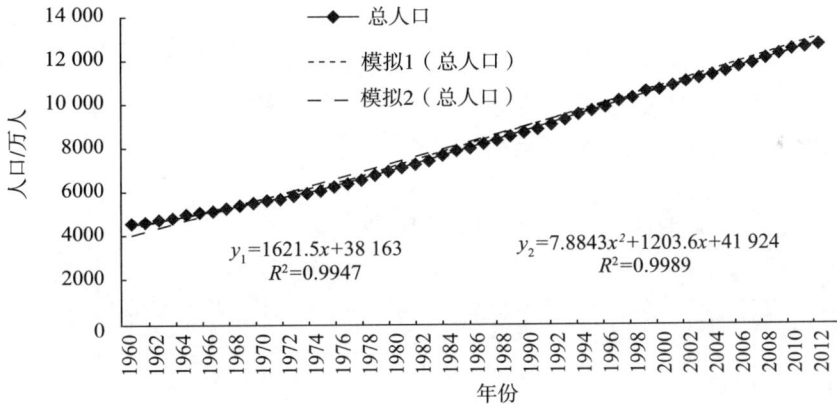

$$y_1=1621.5x+38\ 163$$
$$R^2=0.9947$$

$$y_2=7.8843x^2+1203.6x+41\ 924$$
$$R^2=0.9989$$

图 6-2 印度总人口变化

作为一个农业大国，印度大量人口仍然聚集在广阔的农村地区。1960~2011 年，印度农村地区的人口数量由 3.67 亿人增加到 8.52 亿人，按照初期和末期平均计算，全国农业人口长期年递增率高达 1.64%。同期，印度城市人口也有一定幅度的增长，城市人口由 8027 万人增加到 3.88 亿人，按期初和期末三年平均计算的年递增率高达 3.09%。

随着乡村人口和城市人口都在不断增加，由于城乡人口增加的速度不同，人口城乡结构也有了较大变化。1960~2011 年，印度乡村人口率由 82.1% 下降到 68.7%，如图 6-3 所示，如果用直线方程描述，解释率达到 99.67%。同期，印度城市人口率由 17.9% 上升到 31.3%，其增长过程几乎是直线上升，拟合成直线方程，每年提高 0.26 个百分点，这种规律的解释程度达到 99.67%。印度城乡人口结构变化情况如图 6-3 所示。

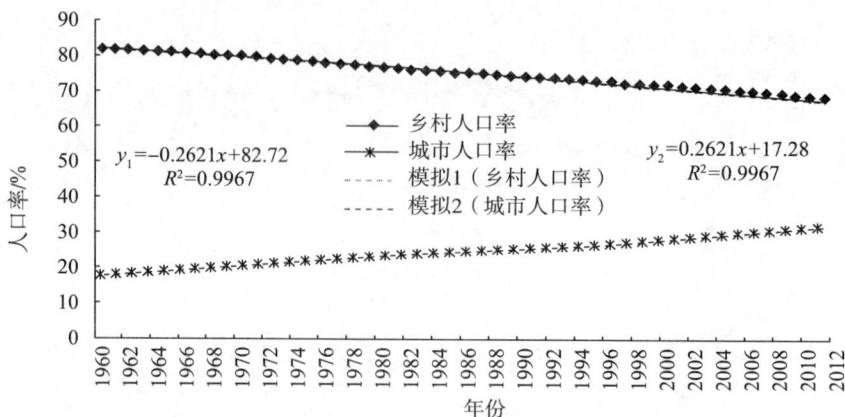

图 6-3　印度城乡人口结构变化

6.1.3　经济水平

　　长期来看，印度经济，在长期缓慢增长之后，直到到 20 世纪 90 年代中期开始才逐步进入到一个加速发展的增长过程中，在进入到 21 世纪之后，印度经济有了一个快速增长的过程。以 2011 年为列，印度 GDP（现值）885 579 亿卢比，约合 18 479 亿美元，列世界所有国家第 10 位。结合人口状况，按照 2000 年美元不变价格计算，1961～2011 年，印度人均 GDP 由 181 美元增长到 838 美元，按初期和末期三年平均计算，长期年递增率 2.96%，增长速度属于缓慢类型的国家，但从目前情况来看，印度人均 GDP 增长速度已经开始加快。如果将印度人均 GDP 变化过程拟合成二次多项式，解释程度达到 97.25%。印度人均 GDP 长期变化情况与模拟结果详见图 6-4。

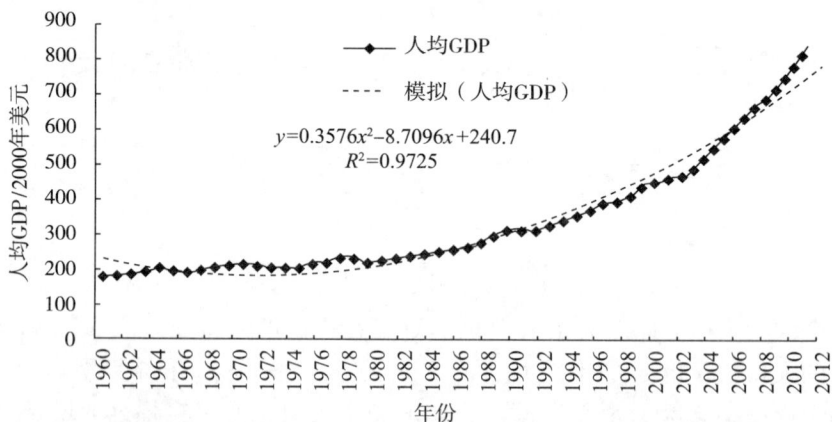

图 6-4　印度人均 GDP 变化

　　从国民收入角度看，印度人均国民收入略低于人均 GDP。按照 2000 年美元不变价格计算，1961～2011 年，印度人均国民收入由 180 美元增加到 830 美元，按期初和期末三年平均计算，长期年递增率 2.95%，增长速度不快，仍处在经济收入水平较低的层次。如果将印度人均国民收入变化过程拟合成二次多项式方程，解释程度达到了 97.20%。印度人均国民收入长期变化情况与模拟结果详见图 6-5。

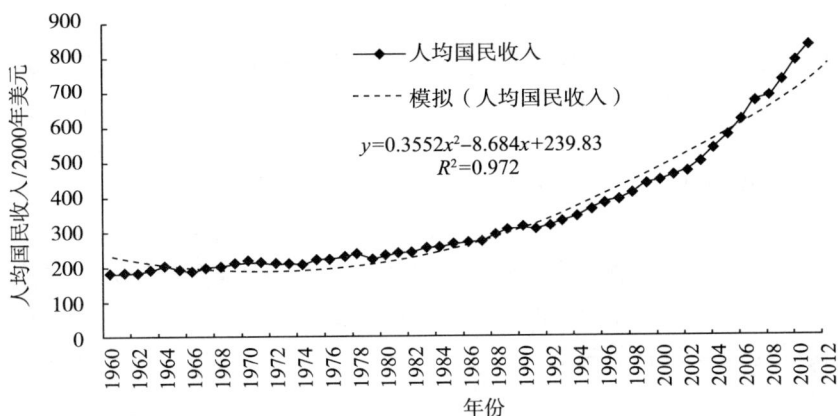

图 6-5　印度人均国民收入变化

6.2　水　稻　生　产

印度是世界上水稻生产历史最悠久的国家之一，也是世界稻作起源地之一。水稻生产对农民生产与生活至关重要。

6.2.1　稻作生产

印度稻作生产，在两个方面尤其值得重视。

一是特色品种。印度稻作生产中最著名的品种就是巴斯玛蒂，它是一种比泰国香米更昂贵的著名香稻品种，栽培历史悠久，米粒细长，外观透明，带有一股浓郁的坚果型香气；黏性低，口感干硬，易于消化，煮成米饭后，米粒会增长 2～3 倍。在中东，巴斯马蒂香米价格是普通稻米的 3～5 倍，是世界上最为昂贵的稻米。印度北方邦出土陶器中的碳化谷粒证实了巴斯马蒂香米的种植可以溯源至公元前 8000 年前。其种植主要局限于喜马拉雅山南麓的印度和巴基斯坦交界处，如旁遮普地区的哈里亚纳邦，北方邦西部和临近的拉贾斯坦邦。印度和巴基斯坦交界处的印度河、恒河平原，约有 40 多万农户种植巴斯马蒂香米。巴斯玛蒂香米是印度和巴基斯坦的主要出口农作物，每年出口额高达 30 亿美元左右，巴斯玛蒂香米成为这两个国家许多农民赖以谋生的手段。

二是杂交水稻增产效应。早在 1987 年，印度就从中国和国际水稻研究所引入杂交水稻技术和品种，在私人制种公司推动下，杂交水稻得到快速发展。据报道，1994 年印度杂交水稻种植面积还只有 0.52 万公顷，到 2008 年增加到 151 万公顷。大田种植的杂交水稻的 99％ 为私营种子公司的组合，国营单位育成的组合只占很少份额。杂交水稻大面积推广的平均产量达到每公顷 6330 公斤，灌溉稻区的常规稻平均产量只有 5220 公斤，杂交水稻比常规稻每公顷增产 1110 公斤左右，增产幅度达到 21.3％。1994～2008 年，印度种植杂交水稻面积约 600 万公顷，增产稻谷约 663 万吨。印度水稻产量不高，国内粮食安全压力一直很大，印度政府也十分支持和鼓励推进国内水稻技术创新，包括引进新品种和新技术，因此政府对杂交水稻的推广做了大量的工作，已经显现出很好的增产效果。

6.2.2　水稻面积

水稻在印度的重要性不言而喻，印度水稻种植面积和收获面积雄居世界第一。1961～2010年，印度水稻收获面积总体上有明显增长，由初期三年平均的3540万公顷增加到末期三年平均的4078万公顷，年均增加量达到11.2万公顷，长期年递增率为0.3%。如图6-6所示，印度水稻收获面积，在长期变化过程中，最高时为2001年4490万公顷，但此后逐年下降，到2010年下降到3695万公顷，这个规模仅相当于印度20世纪60年代中期的水平。长期来看，印度水稻收获面积年度波动性和阶段性波动都较大，这种长期的变动过程，可以用二次多项式方程加以模拟，其解释程度可以达到80.55%。印度水稻收获面积长期变化情况与模拟结果详见图6-6。

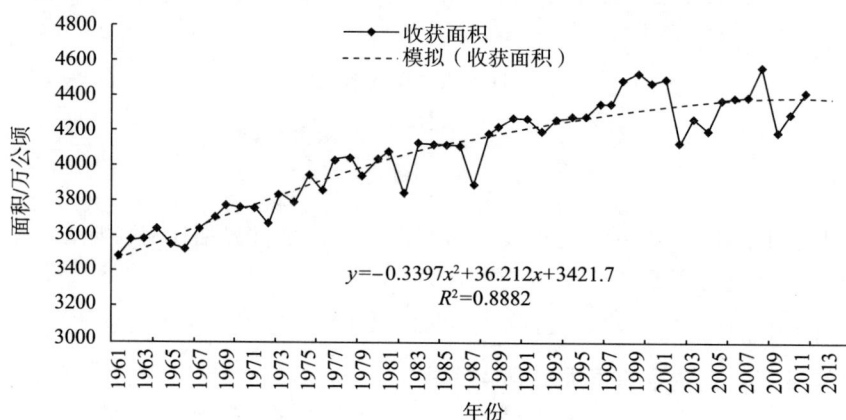

图6-6　印度水稻收获面积变化

6.2.3　水稻产量

印度是世界水稻产量占第2位的重要国家，仅次于中国。1961～2010年，按照1961～1963年三年平均计算，水稻产量5294万吨，按照2008～2010年三年平均计算，水稻产量13 436万吨，年均增加169万吨，年递增率2.00%。印度水稻产量长期变化情况如图6-7所示。

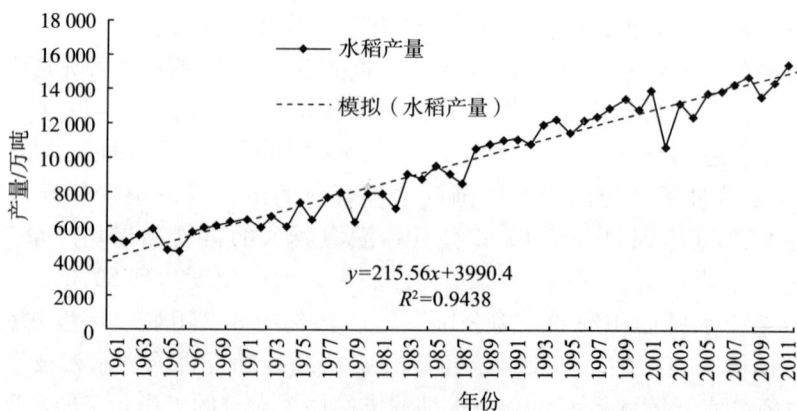

图6-7　印度水稻产量变化

在过去 50 年中，印度水稻产量在波动中不断增长，平均 4 年左右一个波动过程，这个过程可以用线性方程或二次多项式方程来描述，解释性高达 94.38%。例如，按照"谷—谷"计算一个波动过程，最近一个波动过程是 2002～2010 年，长期最高产量是 2008 年 14 877 万吨，两个"谷—谷"波动阶段的平均产量分别为 10 773 万吨和 12 062 万吨，与前几次的波动相比，此次波动幅度更大，对印度水稻产量总体走势的影响也更大。

6.2.4　单产变化

按照单位面积计算水稻产量，印度水稻单产总体上经历了一个明显的上升过程。按照 1961～1963 年三年平均计算，单产为每公顷 1496 公斤，按照 2008～2010 年三年平均计算，单产为 3292 公斤，长期水稻单产年均提高 37 公斤，长期年递增率 1.69%。印度水稻单产变化情况如图 6-8 所示。

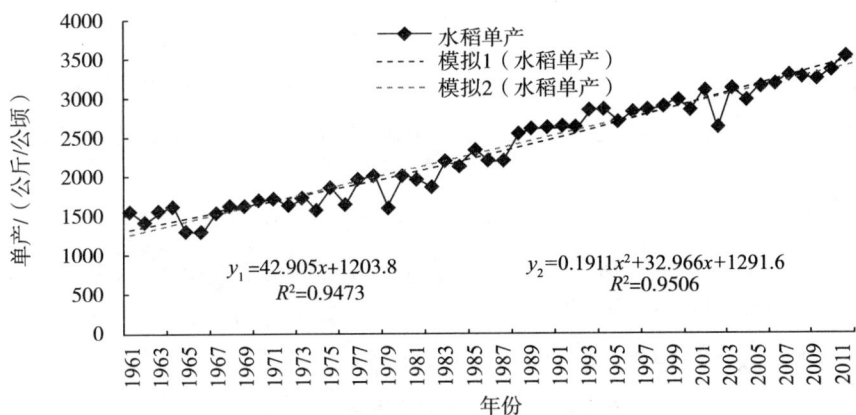

图 6-8　印度水稻单产变化

长期来看，印度水稻单产水平是在波动中不断提高的，但总体水平仍然较低，近期单产水平上升速度仍然不高。

6.3　供　求　关　系

按照一定时期内总供给量与总使用量相等的原则，考察印度在特定时期稻米（按大米计算）供求关系变化情况。

6.3.1　供求平衡表

从平衡表角度分析，供给方包括生产量、进口量和库存变动量三个部分，需求方包括国内使用量、出口量和损耗量三个部分。

大米供求量是大米总供给与总需求的均衡量。按照 1961～1963 年三年平均计算，全国大米供求量为 3539 万吨，按照 2007～2009 年三年平均计算，印度全国大米供求量为 9397 万吨，长期年均增加 127 万吨，年递增率 2.19%。印度大米供求平衡表详见表 6-1。

表 6-1　印度大米供求平衡表

时间	总供求 /万吨	供给/万吨			需求/万吨			比值	
		生产量	进口量	库存变化量	国内使用量	出口量	损耗量	产用比	出进比
1961 年	3440.0	3568.1	74.4	−202.5	3305.9	0.0	134.1	1.08	0.00
2009 年	9121.9	8917.8	4.1	200.0	8636.3	218.1	267.5	1.03	52.60
初期平均	3539.0	3531.0	75.5	−67.5	3404.9	0.1	134.1	1.04	0.00
末期平均	9397.0	9494.5	2.5	−100.0	8739.3	372.8	284.8	1.09	149.80
年均增量	127.3	129.6	−1.6	−0.7	116.0	8.1	3.3	1.12	−5.11
递增率/%	2.19	2.22	−7.30	—	2.12	20.01	1.69	1.05	−2.74

注："初期平均"指本表所列年份最初三年年度平均值，"末期平均"指本表所列年份最后三年年度平均值

资料来源：根据 FAO 数据库历年数据整理并计算

从供求平衡关系角度看，大米生产量与国内使用量的"产用比"表明，印度总体上以生产量大于使用量为主。

从国内和国际供求关系看，大米出口量与进口量的"出进比"表明，印度已经从以进口为主变为出口为主，这一成功逆转，使印度在国际大米市场占有越来越重要的地位，发挥越来越突出的作用。

6.3.2　供给变化

大米的供给，对水稻生产国家来说，主要来自于生产量。印度大米生产量一直是供给量的重要主体，并由 1961～1963 年三年平均的 97.8% 提高到 99.8%，这是水稻生产发展的结果。印度大米供给量与结构长期变化情况详见表 6-2。

表 6-2　印度大米供给量与结构变化

时间	数量/万吨				结构/%		
	总供给	生产量	进口量	库存变化量	生产量	进口量	库存变化量
1961 年	3440.0	3568.1	74.4	−202.5	103.7	2.16	−5.89
2009 年	9121.9	8917.8	4.1	200.0	97.8	0.05	2.19
初期平均	3539.0	3531.0	75.5	−67.5	99.8	2.13	−1.91
末期平均	9397.0	9494.5	2.5	−100.0	101.0	0.03	−1.06
年均增量	127.3	129.6	−1.6	−0.7	101.8	−1.25	−0.55
递增率/%	2.19	2.22	−7.30	0.9	—	—	—

注："初期平均"指本表所列年份最初三年年度平均值，"末期平均"指本表所列年份最后三年年度平均值

资料来源：根据 FAO 数据库历年数据整理并计算

在供给量中，印度大米进口量是解决供给问题的必要补充，但随着水稻生产能力的持续提升，大米进口量补充国内供给的重要性显著下降，已从 20 世纪 60 年代中期 100 万吨以下下降到目前万吨级水平，占供给量的比重仅为 0.03%。

在供给量中，库存变化量是调剂。印度大米库存量不大，但在年度间的变化却比较大。总体上看，印度大米年度库存量，在充实库存与减少库存之间的变化还是比较大，但占供给量的比重变化，最高在 15.8%（2002 年）和−11.2%（2001 年）之间。

6.3.3　需求变化

需求量变化，主要是由国内使用量、出口量及损耗量，关键是国内功能性使用所决定的，国内使用量是水稻生产大国的主体。

印度大米国内使用量，已由 1961～1963 年三年平均的 96.2% 下降到 2007～2009 年三年平均的 93.0%，在其他条件不变的情况下，说明国内需求明显下降。印度大米需求量与结构长期变化情况详见表 6-3。

表 6-3　印度大米需求量与结构变化

时间	数量/万吨				结构/%			损耗率/%	
	总需求	国内使用量	出口量	损耗量	国内使用量	出口量	损耗量	耗产率	耗用率
1961 年	3440.0	3305.9	0.0	134.1	96.1	0.00	3.90	3.76	4.06
2009 年	9121.9	8636.3	218.1	267.5	94.7	2.39	2.93	3.00	3.10
初期平均	3539.0	3404.9	0.1	134.1	96.2	0.00	3.79	3.80	3.94
末期平均	9397.0	8739.3	372.8	284.8	93.0	3.97	3.03	3.00	3.26
年均增量	127.3	116.0	8.1	3.3	91.1	6.36	2.57	2.53	2.83
递增率/%	2.19	2.12	20.01	1.69	—	—	—	—	—

注："初期平均"指本表所列年份最初三年年度平均值，"末期平均"指本表所列年份最后三年年度平均值

资料来源：根据 FAO 数据库历年数据整理并计算

在需求量中，国际需求的出口量是补充。印度大米出口量已经显示出明显的增长，自 20 世纪 90 年代中期以来，印度出口大米已经进入到百万吨级的水平。平均来看，已由 1961～1963 年三年平均 0.1 万吨上升到 2007～2009 年三年平均 372.8 万吨，占总需求的结构已由几乎为零上升到 3.97%，期间年度平均为 6.36%。

在需求量中，使用过程中的损耗量相对较小。印度国内大米损耗由 1961～1963 年三年平均 134.1 万吨增加到 2007～2009 年三年平均 284.8 万吨，它占总需求量的比重，由 3.79% 下降到 3.03%，年度平均为 2.57%；损耗量占生产量的比重由 3.80% 下降到 3.00%，年度平均为 2.53%；损耗量占国内使用量的比重，由 3.94% 下降到 3.26%，年度平均为 2.83%。

6.4　大米食用

从水稻生产的目的性和需求的功能性来看，发展水稻生产旨在于满足国内日益增长的食用需求，在于为人们提供生存与发展所需要的能量和营养。

6.4.1　食用量比较

1961～2009 年，按照 1961～1963 年和 2007～2009 年三年平均计算，印度国内大米食用总量分别由 3337.8 万吨增加到 10 336.2 万吨，长期年均 7987.1 万吨，长期年均增加 148.9 万吨，长期年递增率 2.49%。1961～2009 年印度谷物食用量变化情况详见表 6-4。

表 6-4　印度谷物食用量变化比较

时间	人口/万人	食用量/万吨				人均食用量/（公斤/人）			
		大米	小麦	玉米	其他	大米	小麦	玉米	其他
1961 年	68 135	2846	1410	156	1747	41.8	20.7	2.3	25.6
2009 年	136 558	10426	9071	925	246	76.3	66.4	6.8	1.8
初期平均	69 069.7	3337.8	1599.5	164.2	1783.5	48.3	23.1	2.4	25.8
末期平均	135 873.3	10336.2	9060.0	914.1	237.0	76.1	66.7	6.7	1.7
年度平均	106 650.4	7987.1	6564.4	542.8	1184.2	73.6	58.1	4.8	12.8
年均增量	1421.4	148.9	158.7	16.0	−32.9	0.6	0.9	0.1	−0.5
递增率/%	1.48	2.49	3.84	3.80	−4.29	0.99	2.33	2.29	−5.69

注："初期平均"指本表所列年份最初三年年度平均值，"末期平均"指本表所列年份最后三年年度平均值

资料来源：根据 FAO 数据库历年数据整理并计算

　　剔除人口增加的影响，计算大米人均食用量，印度大米人均食用量还处在上升阶段，由初期平均 67.8 公斤上升到末期 69.8 公斤，期间虽有波动，但波动幅度不大。小麦人均食用量水平较低，但增长趋势明显；玉米人均食用量很低，其他谷物人均食用量较低，明显下降。印度大米、小麦、玉米和其他谷物人均食用量长期变化情况如图 6-9 所示。

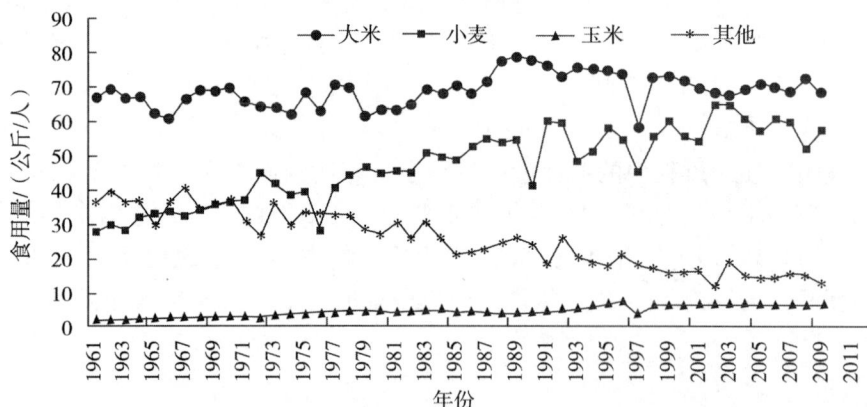

图 6-9　印度四类谷物人均食用量变化

6.4.2　米食营养

　　就全国平均而言，印度国民通过食物获取的营养量，总体上较低，增长速度较慢。在食物营养中，主要是植物性食物提供的能量和营养。食用大米获取营养，对于印度国民来说，是生活中十分重要的事情。如表 6-5 所示，按照 1961～1963 年三年平均计算，每人每日食物热量为 2019 千卡，按照 2007～2009 年三年平均计算的每人每日食物热量为 2330 千卡，年均增加 6.6 千卡，年递增率 0.31%。

表 6-5 印度每人每日食物营养量年度变化

时间	总营养量（A）		植物性食物营养量(B)		大米营养量		大米热量占比/%		大米蛋白质占比/%	
	热量/千卡	蛋白质/克	热量/千卡	蛋白质/克	热量/千卡	蛋白质/克	(A)	(B)	(A)	(B)
1961 年	2017	52.3	1905	46.1	664	12.5	32.9	34.9	23.9	27.1
2009 年	2321	56.6	2113	45.5	676	12.7	29.1	32.0	22.4	27.9
初期平均	2019	51.8	1908	45.7	672.0	12.6	33.3	35.2	24.3	27.6
末期平均	2330	56.8	2125	45.8	691.7	13.0	29.7	32.6	22.9	28.4
年均增量	6.63	0.10	4.62	0.00	0.42	0.01	−0.08	−0.06	−0.03	0.02
递增率/%	0.31	0.20	0.23	0.00	0.06	0.07	−0.25	−0.17	−0.13	0.07

注："初期平均"指本表所列年份最初三年年度平均值，"末期平均"指本表所列年份最后三年年度平均值

资料来源：根据 FAO 数据库历年数据整理并计算

印度人以植物性食物为主，大米占有重要位置，为印度人民提供了重要的食物保障，从营养角度来看也是如此。按照 1961～1963 年三年平均计算，印度人通过食用大米获得热量 672 千卡，2007～2009 年增加到 691 千卡，年均增加 0.42 千卡，年递增 0.06%。同期，大米还提供了 12.6 克和 13.0 克的蛋白质，以及 1.50 克和 1.53 克的植物性脂质。据此计算，大米为印度人提供的热量占总热量的比重由 33.3% 下降到 29.7%，占植物性食物热量的比重由 35.2% 下降到 32.6%。大米为印度人提供的蛋白质占蛋白质总量的比重由 24.3% 下降到 22.9%，占植物性食物蛋白质的比重由 27.6% 上升到 28.4%。印度每人每日大米营养量长期变化情况详见图 6-10。

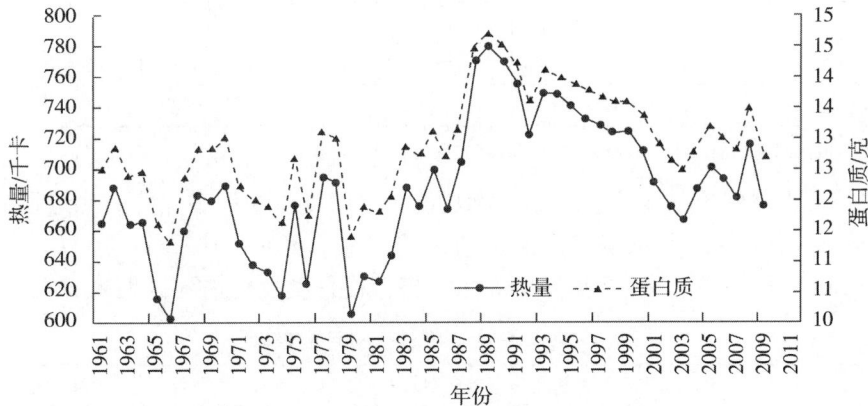

图 6-10 印度每人每日大米营养量年度变化

6.5 市 场 贸 易

大米市场分为国内市场与国际市场。在国内市场上，通过价格变化来反映国内大米市场变化走势。在国际市场上，主要通过价格和贸易量的变化来反映该国大米在国际大米市场上的地位及其变化情况。

6.5.1 国内大米价格

(1)印度大米批发价格变化。根据监测数据，得到印度 4 个样本点的监测结果，这 4 个样本点分别是青莱、达哈、盲拜和帕迪拉。2012 年全年 12 个月国内大米批发价格平均每吨 415.0 美元，比 2011 年 418.7 美元下降了 3.7 美元，下降 0.9%。2012 年印度大米批发价格月度变化情况详见表 6-6。

表 6-6 印度大米批发价格月度变化

时间	平均价格 /(美元/吨)	青莱 /(美元/吨)	达哈 /(美元/吨)	盲拜 /(美元/吨)	帕迪拉 /(美元/吨)
2012 年全年	415.0	434.2	385.0	405.8	435.0
1 月	393.7	370.0	379.8	374.9	449.9
2 月	411.1	386.5	396.6	391.5	469.9
3 月	401.7	377.6	387.5	382.5	459.0
4 月	393.8	377.5	378.2	371.6	447.7
5 月	399.8	367.2	376.6	428.7	426.8
6 月	399.1	382.4	370.6	428.3	415.0
7 月	411.5	424.3	369.4	433.3	419.0
8 月	427.0	459.0	381.7	448.6	418.5
9 月	425.6	484.3	397.6	394.7	425.8
10 月	446.0	528.1	410.9	406.4	438.5
11 月	432.4	523.1	384.4	397.6	424.5
12 月	438.7	530.7	386.9	411.8	425.5
2012 年变动	−3.7	25.9	−33.6	10.3	−17.2
2012 年变幅/%	−0.9	6.3	−8.0	2.6	−3.8

资料来源：根据国家水稻产业经济研究室数据库有关数据整理计算

(2)印度大米零售价格变化。根据监测数据，对印度 4 个样本点的监测结果分析表明，2012 年全年 12 个月国内大米零售价格平均每吨 472.7 美元，比 2011 年 478.8 美元下降了 6.0 美元，下降 1.3%。2012 年印度大米零售价格月度变化情况详见表 6-7。

表 6-7 印度大米零售价格月度变化

时间	零售价格/(美元/吨)					零售与批发差价	
	合计	青莱	达哈	盲拜	帕迪拉	差价/(美元/吨)	差价率/%
2012 年全年	472.7	491.7	467.5	461.7	470.0	57.7	13.9
1 月	455.0	430.0	470.0	430.0	490.0	61.4	15.6
2 月	475.0	450.0	490.0	450.0	510.0	63.9	15.5
3 月	465.0	440.0	480.0	440.0	500.0	63.4	15.8
4 月	452.5	440.0	470.0	420.0	480.0	58.7	14.9
5 月	450.0	420.0	460.0	460.0	460.0	50.2	12.5

续表

时间	零售价格/(美元/吨)					零售与批发差价	
	合计	青莱	达哈	盲拜	帕迪拉	差价/(美元/吨)	差价率/%
6月	452.5	440.0	440.0	480.0	450.0	53.4	13.4
7月	465.0	480.0	440.0	490.0	450.0	53.5	13.0
8月	477.5	510.0	450.0	500.0	450.0	50.6	11.8
9月	482.5	540.0	470.0	460.0	460.0	56.9	13.4
10月	505.0	580.0	500.0	470.0	470.0	59.0	13.2
11月	492.5	580.0	470.0	460.0	460.0	60.1	13.9
12月	500.0	590.0	470.0	480.0	460.0	61.3	14.0
2012年变动	−6.0	15.8	−34.2	18.3	−24.2	−2.4	−0.4
2012年变幅/%	−1.3	3.3	−6.8	4.1	−4.9	−4.0	−3.1

资料来源：根据国家水稻产业经济研究室数据库有关数据整理计算

表 6-7 数据显示，印度全国大米零售价格与批发价格的价差，2012 年为每吨 57.7 美元，零售价超过批发价 13.9%；2011 年差价为每吨 60.1 美元，零批差价率为 14.3%。这表明，流通领域的利润有所下降。

6.5.2 大米国际贸易

印度是世界第二大稻米生产国，是重要的大米出口国家，对世界大米市场发挥越来越重要的作用。在国际大米市场，印度地位越来越重要。按照 1986～2010 年平均计算，每年出口大米 236 万吨，进口仅 5 万吨。在 1995 年以前，每年出口不足 100 万吨，进口量在 14 万吨以上，此后，出口量迅速增加，进口量迅速减少，近年只有少量进口。印度大米进出口贸易量长期变化情况详见表 6-8。

表 6-8 印度大米进出口贸易变化

年份	出口			进口		
	数量/万吨	金额/万美元	价格/(美元/吨)	数量/万吨	金额/万美元	价格/(美元/吨)
1986	24.81	15 388.1	620.3	0.69	132.3	192.3
1987	38.76	25 982.2	670.3	0.51	160.3	316.3
1988	34.96	22 880.1	654.5	51.68	14 218.9	275.1
1989	42.17	25 609.6	607.3	46.86	14 078.4	300.4
1990	50.50	25 847.1	511.8	6.60	2194.5	332.3
1991	67.82	30 976.8	456.7	1.21	448.7	370.3
1992	57.98	37 050.0	639.0	10.24	2786.3	272.2
1993	76.77	41 174.4	536.4	7.55	1768.3	234.1
1994	89.03	38 576.3	433.3	0.68	264.4	391.4
1995	489.40	141 173.2	288.5	—	—	—
1996	250.52	88 644.6	353.8	0.00	0.5	2500.0

年份	出口			进口		
	数量/万吨	金额/万美元	价格/(美元/吨)	数量/万吨	金额/万美元	价格/(美元/吨)
1997	232.81	89 932.8	386.3	0.01	1.7	314.8
1998	488.81	149 179.3	305.2	0.65	128.1	195.8
1999	184.16	71 702.8	389.4	0.22	84.4	383.6
2000	152.71	65 347.3	427.9	1.27	386.7	303.4
2001	214.20	69 568.3	324.8	0.01	1.4	225.8
2002	496.88	120 241.2	242.0	0.09	22.4	257.2
2003	337.18	88 859.6	263.5	0.03	3.2	98.5
2004	466.54	144 846.4	310.5	—	—	—
2005	382.44	136 479.7	356.9	0.02	7.5	302.4
2006	444.36	149 330.2	336.1	0.02	9	559.0
2007	614.33	277 728.4	452.1	0.01	10.2	698.6
2008	247.43	257 739.7	1041.7	0.01	12.3	1447.1
2009	213.13	230 797.5	1082.9	0.01	7.7	1166.7
2010	221.75	228 182.3	1029.0	0.01	10.2	1062.5
年均	236.78	102 929.5	434.7	5.1	1469.5	286.2

资料来源：根据 FAO 数据库历年数据整理并计算

　　长期来看，1961～2010 年，印度大米国际贸易量变化情况如图 6-11 所示。图 6-11 表明，印度大米国际贸易量，已经明显地由大量进口（右轴刻度）变为大量出口（左轴刻度），但年度波动性较大，尤其是出口量波动性较大。

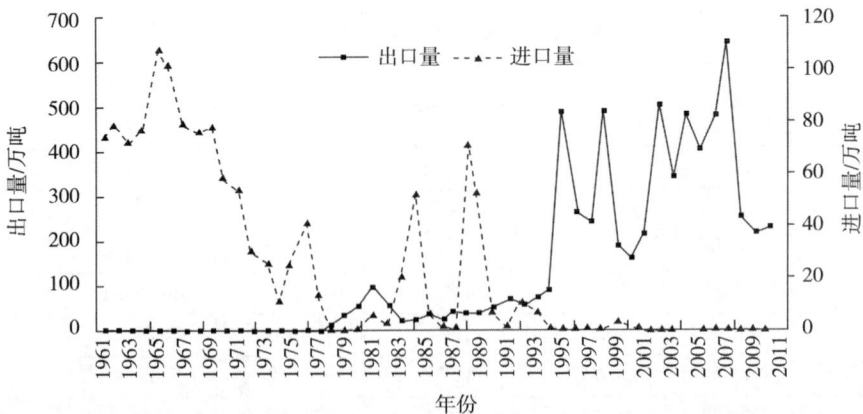

图 6-11　印度大米国际贸易量长期变化

6.5.3　进口来源

　　1986～2010 年，印度总共同 19 个国家有进口贸易，进口来源，第 1 位越南，占 44.17%；第 2 位泰国，占 42.78%；第 3 位美国，占 8.43%；第 4 位澳大利亚，占

2.31%；第 5 位尼泊尔，占 1.08%。印度进口大米的国家和地区的分布情况详见表 6-9。

表 6-9 印度长期进口大米的国家和地区

位次与国家和地区		1986～2010 年平均/吨	占比/%	累比/%
1	越南	22 683	44.17	44.2
2	泰国	21 968	42.78	87.0
3	美国	4331	8.43	95.4
4	澳大利亚	1189	2.31	97.7
5	尼泊尔	554	1.08	98.8
6	巴基斯坦	521	1.01	99.8
7	意大利	62	0.12	99.9
8	叙利亚	9.2	0.02	99.9
9	德国	8.0	0.02	99.9
10	孟加拉国	5.6	0.01	100.0
11	沙特阿拉伯	4.8	0.01	100.0
12	阿联酋	4.8	0.01	100.0
13	印度尼西亚	4.6	0.01	100.0
14	伊朗	1.8	0.00	100.0
15	苏联	1.3	0.00	100.0
16	不知名国家	1.0	0.00	100.0
17	韩国	0.9	0.00	100.0
18	日本	0.4	0.00	100.0
19	新加坡	0.1	0.00	100.0

资料来源：根据 FAO 数据库历年数据整理并计算

从 2008～2010 年近三年印度进口大米情况来看，按照三年平均计算年度平均进口量，印度总共从 8 个国家进口大米，首位是泰国，占 31.58%；第 2 位是意大利，占 27.53%；第 3 位是伊朗，占 18.62%，第 4 位是尼泊尔，占 12.15%；第 5 位是越南，占 6.07%。另外还从美国、日本和阿联酋少量进口大米，详见表 6-10。

表 6-10 印度近期进口大米的国家和地区

位次与国家和地区		2008～2010 年平均/吨	占比/%	累比/%
1	泰国	3.12	31.58	31.6
2	意大利	2.72	27.53	59.1
3	伊朗	1.84	18.62	77.7
4	尼泊尔	1.20	12.15	89.9
5	越南	0.60	6.07	96.0
6	美国	0.20	2.02	98.0
7	日本	0.12	1.21	99.2
8	阿联酋	0.08	0.81	100.0

资料来源：根据 FAO 数据库历年数据整理并计算

6.5.4 出口去向

与大米进口来源分析相比，印度大米出口去向分布十分分散。1986～2010 年的 25 年间，共向 188 个国家和地区出口大米，年均出口 236 万吨，每年平均向每个国家出口大米 12 595 吨。长期来看，年均出口大米数量，第 1 位孟加拉国，占 20.00%；第 2 位沙特阿拉伯，占 18.83%；第 3 位阿联酋，占 6.95%；第 4 位南非共和国，占 6.93%；第 5 位尼日利亚，占 4.75%。印度出口大米的前 20 位国家和地区的分布情况，详见表 6-11。

表 6-11　印度长期出口大米的国家和地区

位次与国家和地区		1986～2010 年平均/吨	占比/%	累比/%
1	孟加拉国	473 537	20.00	20.00
2	沙特阿拉伯	445 866	18.83	38.83
3	阿联酋	164 637	6.95	45.78
4	南非共和国	164 156	6.93	52.72
5	尼日利亚	112 551	4.75	57.47
6	印度尼西亚	70 215	2.97	60.43
7	科威特	70 010	2.96	63.39
8	科特迪瓦	67 693	2.86	66.25
9	英国	55 990	2.36	68.62
10	伊朗	52 984	2.24	70.85
11	俄罗斯	41 816	1.77	72.62
12	斯里兰卡	38 489	1.63	74.24
13	索马里	37 416	1.58	75.82
14	美国	37 235	1.57	77.40
15	苏联	31 541	1.33	78.73
16	尼泊尔	28 501	1.20	79.93
17	肯尼亚	28 336	1.20	81.13
18	菲律宾	27 750	1.17	82.30
19	也门	25 635	1.08	83.38
20	塞内加尔	24 288	1.03	84.41

资料来源：根据 FAO 数据库历年数据整理并计算

从近年出口情况来看，第 1 位是沙特阿拉伯，占 26.31%；第 2 位阿联酋，占 25.82%；第 3 位伊朗，占 13.37%；第 4 位孟加拉国，占 8.90%；第 5 位科威特，占 5.81%。近年来，印度出口大米的前 20 位国家和地区的分布情况，详见表 6-12。

表 6-12　印度近期出口大米的国家和地区

位次与国家和地区		2005～2007 年平均/吨	占比/%	累比/%
1	沙特阿拉伯	71 801	26.31	26.31
2	阿联酋	70 480	25.82	52.13

续表

位次与国家和地区		2005~2007年平均/吨	占比/%	累比/%
3	伊朗	36 493	13.37	65.50
4	孟加拉国	24 281	8.90	74.40
5	科威特	15 859	5.81	80.21
6	也门	6167	2.26	82.47
7	英国	6005	2.20	84.67
8	美国	4119	1.51	86.18
9	尼泊尔	2669	0.98	87.16
10	马达加斯加	2352	0.86	88.02
11	摩尔多瓦	2137	0.78	88.80
12	斯里兰卡	1962	0.72	89.52
13	加拿大	1699	0.62	90.14
14	塞拉利昂	1520	0.56	90.70
15	阿曼	1459	0.53	91.24
16	无名国家	1450	0.53	91.77
17	毛里求斯	1433	0.53	92.29
18	南非共和国	1403	0.51	92.81
19	伊拉克	1321	0.48	93.29
20	叙利亚	1253	0.46	93.75

资料来源：根据FAO数据库历年数据整理并计算

6.6 展　望

印度是世界上重要的水稻生产国家，基于人口增长的粮食安全需求，预计水稻生产将进一步增长。近年来，随着印度杂交水稻快速推广和逐步普及，估计印度水稻生产将有一个产量快速提升的过程。

印度是一个大米消费大国，大米在提供国民营养、解决贫困人口主食供应等方面都具有重要价值。大米人均食用量开始减少，但人口不断增加，国内大米食用量仍将进一步增加，并带动国内大米需求量缓慢增长。

与许多其他国家相比，印度国内大米价格总体上与国民收入水平基本适应，国内大米价格不高，国内市场稳定有序，预计国内大米市场将继续保持正常。

在国际大米市场上，印度大米生产者和国际贸易企业在经济利益激励下，出口量增长速度很快，在正常气候条件下，预计未来大米进口量仍将维持在水平不高的状态下，而出口量预计将有一个更大幅度的增长，进而为国际大米市场带来新的活力。

第 7 章

美国稻米产业发展

美国，即美利坚合众国(The United States of America)。国土总面积 983.15 万平方千米(其中陆地面积 914.742 万平方千米)，本土东西长 4500 千米，南北宽 2700 千米，海岸线长 22 680 千米。2011 年全国总人口 3.1159 亿人，面积和人口分别位居世界第 3 位。美国是一个早已实现农业现代化的经济发达国家，其水稻生产和大米国际贸易，对本国农业发展和国际大米贸易有重要影响，美国是世界稻米产业新兴国家之一。

7.1 产 业 背 景

美国稻米产业发展，由自然资源条件、人口状况与经济水平三大要素决定。

7.1.1 自然资源条件

美国作为一个移民国家，从 1776 年独立算起只有 230 多年的建国历史，但是由于有着"以农立国"的传统，历来注重农业科技的应用，又依仗其得天独厚的条件，农业一直是美国的重要经济支柱。随着工业的发展，农业在美国经济中的比重逐渐下降，但政府对农业采取了支持和保护的政策，这使美国农业在世界上依然具有最强的竞争力。

1826 年美国制定了"宅地法"，奠定了家庭农场的基础。小型家庭农场(销售额小于 25 万美元)分五类：①资源有限型农场；②退休休闲型农场；③居住生活型农场；④低销售额的耕种型农场；⑤高销售额的耕种型农场。大型农场分三类：①大型家庭农场；②超大型家庭农场；③非家庭农场。小型农场的数量超过 90%，占整个农业资产的 70%。美国有 204 万个农场，其平均规模为 193.4 公顷；农业劳动力有 200 多万人，占全国劳动力总数的 2%左右。现在"公司农场"的数量在不断上升，大约有 7 万多个，虽然数量不大，但其面积和销售额在美国农场中所占的比例却较大，公司农场的基础仍然是家庭农场。美国农业是高度商业化的农业，受市场供求关系的影响很大。其粮食生产能力超过了 3.5 亿吨，但由于生产过剩，政府实行休耕等措施来适度限制生产，受天气的影响，有的年景不足 3 亿吨。

美国水稻生产主要集中在南部棉花带和太平洋沿岸综合农业区。传统的棉区东起大西洋沿岸，西至得克萨斯州东部。第二次世界大战以后，棉花生产逐步向西发展。这里所说的棉花带位于平原地区，主要是北纬 36°以南密西西比三角洲的 5 个州，这里集中了美国大约 1/3 的棉花农场，播种面积超过 160 万公顷，产量占全国的 36%。其中，阿肯色州是美国最大的水稻产区，总产量占全国的 43%。棉花产量最大的州是得克萨斯州，面积约 145 万公顷，占全国总面积的 1/3，产量占全国的 27%。美国西南部的植棉业发展比较快，以"阳光地带"著称的加利福尼亚州和亚利桑那州的河谷地区，棉花产量已占全国的 22% 左右。太平洋沿岸综合农业区，受太平洋暖流的影响，气候温和湿润，宜于多种农作物的生长。北部的华盛顿州、俄勒冈州是小麦的主产地，约占全国小麦产量的 13%。加利福尼亚州是美国农业最发达的州，也是国家最大的"菜篮子"，为美国提供了 51% 的水果和干果，32% 的蔬菜。1999 年这个州的农业销售收入达 269.48 亿美元，2000 年为 271.62 亿美元，占全国的 11.34%；其谷物种植则更为突出，占全国的 15.54%，均名列全国第一。这个州的水稻生产也很重要，产量占全国的 18% 左右，居美国的首位，每公顷近 9000 公斤，比全国平均水平高 40% 左右。

美国水稻生产主要集中在四个地区：阿肯色大草原；密西西比三角洲，包括部分阿肯色州、密西西比州、密苏里州和路易斯安那州；海湾沿海地区，包括得克萨斯州、路易斯安那州西南部；加利福尼亚州萨克拉曼多河谷。阿肯色州是最大的水稻生产州，面积约占美国 45%，加利福尼亚州是第二大生产州，第三大生产州是路易斯安那州，第四大生产州是密西西比州，密苏里州与得克萨斯州分别占第五位与第六位，这六个州的水稻产量占美国水稻总产量的 99%，其他 1% 的水稻主要集中在佛罗里达州。三种类型的水稻，即长粒、中粒、短粒，均可在美国发现。长粒型水稻约占总产量 70%，主要在美国南部生产；中粒型水稻，主要在南部阿肯色州与加利福尼亚州生产，约占 25%，其中加利福尼亚州产量约占 2/3；短粒型水稻，主要在加利福尼亚州生产。美国国内消费的大米，约有 75% 用于食品，其中 60% 直接食用，15% 用于食品加工，9% 用于宠物饲料，15% 用于啤酒加工业。

在过去长期发展过程中，美国耕地面积经历了由增加到减少的两次大的变化过程，目前处在耕地面积增长减缓时期，但年度间有波动。按照 1961~1963 年三年平均计算，耕地面积为 17 910 万公顷，到 2007~2009 年为 16 273 万公顷，按照移动平均方法计算，年均减少 35.6 万公顷，年递增率−0.21%。总体来看，美国耕地面积曾于 1969 年达到 18 924 万公顷的最大规模，在 2006 年下降到 16 034 万公顷，近年缓慢上升。经过模拟，二次多项式方程的解释程度达到 91.93%。美国耕地面积长期变化情况与模拟结果详见图 7-1。

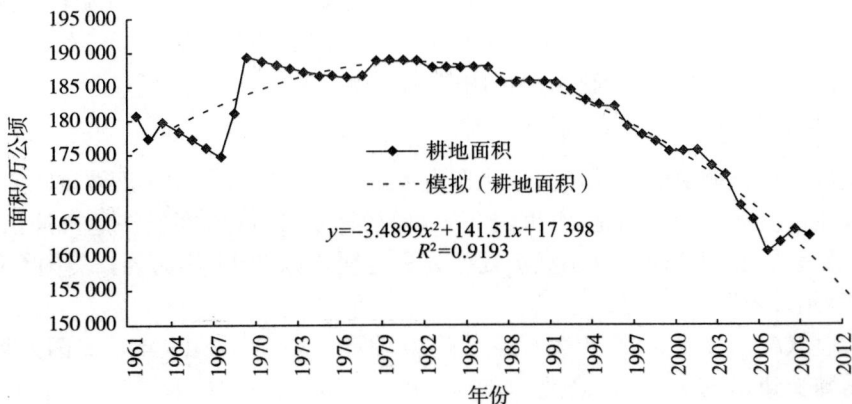

图 7-1　美国耕地面积变化

7.1.2　人口状况

美国人口增长较快。2011 年，美国总人口达到 31 159 万人，早在 1960 年还只有 18 067 万人。按照 1960～1962 年三年平均计算，总人口为 18 363 万人，2009～2011 年为 30 924 万人，年均增加 251 万人，人口年递增率 1.07%，是世界上人口增加规模较大的国家之一。如果将美国人口增长过程加以模拟，拟合成的线性方程的解释程度可以达到 99.46%，如果拟合成二次多项方程，解释程度提高到 99.88%，说明目前仍处在趋势性增长过程中。美国总人口长期变化情况与模拟结果详见图 7-2。

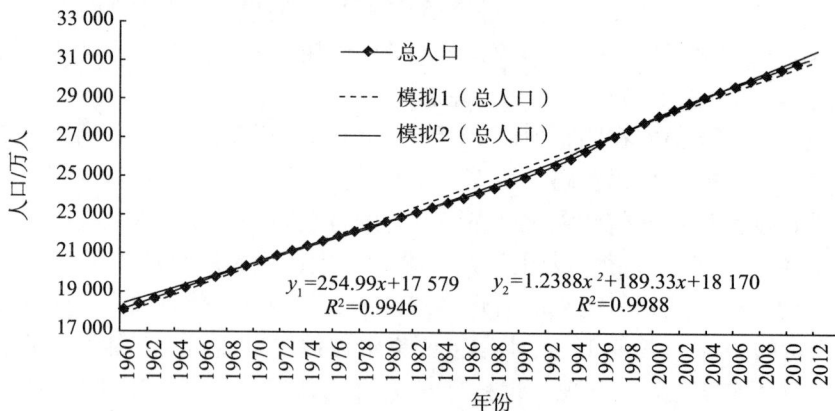

图 7-2　美国总人口变化

作为一个现代化的农业大国和经济强国，美国居住在乡村地区的人口并不多。1960～2011 年，美国乡村地区人口数量由 5421 万人增加到 5489 万人，这期间曾于 1990 年达到 6166 万人。按初期和末期三年平均计算，年均增加 2 万人，年递增率 0.03%。同期，美国城市人口增长很快，全国城市人口数量由 12 923 万人增加到 25 398 万人，按初期和末期三年平均计算，年均增加 249 万人，年递增率 1.39%。

乡村人口和城市人口都在不断增加，但由于增加速度不同，人口城乡结构发生了变化。1960～2011 年，美国乡村人口率由 30.0% 下降到 17.6%，如图 7-3 所示，用二次曲线模拟的解释程度可以达到 97.28%。同期，美国城市人口率由 70.0% 上升到 82.4%，将其变化过程拟合成二次多项方程，结果表明，美国城市人口率的解释程度可以达到 97.28%。美国城乡人口结构变化情况如图 7-3 所示。

7.1.3　经济水平

美国经济，在长期中保持总体向上快速发展的态势，一般性的年度波动小，但存在比较明显的阶段性波动，明显的是 20 世纪 80 年代初期及 2008 年在经济危机冲击下，美国经济有一个显著的下降过程，近年经济复苏亦显迟缓。以 2011 年为列，美国 GDP（现值）149 913 亿美元，列世界第 1 位。

结合人口状况，按照 2000 年美元不变价格计算，1960～2011 年，美国人均 GDP 由 13 723 美元增长到 37 691 美元，按照 1960～1962 年和 2009～2011 年三年平均计算，年均增加 464 美元，长期年递增率 2.02%。这一变化过程可以拟合成三次多项式，解释程度达到 98.85%。美国人均 GDP 长期变化情况与模拟结果详见图 7-4。

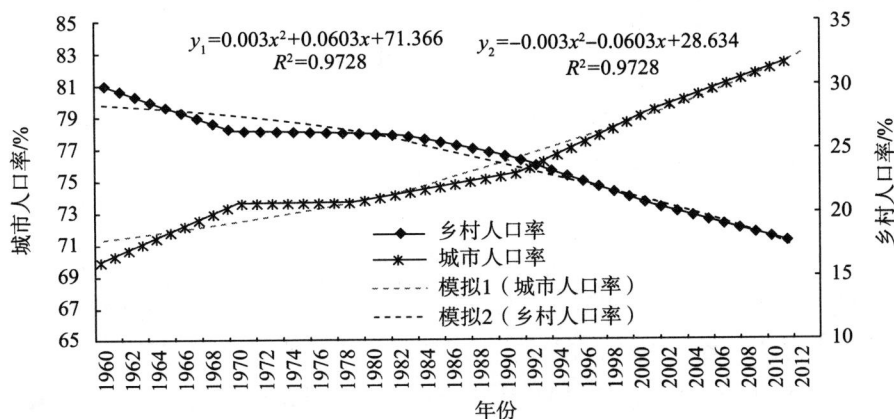

$y_1=0.003x^2+0.0603x+71.366$
$R^2=0.9728$

$y_2=-0.003x^2-0.0603x+28.634$
$R^2=0.9728$

图 7-3　美国城乡人口结构变化

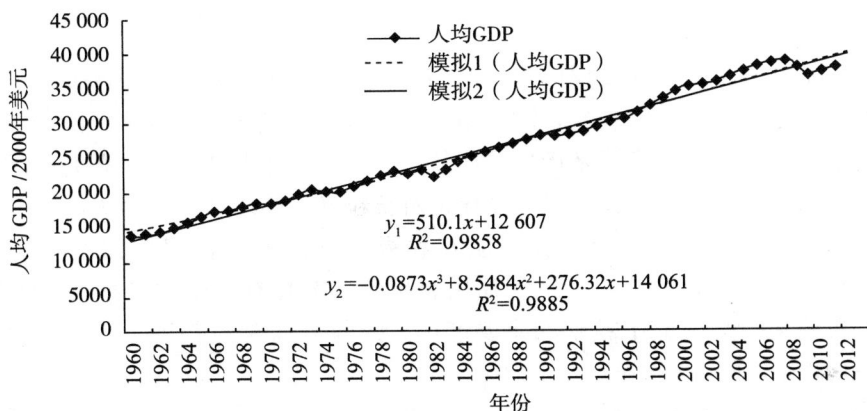

$y_1=510.1x+12\ 607$
$R^2=0.9858$

$y_2=-0.0873x^3+8.5484x^2+276.32x+14\ 061$
$R^2=0.9885$

图 7-4　美国人均 GDP 变化

从国民收入角度看，与许多国家相反，美国人均国民收入高于人均 GDP。按照 2000 年美元不变价格计算，1970～2011 年，美国人均国民收入由 18 219 美元增长到 38 239 美元，按照首尾三年平均计算，年递增率 1.80%。这一变化过程可以拟合成四次多项式，解释程度达到 98.97%。美国人均国民收入长期变化情况与模拟结果详见图 7-5。

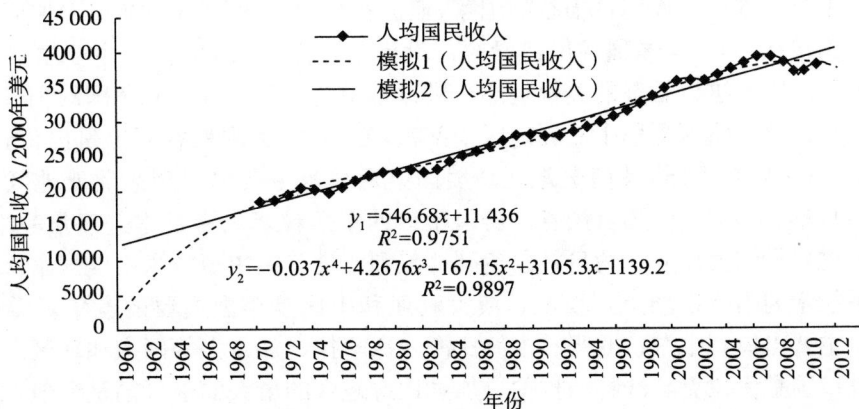

$y_1=546.68x+11\ 436$
$R^2=0.9751$

$y_2=-0.037x^4+4.2676x^3-167.15x^2+3105.3x-1139.2$
$R^2=0.9897$

图 7-5　美国人均国民收入变化

7.2　水　稻　生　产

美国是世界水稻生产的新兴国家之一，自然资源条件较好，水稻生产对美国稻农生产与生活至关重要，同时也是世界重要的稻米出口国家之一。

7.2.1　稻作生产

水稻种植最早在 17 世纪通过殖民者传播到美国的卡罗莱纳地区（包括北卡罗来纳州和南卡罗莱纳州），之后向佐治亚州推进，这一带的土壤和气候十分适合水稻生长。到 18 世纪，水稻已经成为殖民者的主食。在过去 150 年间，美国水稻种植区域逐渐西移，中南部和墨西哥港湾地区正在成为美国水稻种植的主要区域。现在，美国水稻生产集中在六个州——阿肯色州、加利福尼亚州、路易斯安那州、密西西比州、密苏里州和得克萨斯州。在长达 120 年的发展过程中，美国水稻生产区域布局已经发生重大变化，这种变化仍在继续。

美国水稻品种多样，其主要原因是美国的人口组成和人们的饮食偏好发生了变化，长粒米蒸煮后干燥蓬松，除供主食外，常被用作预煮米、快煮米、罐制米、冷冻食品及其他传统食品的加工。中短粒米煮成米饭后湿而软，一般被用作制造早点、婴儿食品及酿造工业。此外，亚裔、非裔增多，出口结构变化也对长粒米的需求产生了很大的影响。长粒米煮饭较干、易分离，而中短粒米则比较湿和黏稠。长粒米在美国南部种植最多，占了70%以上，中粒米大约为25%，在加利福尼亚州和南部都有种植并且是加利福尼亚州的主要品种，阿肯色州是南部中粒米的主要产区。短粒米通常占美国大米总产量的1%～2%，主要在加利福尼亚州种植。

一年中，美国水稻种植最早是 3 月份，从得克萨斯州和路易斯安那州西南部开始。密西西比三角洲从 4 月份开始种植大部分作物，加利福尼亚州的种植从 4 月底开始到 5 月中旬。而收割也最早在得克萨斯州和路易斯安那州西南部，是在 7 月初或 7 月中旬。南部山区河谷地带的收割是在 9 月和 10 月初，与三角洲的收割时间相同。得克萨斯州和路易斯安那州西南部的部分生产者在第一季收获之后还能够在前面收割后的残茎上种一次再生稻。加利福尼亚州的大米收割最晚，通常是在 9 月底开始，11 月底结束。

美国是世界上唯一允许出口稻谷的国家（亚洲稻米出口大国出于加工附加值考虑，均不允许直接出口稻谷）。美国稻谷出口量约占世界稻米出口量的 4%，主要出口到墨西哥和中美洲地区。因为进口稻谷的关税远小于进口稻米的关税，近年来美国的稻谷出口量大量增加，几乎占领了墨西哥和中美洲地区全部市场。同时美国稻谷还少量出口到土耳其、加勒比海地区（主要是古巴）及南美地区。美国中短粒米主要出口到东北亚地区与中东地区，主要为日本、韩国及中国台湾省。美国出口的中短粒米约占日本进口量一半，韩国、中国台湾省进口量的大部分。约旦、以色列、叙利亚进口的中短粒米占美国出口量的少部分。在中短粒米的国际市场上，埃及、澳大利亚和中国是美国主要的竞争对手。长粒米（包括糙米）主要出口到中东、欧盟、加勒比海、撒哈拉、加拿大等国家和地区。中东地区的最大的进口国是伊拉克与沙特阿拉伯，加勒比海地区的最大的进口国是海地，其次是多米尼加共和国与牙买加。近年来，欧盟国家从美国进口的大米约占其总进口量的 1/3。由于欧盟国家进口糙米的关税少于精米，美国出口到欧盟国家的主要为糙米。欧盟国家进口大米后进行加工，然后在欧盟区内进行贸易流通。由于印度与巴基斯坦以前是欧盟国家（英国）殖民地，因此两国在欧盟享有关税优惠。美国欧盟市场面临着印度、巴基斯坦生产的巴斯马蒂香米的竞争。非洲国家对粮食价格比较敏感，美国大米在非洲市场上不具有价格优势，因此缺乏竞争力。加纳是美国在非洲最大的市场。在非洲，美国稻米主要是以粮食援助的方式出口。近年来，美国大米进口量日益增加。1986 年度不到 4% 的消费量增加至现在的 15%。在 2002 年以前，美国主要进口印度与泰国的香米。进口量占总进口量 90% 以上。主要进口优质的长粒型香稻品种，目前 3/4 的进口大米来自于泰国。美国也从意大利进口部分水稻，主要用于加工意大利调味饭（risotto）。同时，美国也从泰国进口部分中短粒型水稻以补充国内市场。

美国的水稻生产具有大面积、高成本、高产量、高补贴、高出口的特点。美国在国际稻米市场具有重要的地位，其生产的水稻主要用于出口。美国水稻生产以出口为主，每年水稻出口量约占总产量的一半左右，水稻种植主要集中在一些大型农场中，从事水稻种植的人员少，农场生产面积大，机械化程度高，劳动生产效率高，水稻产量高。同时，美国水稻生产高度依赖政府补贴，2006 年政府补贴占农户收入的 28%，而 2002 年该比率高达 60%。由于种植成本不断上升、水资源及城乡用地竞争日益激烈、气候变化导致的耕作制度的不断改变，美国水稻的耕作面积在不断减少。

高补贴是美国水稻生产的一个显著特点。2002 年开始实施的农业法案为水稻生产提供了名目众多的补贴。美国政府的补贴是稻农收入的重要组成部分。2003~2006 年，美国政府补贴平均高达 9.49 亿美元，约占水稻生产收入的 39%，2000~2003 年由于国内外市场价格疲软，政府直接补贴高达水稻收入的 60%。美国的农业补贴主要有以下几种：一是直接补贴。直接补贴政策与现在的产量与价格不挂钩，每一个从事水稻生产的签约农户均可获得直接补贴。美国水稻直接补贴的计算方法是：直接补贴＝水稻面积×额定产量×直接支付率×85%。其中直接支付率为 51.8 美元/吨，额定产量根据法律规定的程序来计算。2002 年农业法案实施后前 3 年支付给稻农直接补贴平均每年达 4.26 亿美元。二是反周期补贴。反周期补贴政策是指，当季平均稻谷价格低于每吨 179.7 美元时，与政府签约合同，稻农便有机会获得政府的反周期补贴。当季平均价格下降时反周期补贴便会增加。当季平均价格降到每吨 143.2 美元时，反周期补贴达到最大值每吨 36.4 美元。反周期补贴与产量不挂钩，但与当时的价格挂钩。获得反周期补贴的水稻总量为水稻面积×额定产量×85%。2002 年农业法案允许稻农根据 1998~2001 年的产量数据更新其基本生产面积与额定产量，但这一更新不能用于直接补贴。2002~2004 年平均每年的反周期补贴为 1.56 亿美元，相当于 1998~2001 年的市场支持支付金额 3.91 亿美元。三是市场支持贷款。市场支持贷款是指稻农在当年稻谷出售以前可以根据当前的产量以每吨 143.3 美元的额度向政府借款。稻农借款后有以下几种选择：①在稻谷高于每吨 143.3 美元销售后，将借款外加利息直接还给银行；②如果国际调整后的价格（adjusted world price）低于借款价格 143.3 美元，将借款以还款的金额（不支付利息）还给银行；③稻农可以用稻谷作为抵押物，向政府借款；④如果还款率低于市场支持借款率，稻农可以放弃借款但可得借款差额支付（loan deficiency payment，LDP）。如果稻农采用后两种方式，政府部门运营的商品信用公司将承担相应费用。2002～2004 年，每年用于市场支持贷款的经费大约为 4.46 亿美元，自 2002 年以来，由于国际价格上扬，用于市场支持贷款的经费逐年下降，2006 年 5 月，三种稻米（长粒、中粒、短粒）的国际调整价均高于借款率，因此稻农均无资格获得市场支持。四是出口支持。出口支持是指除了上述直接支持以外，美国稻农还可以从政府对出口支持的项目中获益。出口支持项目有以下几类：①美国在最惠信用条件下出售其稻米（谷）并通过粮食援助计划推广稻米出口，美国通过四个途径提供粮食援助公共法律 480 项目、条款 416（b）项目、食品促教育项目、食品促进项目。②美国农业部为商品信用公司管理的农业出口商提供出口信用保证。出口信用担保项目提供最长不超过 3 年的担保。商品信用公司负责审核参加信用担保的出口公司，金融机构在获得商品信用公司同意之前也要满足特定的条件。自 2005 年 7 月开始，商品信用公司不再接受支付担保的申请。在 2004 经济年度约有 1.19 亿美元的水稻出口获得信用担保。③美国通过市场推广项目为美国产品开拓国际市场提供支持。该项目有市场进入项目与国外市场发展项目。这些市场推广项目为出口商提供更好的信用风险保证及信用。其他与水稻出口相关的项目还有市场形成项目、质量样品引导项目、Cochran 奖学金项目及第 18 条款。

美国水稻生产风险管理走在世界前列。美国联邦作物保险（federal crop insurance）是减少美国稻农水稻生产风险的主要途径。在美国，联邦作物保险大约覆盖了 75％的水稻生产面积，政府提供了 60％～65％的保险费用。当农民水稻产量低于历史平均产量，或收入低于预先设定的目标时，稻农便会获得补偿。1995～2004 年，净赔偿额（赔偿额减去保险费用）在 100 万～4170 万美元（1996 年美元）之间。美国保险计划提供两类保险：一类是收入保险，另一类是农场产量保险。保险公司提供两个农场产量保险险种给稻农：一是多重危害作物保险，补偿是基于农场产量（实际种植历史）水平；二是基于县级产量水平的团体保险。如果购买实际种植历史水平保险，稻农可以选择其农场平均产量的 50％～75％（甚至 85％）进行投保。目前，稻农一般选择两种实际种植历史水平的保险：第一种是灾荒保险，是较低水平的保险，只有产量下降至正常水平 50％时，才会获得赔偿，且是该险种保金较低；第二种为全额保险，可以提供更多的赔偿，且保金较高。目前美国约有 60％的水稻保险是灾荒保险（大豆、玉米约 10％），虽然目前提高了灾荒保险以上险种的补贴水平，但大多的水稻保险还是灾荒保险（农民购买全额保险得到的补贴约为 60％），自 2000 年以来，有 85％～95％的水稻生产面积采用了实际种植历史水平的保险。当 1995 年灾荒保险刚刚提供时，其覆盖了 65％～82％的水稻生产面积。为了弥补因实施 1996 年农业法案而减少的对农民的补贴，20 世纪 90 年代美国设立了收入保险。1999 年为水稻设立了一种收入保险"作物收入保险"，2003 年设立了另外一种保险"收入担保"，其中作物收入保险现在应用得比较广泛。其提供的保险基于价格与产量的预期，假如价格低于前季价格或收获时价格，农民收入下降，农民便获得补偿。收入担保是农民选择其预期收入的 65％～75％为保额的一种险种。2000～2004 年度作物收入保险约占 7％～14％。收入担保设立于 2003 年，2003 与 2004 年覆盖面积仅有 1％～2％，2005 年达到 6％。

7.2.2 水稻面积

水稻对美国农场主和农业产业发展，有不可替代的重要性，美国水稻种植面积和收获面积变化相对较大。1961～2010 年，美国水稻收获面积总体上有明显增长，按照 1961～

1963 年三年平均计算，美国水稻收获面积 69 万公顷，2008～2010 年增加到 131 万公顷，年均增加 1.3 万公顷，年递增率 1.36％，从近期来看，虽然目前仍有一定的年度波动，但仍处在面积增加阶段。长期来看，年度波动和阶段性波动都较大，如图 7-6 所示，增长十分明显，这种变化过程，可以用二次多项式方程加以模拟，其解释程度达到 66.35％，线性方程的解释程度则只有 57.15％。美国水稻收获面积长期变化情况与模拟结果详见图 7-6。

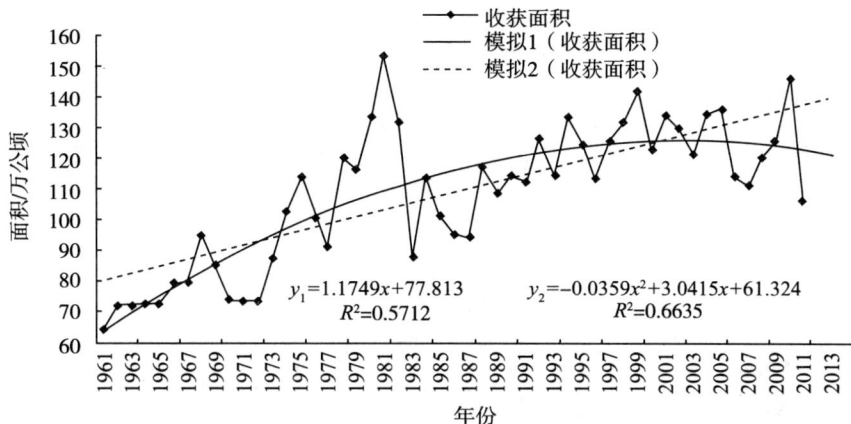

图 7-6　美国水稻收获面积变化

7.2.3　水稻产量

美国是世界上比较重要的水稻生产国家之一，水稻产量的变化，对其水稻农场主，甚至整个世界大米市场都有越来越重要的影响。纵观美国水稻产量变化，按照 1961～1963 年三年平均计算，美国水稻产量 288 万吨，按照 2008～2010 年三年平均计算，水稻产量达到 1008 万吨，年均增加 15 万吨，年递增率 2.70％。美国水稻产量长期变化情况与模拟结果详见图 7-7。

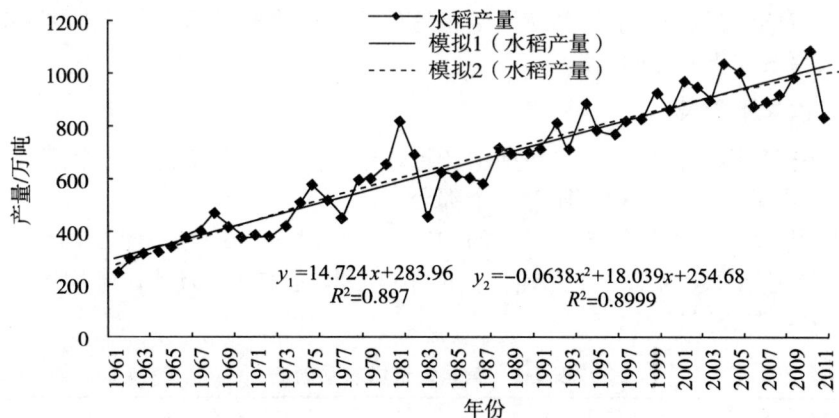

图 7-7　美国水稻产量变化

过去 50 年，美国水稻产量在波动中不断增长，平均 4 年左右有一个波动过程，这个过程可以用二次多项式方程来描述，解释性高达 89.99％，然而线性方程的解释程度亦可达到89.7%，表明美国水稻产量几乎呈线性增长的。

7.2.4 单产变化

按照单位面积计算水稻产量，美国水稻单产总体上在较大波动中不断提高，经历了一个明显的上升过程。按照1961～1963年三年平均计算，美国水稻单产为4149公斤/公顷，按照2008～2010年三年平均计算，单产为7717公斤/公顷，年均提高74公斤，年递增率1.33%，水稻单产提高速度处在一般速度上。美国水稻单产长期变化情况与模拟结果详见图7-8。

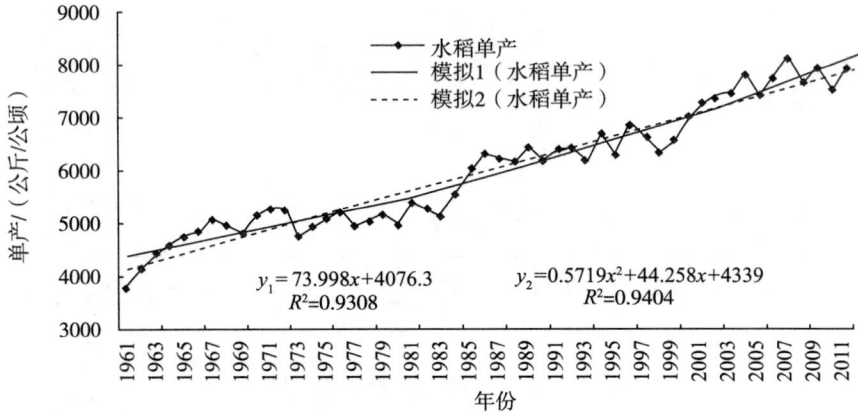

图中公式：

$$y_1 = 73.998x + 4076.3 \quad R^2 = 0.9308$$
$$y_2 = 0.5719x^2 + 44.258x + 4339 \quad R^2 = 0.9404$$

图 7-8　美国水稻单产变化

从长期变化过程看，美国水稻单产水平在较大的波动和阶段性变化中不断提高，但总体水平处在世界前列，近期有所下降，用二次多项式方程模拟，解释程度达到94.04%，目前已经处在阶段性下降中的谷底。

7.3　供　求　关　系

按照一定时期内总供给量与总使用量相等的原则，考察美国在一定时期内稻米（按大米计算）供求关系变化的长期情况。

7.3.1 供求平衡表

从供求平衡角度分析，供给方包括生产量、进口量和库存变化量三个部分，需求方包括国内实际使用量、出口量和损耗量三个部分。

大米供求量是大米总供给与总需求的均衡量，1961～1963年三年平均为181.6万吨，2007～2009年三年平均为733.4万吨，长期年度平均为469.2万吨，年均递增率3.08%。美国大米供求平衡表详见表7-1。

表 7-1　美国大米供求平衡表

时间	总供求/万吨	供给/万吨			需求/万吨			比值	
		生产量	进口量	库存变化量	国内使用量	出口量	损耗量	产用比	出进比
1961年	162.8	163.9	0.57	−1.7	82.5	78.6	1.7	1.99	136.9
2009年	772.1	665.1	91.54	15.4	328.6	347.3	96.2	2.02	3.8

续表

时间	总供求/万吨	供给/万吨			需求/万吨			比值	
		生产量	进口量	库存变化量	国内使用量	出口量	损耗量	产用比	出进比
初期平均	181.6	192.1	0.5	−11.1	84.9	96.1	1.0	2.26	451.8
末期平均	733.4	627.2	89.5	16.7	326.6	356.3	50.4	1.92	4.0
年均增量	469.2	436.5	22.3	10.4	203.1	234.4	31.8	2.30	449.7
递增率/%	3.08	2.61	11.75	—	2.97	2.89	8.97	0.88	−9.77

注："初期平均"指本表所列年份最初三年年度平均值，"末期平均"指本表所列年份最后三年年度平均值

资料来源：根据 FAO 数据库历年数据整理并计算

从供求平衡关系角度看，计算大米生产量与国内使用量的"产用比"表明，总体上，美国大米生产量远远大于国内使用量，而且"产用比"已由初期平均的 2.26 变为末期平均的 1.92，不仅表明美国大米生产量几乎是国内使用量的两倍，也表明国内使用有进一步增加的态势。

从国内和国际供求关系看，大米出口量与进口量的"出进比"表明，美国一直是大米出口国家，随着进口增加，出口也进一步增加，因此，美国大米"出进比"的比值总是很高，目前仍高达 4.0。

7.3.2　供给变化

大米的供给，对水稻生产国家来说，主要来自于生产量，美国更是如此。美国大米生产量一直是供给的重要主体，按照 1961～1963 年三年平均计算，大米生产量占供给量的比重为 105.8%，2007～2009 年下降到 85.5%，水稻生产发展对于美国大米供给很重要，但适当进口所需要的大米也很重要，因此水稻生产量所占比重明显下降。美国大米供给量与结构长期变化情况详见表 7-2。

表 7-2　美国大米供给量与结构变化

时间	数量/万吨				结构/%		
	总供给	生产量	进口量	库存变化量	生产量	进口量	库存变化量
1961 年	162.8	163.9	0.6	−1.7	100.7	0.4	−1.1
2009 年	772.1	665.1	91.5	15.4	86.2	11.9	2.0
初期平均	181.6	192.1	0.5	−11.1	105.8	0.3	−2055.3
末期平均	733.4	627.2	89.5	16.7	85.5	14.3	18.6
年均增量	469.2	436.5	22.3	10.4	96.5	3.4	0.1
递增率/%	3.1	2.6	11.75	—	−0.46	8.9	—

注："初期平均"指本表所列年份最初三年年度平均值，"末期平均"指本表所列年份最后三年年度平均值

资料来源：根据 FAO 数据库历年数据整理并计算

在供给量中，大米进口量是满足国内需求的重要保障，是解决供给问题的必要补充，随着水稻生产能力的不断提升，美国逐步加大了大米进口量。在 20 世纪 70 年代以前，美国很少进口大米，1987 年以前进口量不足 10 万吨，但此后进口量不断增加，2001 年开始超过 50 万吨，目前接近 100 万吨。按照 1961～1933 年三年平均计算，大米进口量为 0.5 万吨，按照 2007～2009 年三年平均计算，大米进口量高达 89.5 万吨，年度平均 22.3 万

吨，年递增率 11.75%，可见进口大米对美国大米供给能力的提升也很重要。

在供给量中，库存变化量是一种调剂。美国大米库存量比重不高，但在年度间的变化比较大。总体上看，美国大米库存量，在充实库存与减少库存之间变化，最高是 1983 年增加库存量 103 万吨，占供给量的 25.4%，最低是 1981 年减少库存量 73 万吨，占供给量的−15.2%。

7.3.3　需求变化

需求量变化，主要是由国内使用量、出口量及损耗量，关键是国内功能性使用所决定的，国内使用量是水稻生产大国的主体。

美国大米国内使用量量不大，已由 1961～1963 年三年平均 84.9 万吨增加到 2007～2009 年三平均 326.6 万吨，国内使用量占需求量的比重，已由 1961～1963 年三年平均46.7%下降到 2007～2009 年三平均 44.5%，在其他条件不变的情况下，说明国内使用量的相对重要性有所下降。美国大米需求量与结构长期变化情况详见表 7-3。

表 7-3　美国大米需求量与结构变化

时间	数量/万吨				结构/%			损耗率/%	
	总需求	国内使用量	出口量	损耗量	国内使用量	出口量	损耗量	耗产率	耗用率
1961 年	162.8	82.5	78.6	1.7	50.7	48.3	1.0	1.0	2.0
2009 年	772.1	328.6	347.3	96.2	42.6	45.0	12.5	14.5	29.3
初期平均	182.0	84.9	96.1	1.0	46.7	52.80	0.5	0.5	1.1
末期平均	733.4	326.6	356.3	50.4	44.5	48.59	6.9	8.0	15.4
年均增量	469.2	203.1	234.4	31.8	42.6	51.8	5.6	6.1	13.0
递增率/%	3.1	3.0	2.9	9.0	−0.10	−0.2	5.7	6.2	5.8

注："初期平均"指本表所列年份最初三年年度平均值，"末期平均"指本表所列年份最后三年年度平均值

资料来源：根据 FAO 数据库历年数据整理并计算

在需求量中，美国大米为满足国际需求的出口量不断增长，对国际大米市场一直具有十分重要的作用。美国大米出口量由 1961～1963 年三年平均 96.1 万吨增加到 2007～2009 年三年平均 356.3 万吨，占总需求量的比重，由 52.8%下降到 48.6%，年度平均为 51.8%。

在需求量中，使用过程中的损耗量相对较小。美国大米国内损耗量由 1961～1963 年三年平均 1.0 万吨增加到 2007～2009 年三年平均 50.4 万吨，占总需求量的比重，由0.5%上升到 6.9%，年度平均为 5.6%；损耗量占生产量的比重由 0.5%上升到 8.0%，年度平均为 6.1%；损耗量占国内使用量的比重，由 1.1%上升到 15.4%，年度平均为 13.0%。

7.4　大　米　食　用

从水稻生产的目的性和需求的功能性来看，发展水稻生产旨在满足国内日益增长的食用需求，在于为人们提供生存与发展所需要的能量和营养。

7.4.1 食用量比较

1961～2009 年，按照 1961～1963 年和 2007～2009 年三年平均计算，美国大米食用量由 52.4 万吨增加到 255.6 万吨，年均增加 4.3 万吨，表现为总体上不断增长的过程。美国大米、小麦、玉米和其他其谷物食用量长期变化情况详见表 7-4。

表 7-4　美国谷物食用量变化比较

时间	人口/万人	食用量/万吨				人均食用量/(公斤/人)			
		大米	小麦	玉米	其他	大米	小麦	玉米	其他
1961 年	18 919	48	1344	147	103	2.5	71.0	7.8	5.4
2009 年	30 769	257	2496	391	184	8.3	81.1	12.7	6.0
初期平均	19 191.3	52.4	1335.8	149.8	93.7	2.7	69.6	7.8	4.9
末期平均	30 498.7	255.6	2535.1	389.5	184.7	8.4	83.1	12.8	6.1
年度平均	24 456.4	140.0	1888.9	262.7	133.7	5.4	76.2	10.4	5.4
年均增量	240.6	4.3	25.5	5.1	1.9	0.1	0.3	0.1	0.0
递增率/%	1.01	3.50	1.40	2.10	1.49	2.47	0.39	1.08	0.47

注："初期平均"指本表所列年份最初三年年度平均值，"末期平均"指本表所列年份最后三年年度平均值

资料来源：根据 FAO 数据库历年数据整理并计算

剔除人口增加的影响，计算大米人均食用量，美国大米人均食用量虽然很低，但仍然处在不断增长的上升阶段。按照 1961～1963 年三年平均计算，如表 7-4 和图 7-9 所示，大米人均食用量 2.7 公斤/人，按照 2007～2009 年三年平均计算，进一步上升到 8.4 公斤/人，年递增率 2.47%。小麦人均食用量变化情况如图 7-9 所示，由 69.6 公斤/人上升到 83.1 公斤/人；玉米人均食用量变化情况如图 7-9 所示，由 7.8 公斤/人上升到 12.8 公斤/人；其他谷物人均食用量变化情况如图 7-9 所示，由 4.6 公斤/人上升到 6.1 公斤/人。

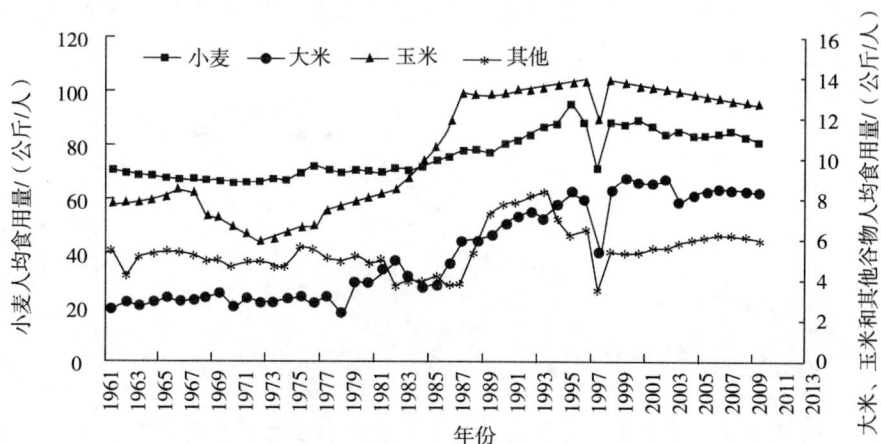

图 7-9　美国四类谷物人均食用量变化

7.4.2　米食营养

　　就全国平均而言，美国是世界上食物营养量最高的国家之一。在食物营养中，主要是动物性食物的能量和营养。食用大米获取营养，对美国国民来说是次要的。如表 7-5 所示，按照 1961～1963 年三年平均计算，每人每日通过食物获得热量 2868 千卡，按照 2007～2009 年三年平均计算，每人每日通过食物获得热量 3738 千卡，年均增加 18 千卡，年递增率 0.58%。美国每人每日食物营养量长期变化情况详见表 7-5。

表 7-5　美国每人每日食物营养量年度变化

| 时间 | 总营养量(A) | | 植物性食物营养量(B) | | 大米营养量 | | 大米热量占比/% | | 大米蛋白质占比/% | |
	热量/千卡	蛋白质/克	热量/千卡	蛋白质/克	热量/千卡	蛋白质/克	(A)	(B)	(A)	(B)
1961 年	2881	95.3	1871	32.2	27	0.5	0.9	0.5	1.4	1.6
2009 年	3688	112.9	2675	40.6	87	1.6	2.4	1.4	3.3	3.9
初期平均	2868	95.2	1862	32.0	29	0.5	1.0	1.6	0.6	1.7
末期平均	3738	114.9	2709	41.2	88	1.6	2.3	3.2	1.4	3.9
年度平均	3363	105.6	2365	36.4	58	1.1	1.7	2.4	1.0	2.9
年均增量	18.5	0.4	18.0	0.2	1.2	0.0	0.0	0.0	0.0	0.0
递增率/%	0.58	0.41	0.82	0.55	2.41	2.42	1.82	1.58	2.00	1.86

　　注：“初期平均”指本表所列年份最初三年年度平均值，“末期平均”指本表所列年份最后三年年度平均值

　　资料来源：根据 FAO 数据库历年数据整理并计算

　　美国人以动物性食物为主，作为植物性食物的大米，所占地位并不重要。按照 1961～1963 年三年平均计算，美国食用大米获得的热量为 29 千卡，按照 2007～2009 年三年平均计算，大米热量上升到 88 千卡，年均增加 1.2 千卡，年递增率 2.41%。同期，大米还提供了 0.5 克和 1.6 克的蛋白质，以及一定量的植物性脂质。据此计算，大米热量占总热量的比重由 1.0% 上升到 2.3%，占植物性食物热量的比重由 1.6% 上升到 3.2%。大米蛋白质占蛋白质总量的比重由 0.6% 上升到 1.4%，大米蛋白质占植物性食物蛋白质的比重由 1.7% 上升到 3.9%。美国每人每日大米营养量的长期变化情况详见图 7-10。

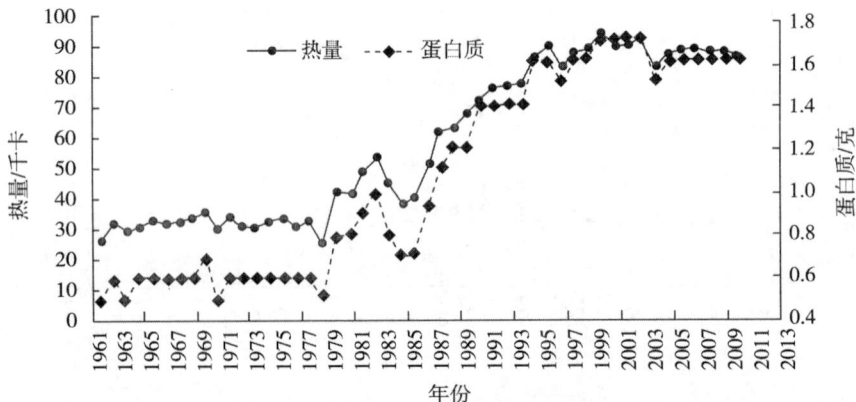

图 7-10　美国每人每日大米营养量年度变化

7.5　市场贸易

大米市场分为国内市场与国际市场。在国内市场上，通过价格变化来反映国内大米市场变化走势。在国际市场上，主要通过价格和贸易量的变化来反映该国大米在国际大米市场上的地位及其变化情况。

7.5.1　国内稻米价格

(1)美国农场稻谷收购价格月度变化。根据美国农业部统计数据，得到美国 2012 年全年 12 个月与 2011 年全年 12 个月的国内农场稻谷收购价格的月度变化数据，据此计算美国农场稻谷收购价格的平均水平，结果表明，2012 年美国农场稻谷收购价格平均为 314.5 美元/吨，比 2011 年全年平均 300.6 美元/吨上涨 14 美元，上升了 4.6%。2002~2012 年美国农场稻谷收购价格月度变化情况详见表 7-6。

表 7-6　美国农场稻谷收购价格月度变化

时间	2012 年	2011 年	2010 年	2009 年	2008 年	2007 年	2006 年	2005 年	2004 年	2003 年	2002 年
全年	314.5	300.6	291.6	334.2	356.6	230.9	192.4	155.2	185.8	127.5	89.8
1 月	326.3	308.6	330.7	401.2	273.4	229.3	172.0	162.9	188.9	102.7	94.8
2 月	308.6	295.4	326.3	352.7	277.8	222.7	176.8	152.1	181.4	93.5	91.7
3 月	306.4	286.6	315.3	343.9	299.8	220.5	177.5	153.7	186.3	95.0	88.0
4 月	310.9	288.8	315.3	330.7	321.9	224.9	179.9	153.9	190.7	101.6	86.9
5 月	306.4	280.0	304.2	321.9	350.5	220.5	177.0	153.9	194.4	106.7	87.7
6 月	310.9	266.8	291.0	324.1	363.8	220.5	178.8	153.4	205.0	119.7	86.4
7 月	313.1	284.4	277.8	313.1	370.4	222.7	180.3	150.4	206.6	117.1	84.0
8 月	317.5	299.8	257.9	328.5	394.6	222.7	196.0	145.3	196.9	130.7	86.9
9 月	315.3	317.5	242.5	326.3	372.6	224.9	199.3	149.3	186.5	144.6	90.2
10 月	315.3	324.1	253.5	319.7	405.7	244.7	217.4	154.8	167.3	157.6	88.8
11 月	317.5	330.7	277.8	319.7	436.5	260.1	224.9	166.7	162.7	172.0	93.5
12 月	326.3	324.1	306.4	328.5	412.3	257.9	229.3	166.2	162.5	188.5	98.3
年度增量	14.0	9.0	−42.6	−22.4	125.7	38.5	37.2	−30.6	58.3	37.7	—
年度增幅/%	4.6	3.1	−12.8	−6.3	54.4	20.0	24.0	−16.5	45.7	42.0	—

注：本表中"年度增幅"之外的项目单位为美元/吨

资料来源：根据美国农业部《水稻统计年鉴 2012》与《2013 年 1 月稻米展望报告》数据整理并计算

(2)美国不同类型稻谷与主产地稻谷收购价格年度变化。根据美国农业部统计数据，2012 年度(当年 8 月~次年 7 月)，美国国内稻谷收购价格平均 314.9 美元/吨，同比 2011 年度 279.1 美元/吨，上涨了 35.8 美元，上涨幅度 12.8%。其中，长粒型稻谷 2012 年度价格 296.2 美元/吨，比 2011 年度 242.5 美元/吨上涨了 53.6 美元，上涨幅度 22.1%。1995~2012 年度美国各州稻谷收购价格变化情况详见表 7-7。

表 7-7　美国各州稻谷收购价格变化

年份	稻谷类型/（美元/吨）			主产州/（美元/吨）					
	平均	长粒型	中短型	阿肯色	加利福尼亚	路易斯安那	密西西比	密苏里	得克萨斯
1995	149.8	151.5	147.7	143.7	153.7	147.9	154.3	148.2	157.0
1996	201.5	206.6	194.4	201.5	193.8	200.4	203.9	199.7	214.5
1997	219.8	233.7	184.5	224.9	174.4	233.7	231.5	227.1	238.1
1998	213.8	224.9	187.8	217.6	175.3	224.9	229.1	220.5	240.3
1999	194.9	193.8	202.4	195.5	202.6	195.5	198.2	192.9	205.5
2000	130.5	125.2	145.9	125.9	153.7	132.1	121.0	123.5	133.2
2001	123.1	128.7	113.5	123.5	110.0	128.3	125.2	119.0	128.3
2002	93.2	90.4	106.3	86.6	116.4	98.5	91.5	81.6	101.6
2003	99.5	91.5	130.1	91.7	139.3	91.3	108.9	86.0	91.7
2004	178.9	167.6	219.1	169.8	229.3	169.3	161.8	158.7	162.0
2005	163.0	161.8	160.7	157.2	161.8	171.3	164.9	153.7	175.5
2006	168.7	160.9	209.2	160.3	222.7	164.7	162.3	151.5	171.3
2007	219.0	208.8	266.8	207.9	286.6	216.7	206.8	206.8	220.5
2008	289.0	273.4	321.3	266.8	357.1	280.0	277.8	262.3	273.4
2009	367.4	328.5	546.7	330.7	606.3	339.5	339.5	304.2	346.1
2010	315.3	284.4	405.7	295.4	432.1	286.6	284.4	284.4	284.4
2011	279.1	242.5	414.5	249.1	463.0	262.3	231.5	242.5	262.3
2012	314.9	296.1	365.6	297.6	352.7	302.0	297.6	297.6	310.9
2012 增量/（美元/吨）	35.8	53.6	−48.9	48.5	−110.2	39.7	66.1	55.1	48.5
2012 增幅/%	12.8	22.1	−11.8	19.5	−23.8	15.1	28.6	22.7	18.5

资料来源：根据美国农业部《水稻统计年鉴 2012》与《2013 年 1 月稻米展望报告》数据整理并计算

7.5.2　大米国际贸易

美国是世界重要的大米出口国家，美国大米进口量也越来越多，其价格变化，尤其是出口大米的价格变化，对世界大米市场的走势有重要影响。

在国际大米市场，美国作为大米出口大国，其地位特别重要。按照 1986～2010 年平均计算，25 年年度平均出口大米 180.7 万吨，年度平均进口大米 30.2 万吨。总的来看，出口量年度波动较大，进口量由初期不足 10 万吨逐步增长。自 1986 年以来，美国大米进出口贸易变化情况详见表 7-8。

表 7-8　美国大米进出口贸易变化

年份	出口			进口		
	数量/万吨	金额/万美元	价格/（美元/吨）	数量/万吨	金额/万美元	价格/（美元/吨）
1986	184.2	51 034	277.0	7.4	3462	470.4
1987	210.5	50 830	241.5	8.2	3899	477.9

续表

年份	出口			进口		
	数量/万吨	金额/万美元	价格/(美元/吨)	数量/万吨	金额/万美元	价格/(美元/吨)
1988	193.4	71 399	369.2	11.5	5884	511.1
1989	239.9	79 877	333.0	12.2	6607	541.6
1990	187.3	64 792	345.9	13.8	7450	538.9
1991	159.2	57 045	358.3	15.0	8211	547.4
1992	166.9	60 116	360.2	16.4	9371	570.5
1993	190.6	59 223	310.7	18.9	11 054	583.5
1994	199.7	76 140	381.4	23.0	13 599	590.2
1995	226.7	75 380	332.4	21.1	13 078	620.5
1996	178.6	71 845	402.3	25.3	16 462	649.8
1997	146.7	61 900	421.8	31.9	21 509	674.6
1998	144.6	59 381	410.6	24.7	17 702	716.9
1999	147.8	55 628	376.4	30.6	18 589	607.7
2000	136.0	48 431	356.2	27.0	18 164	671.9
2001	144.9	44 459	306.9	37.5	17 425	464.5
2002	166.5	44 925	269.7	38.5	14 560	378.4
2003	190.0	56 886	299.4	40.4	22 029	545.4
2004	167.5	68 995	411.9	44.8	25 767	575.5
2005	228.1	80 692	353.7	37.0	22 744	615.1
2006	194.8	79 209	406.5	55.9	33 143	593.1
2007	169.3	82 485	487.1	58.2	39 131	672.3
2008	170.6	121 242	710.8	53.3	53214	999.2
2009	170.6	142 584	836.0	53.9	54 976	1019.8
2010	203.6	136 387	669.8	48.9	56 651	1157.5
年数/个	25	25	25	25	25	25
年均	180.7	72 035	398.6	30.2	20 587	681.3

资料来源：根据 FAO 数据库历年数据整理并计算

长期来看，1961～2010 年，美国大米(包括米制品等全部加总按大米等值计算)国际贸易量变化情况如图 7-11 所示，大米出口量有一定幅度的增长，大米进口量显著增长，但近年有所下降，而且大米进口量和出口量在年度间的波动也有所加大。

7.5.3　进口来源

1986～2010 年，美国总共从 77 个国家进口大米，按照年度平均计算，25 年平均每年进口大米 30.2 万吨。长期进口来源，第 1 位泰国，占 76.07%；第 2 位印度，占 9.11%；第 3 位中国内地，占 6.30%；第 4 位越南，占 1.89%；第 5 位澳大利亚，占 1.51%。前

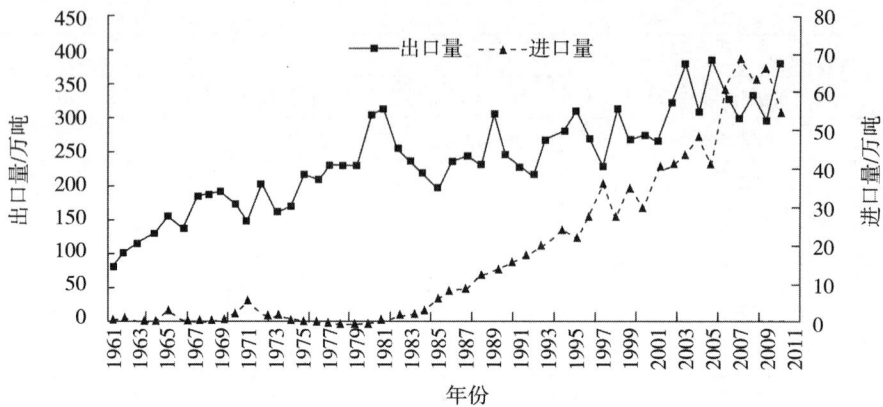

图 7-11   美国大米国际贸易量长期变化

5 个国家累计占进口量 94.87%。1986～2010 年，美国进口大米的前 20 位国家和地区的分布情况详见表 7-9。

表 7-9   美国长期进口大米的前 20 位国家和地区

位次与国家和地区		1986～2010 年平均/吨	占比/%	累比/%
1	泰国	229 863	76.07	76.07
2	印度	27 519	9.11	85.18
3	中国内地	19 024	6.30	91.48
4	越南	5699	1.89	93.36
5	澳大利亚	4558	1.51	94.87
6	巴基斯坦	4247	1.41	96.28
7	埃及	3686	1.22	97.50
8	意大利	2919	0.97	98.46
9	加拿大	721	0.24	98.70
10	巴西	712	0.24	98.94
11	阿根廷	679	0.22	99.16
12	阿联酋	418	0.14	99.30
13	英国	387	0.13	99.43
14	墨西哥	319	0.11	99.53
15	乌拉圭	211	0.07	99.60
16	中国香港	203	0.07	99.67
17	西班牙	196	0.06	99.73
18	孟加拉国	104	0.03	99.77
19	圭亚拉	84	0.03	99.80
20	新加坡	84	0.03	99.82

资料来源：根据 FAO 数据库历年数据整理并计算

从 2008～2010 年三年平均来看,美国总共从 53 个国家和地区进口大米,年均
52.0 万吨。近期进口来源,第 1 位泰国,占 73.38%;第 2 位印度,占 11.93%;第 3
位中国内地,占 4.06%;第 4 位埃及,占 2.52%;第 5 位巴基斯坦,占 2.02%。前 5
个国家累计占进口量 93.92%。美国近期进口大米的前 20 位国家和地区的分布情况详
见表 7-10。

表 7-10　美国近期进口大米的前 20 位国家和地区

位次与国家和地区		2008～2010 年平均/吨	占比/%	累比/%
1	泰国	381 819	73.38	73.38
2	印度	62 064	11.93	85.30
3	中国内地	21 123	4.06	89.36
4	埃及	13 191	2.54	91.90
5	巴基斯坦	10 512	2.02	93.92
6	越南	10 261	1.97	95.89
7	意大利	5645	1.08	96.98
8	加拿大	4111	0.79	97.77
9	阿联酋	2487	0.48	98.24
10	巴西	1987	0.38	98.63
11	乌拉圭	1740	0.33	98.96
12	西班牙	1016	0.20	99.15
13	墨西哥	980	0.19	99.34
14	中国香港	539	0.10	99.45
15	阿根廷	440	0.08	99.53
16	孟加拉国	421	0.08	99.61
17	英国	334	0.06	99.68
18	韩国	246	0.05	99.72
19	柬埔寨	216	0.04	99.77
20	新加坡	168	0.03	99.80

资料来源:根据 FAO 数据库历年数据整理并计算

7.5.4　出口去向

与大米进口来源相比,美国大米出口去向的分布更为广泛。1986～2010 年 25 年间
看,美国共向全球 213 个国家和地区出口大米,年均出口量 180.7 万吨,每年平均向每个
国家出口大米 8485 吨。从出口去向看,第 1 位海地,占 9.96%;第 2 位日本,占
8.63%;第 3 位沙特阿拉伯,占 8.16%;第 4 位伊拉克,占 7.49%;第 5 位加拿大,占
6.29%。美国长期出口大米的前 20 位国家和地区的分布情况详见表 7-11。

表 7-11　美国长期出口大米的前 20 位国家和地区

位次与国家和地区		1986~2010 年平均/吨	占比/%	累比/%
1	海地	180 061	9.96	9.96
2	日本	155 887	8.63	18.59
3	沙特阿拉伯	147 488	8.16	26.75
4	伊拉克	135 363	7.49	34.24
5	加拿大	113 704	6.29	40.53
6	土耳其	81 691	4.52	45.05
7	南非共和国	69 602	3.85	48.90
8	加纳	57 262	3.17	52.07
9	墨西哥	52 877	2.93	55.00
10	约旦	48 323	2.67	57.67
11	瑞士	32 931	1.82	59.49
12	秘鲁	32 690	1.81	61.30
13	荷兰	32 539	1.80	63.10
14	比利时-卢森堡	31 632	1.75	64.85
15	利比里亚	31 586	1.75	66.60
16	菲律宾	31 562	1.75	68.35
17	英国	29 900	1.65	70.00
18	多米尼加共和国	27 036	1.50	71.50
19	德国	26 447	1.46	72.96
20	印度尼西亚	25 612	1.42	74.38

资料来源：根据 FAO 数据库历年数据整理并计算

　　从近年出口的国家来看，美国每年出口量 181.5 万吨，共向世界 153 个国家和地区出口大米，第 1 位日本，占 16.95%；第 2 位海地，占 15.81%；第 3 位加拿大，占 8.03%；第 4 位沙特阿拉伯，占 6.62%；第 5 位伊拉克，占 6.59%。2008~2010 年，美国出口大米的前 20 位国家和地区的分布情况详见表 7-12。

表 7-12　美国近期出口大米的前 20 位国家和地区

位次与国家和地区		2008~2010 年平均/吨	占比/%	累比/%
1	日本	307 851	16.95	17.0
2	海地	287 119	15.81	32.8
3	加拿大	145 776	8.03	40.8
4	沙特阿拉伯	120 143	6.62	47.4
5	伊拉克	119 698	6.59	54.0
6	约旦	80 845	4.45	58.5
7	墨西哥	79 822	4.40	62.9
8	巴布亚新几内亚	67 963	3.74	66.6

续表

位次与国家和地区		2008~2010 年平均/吨	占比/%	累比/%
9	加纳	53 053	2.92	69.5
10	英国	46 257	2.55	72.1
11	以色列	38 323	2.11	74.2
12	土耳其	37 205	2.05	76.2
13	菲律宾	31 649	1.74	78.0
14	尼日利亚	29 804	1.64	79.6
15	澳大利亚	22 803	1.26	80.9
16	韩国	20 651	1.14	82.0
17	多哥	18 463	1.02	83.0
18	多米尼加共和国	15 084	0.83	83.8
19	中国	13 855	0.76	84.6
20	利比里亚	13 767	0.76	85.4

资料来源：根据 FAO 数据库历年数据整理并计算

7.6　展　望

美国是世界上重要的水稻生产国家，也是世界稻米市场重要的国家，其水稻生产状况和大米进出口贸易，对世界稻米市场均有重要影响。基于市场经济原则，预计美国水稻生产将进一步增长。

美国是一个大米消费小国，大米人均食用量很小，但有提高的趋势，美国大米国内使用量有望进一步增加。

与其他国家相比，美国国内大米价格总体上与国民收入水平相适应，稻谷收购价格相对不高，但由于随行就市，美国稻谷价格年度波动较大，但国内稻米市场总体上仍属正常。

在国际大米市场上，美国大米在经济利益激励下，出口量有所增长，但出口量年度波动较大，增长速度不快。美国大米进口量显现出强劲的增长态势，预计美国稻米进出口量波动性加大，将给世界稻米市场带来新的变数。

第 8 章

泰国稻米产业发展

泰国，即泰王国(The Kingdom of Thailand)。泰国国土总面积51.3万平方千米，人口6740万，面积和人口分列世界第49位和19位。泰国是一个正在从传统农业向农业现代化迈进的中等发展中国家，水稻生产和大米国际贸易十分重要，泰国是对世界稻米产业具有重要影响的国家之一。

8.1 产业背景

泰国是在世界稻米产业中十分重要的国家，其稻米产业具有显著特色。泰国稻米产业发展状况，主要由国家自然资源条件、人口状况与经济水平三大要素所决定。

8.1.1 自然资源条件

泰国位于中南半岛中部，东部与柬埔寨为邻，北部及东北部与老挝交界，西部与缅甸接壤，南部与马来西亚相连，东南濒临暹罗湾，西南接安达曼海，海岸线长2535千米，地势北高南低，全境以平原为主。中部地区为河渠纵横的昭披耶河冲积平原；西部、西北部地区是以他念他翁山脉为主的山地，因他暖山海拔2595米，为全国最高峰；东部地区为呵叻盆地，昭披耶河(湄南河)境内长1200千米，流域面积约15万平方千米，富于灌溉与舟楫之利。泰国森林总面积1440万公顷，森林覆盖率25%。

泰国大部分地区属热带季风气候，年平均气温24~30摄氏度，全年分为三季：当年11月到次年2月为凉季，3~5月为夏季，6~10月为雨季。全年雨量丰沛且集中，年平均降水量为1000~2000毫米，一些山区甚至可以达到3000毫米。良好的降水条件和丰富的光热资源，为泰国发展优势水稻生产提供了重要资源禀赋条件。泰国全国分中部、南部、东部、北部和东北部五个地区，共有77个府，府下设县、区、村。曼谷是唯一的府级直辖市。泰国水稻生产主要集中在北部、东北部和东部三个地区。

泰国经济体制属于市场经济体制，实行自由经济政策。属外向型经济，依赖美、日、欧等外部市场。作为传统农业国，农产品是其外汇收入的主要来源之一，泰国是世界稻谷和天然橡胶最大出口国。20世纪80年代，电子工业等制造业发展迅速，产业结构变化明显，经济持续高速增长，人民生活水平相应提高，工人最低工资和公务员薪金多次上调，居民教育、卫生、社会福利状况不断改善。1996年被列为中等收入国家。但泰国农业总体上仍是传统农业。泰国农业人口约1530万人，全国耕地面积约1.0亿莱(1莱=1600平方米），占国土面积的 30%。主要农作物有稻米、玉米、木薯、橡胶、甘蔗、绿豆、麻、烟草、咖啡豆、棉花、棕油、椰子等。农产品出口额 300 亿美元左右，2009 年农业增加值占 GDP 的比重为 8.9%。泰国渔业资源丰富，海域辽阔，拥有 2705 千米海岸线，泰国湾和安达曼湾是得天独厚的天然海洋渔场。此外，还有总面积 1100 多平方千米的淡水养殖场。曼谷、宋卡、普吉等地是重要的渔业中心和渔产品集散地。泰国是世界市场主要鱼类产品供应国之一，也是日本和中国之后的亚洲第三大海洋渔业国，全国渔业人口约 50 万人。

泰国土地面积 5109 万公顷，在 2080 万公顷的农用土地中约 59.12% 用于水稻生产；约 23.18% 用于种植高地作物（旱地种植），常见的旱地作物有玉米、木薯、高粱等；约 9.16% 用于种植果树。全国人均耕地占有量为 0.164 公顷，得天独厚的地理位置与气候条件为农业生产提供了优越的自然条件。除东北部地区经常遭受旱涝灾害外，其他地方都很适宜作物生长。中部肥沃的湄南河流域是泰国重要的鱼米之乡，常年出口大米 300 万吨左右，占世界大米总出口量的比重高达 1/3，不仅满足国内消费需求，还成为亚洲唯一的粮食净出口国和世界主要粮食出口国之一，享有世界第一大米出口国的美誉。

在过去长期发展过程中，泰国耕地面积有所减少。按照 1961~1963 年三年平均计算，耕地面积为 1060.0 万公顷，2007~2009 年为 1525.0 万公顷，按照移动平均方法计算，年均增加 11.11 万公顷，年递增率 0.81%。长期来看，泰国耕地面积总体上呈现上升态势，在 20 世纪 80 年代中期达到最高值 1793 万公顷，以后逐年缓慢下降，但近年又略有增加。对泰国耕地面积长期变化进行模拟，二次方程解释程度 92.64%，四次多项式模型的解释程度可以达到 99.4%。泰国耕地面积长期变化情况与模拟结果详见图 8-1。

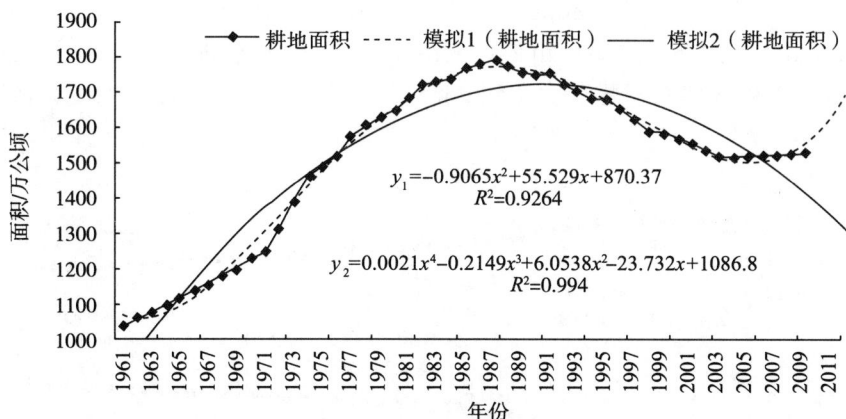

$$y_1=-0.9065x^2+55.529x+870.37$$
$$R^2=0.9264$$
$$y_2=0.0021x^4-0.2149x^3+6.0538x^2-23.732x+1086.8$$
$$R^2=0.994$$

图 8-1　泰国耕地面积变化

8.1.2　人口状况

泰国人口增长较快。2011 年，泰国总人口达到 6952 万人，早在 1960 年还只有 2731 万人。按照 1960~1962 年三年平均计算，总人口为 2816 万人，按照 2009~2011 年三年平均计算，总人口为 6912 万人，年均增加 82 万人，人口年递增率 1.85%。如果将泰国人口增长过程拟合成二次抛物线，解释程度可以达到 99.8%，说明泰国人口快速增长的过程已经成为过去，增长趋势有所放缓。泰国总人口长期变化情况与模拟结果详见图 8-2。

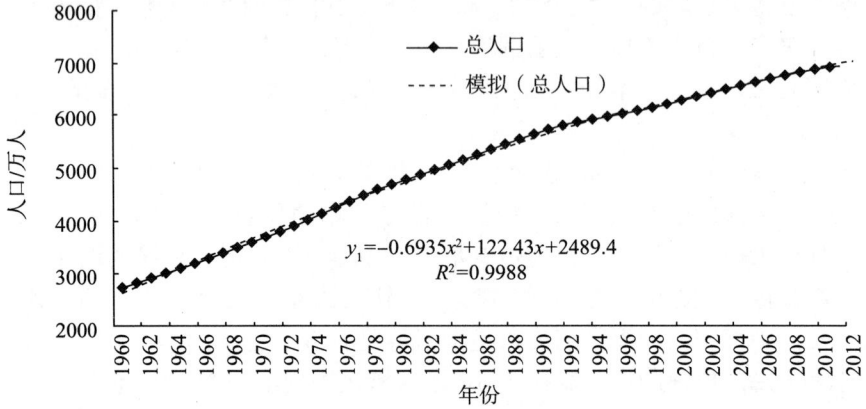

图 8-2　泰国总人口变化

作为一个农业大国，泰国大量人口仍然聚集在广阔的乡村地区。1960～2011 年，泰国乡村地区人口数量由 2194 万人增加到 4581 万人，按照初期和末期三年平均计算，年均增加 46 万人，年递增率高达 1.45%。同期，城市人口也有一定幅度的增长，城市人口数量由 537 万人增加到 2371 万人，按照初期和末期三年平均计算，年均增加 36 万人，年递增率高达 2.97%。

乡村人口和城市人口都在不断增加，但由于增加速度不同，人口城乡结构初步改善。1960～2011 年，乡村人口率由 80.3% 下降到 66.81%，如图 8-3 所示，直线方程的解释程度达到 96.8%。同期，泰国城市人口率由 19.7% 上升到 34.1%，其增长过程几乎是直线上升的，直线方程的解释程度达到 96.81%。泰国城乡人口结构的变化情况如图 8-3 所示。

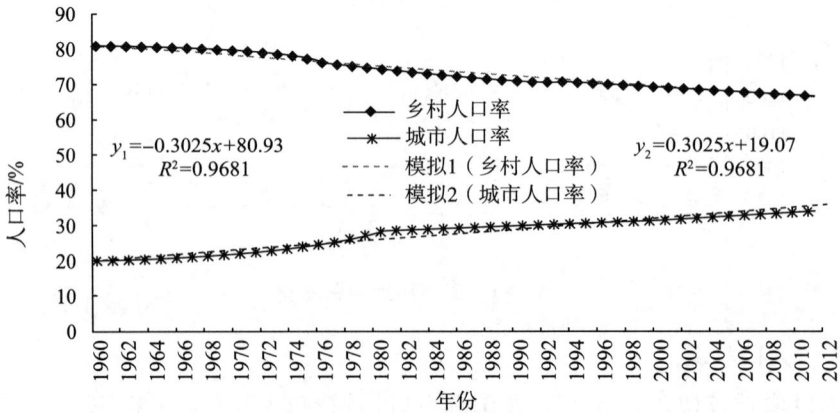

图 8-3　泰国城乡人口结构变化

8.1.3　经济水平

泰国经济，在长期缓慢增长后，到 20 世纪 80 年代中期开始有一个加速发展的过程，但在 20 世纪末期金融危机冲击下，有一个较大下降过程，进入 21 世纪之后又有一个快速增长的过程，在近期金融危机打击下，经济出现新的波动。以 2011 年为列，泰国 GDP（现值）10 401 亿铢，约合 3456 亿美元，列世界所有国家第 29 位。

结合人口状况，按照 2000 年美元不变价格计算，1960～2011 年，泰国人均 GDP 由 321 美元增长到 2699 美元，按照 1960～1962 年和 2009～2011 年三年平均计算，年均增加 46 美元，年递增率 4.34％。这一变化过程可以拟合成三次多项式，解释程度达到 98.17％。泰国人均 GDP 长期变化情况与模拟结果详见图 8-4。

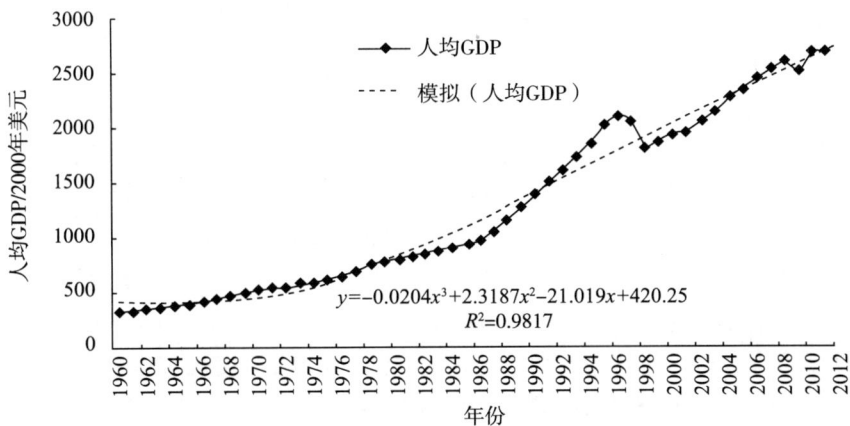

图 8-4　泰国人均 GDP 变化

从国民收入角度看，泰国人均国民收入略低于人均 GDP。按照 2000 年美元不变价格计算，1960～2011 年，泰国人均国民收入由 320 美元增长到 2619 美元，按照首尾三年平均计算，年递增率 4.29％，增长速度一般，国民收入水平仍然处在较低的水平上。泰国人均国民收入长期变化情况与模拟结果详见图 8-5。

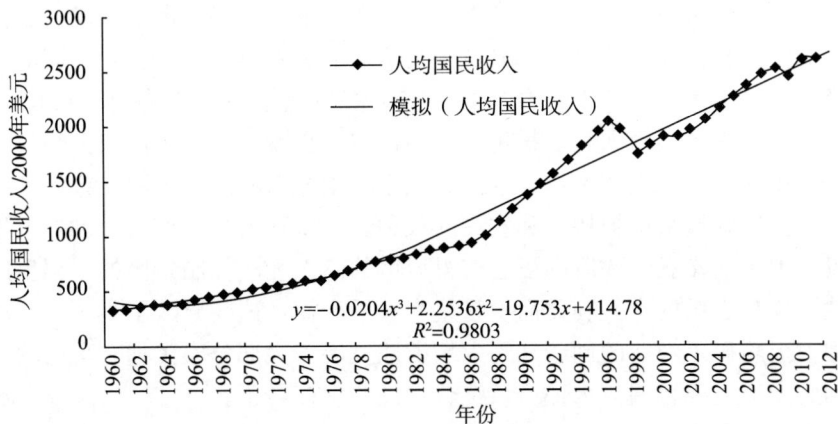

图 8-5　泰国人均国民收入变化

8.2 水 稻 生 产

泰国是世界水稻生产历史悠久、自然资源条件优良的国家之一，水稻生产对泰国农民生产与生活至关重要，为其成为世界大米强国奠定了良好的基础条件。

8.2.1 稻作生产

泰国水稻生态类型，一般分为四种类型。主要包括：低洼田雨养水稻(水深小于0.5米)，占水稻面积77%；灌溉稻，占水稻面积15%；浮稻和深水稻(水深超过0.5米)，占水稻面积5%；旱稻，占水稻面积3%。泰国水稻生产季节一般分为雨季(湿季)和旱季两个季节。雨季5~10月，旱季从11月到次年4月，属于跨年度种植。水稻播种时间，主要取决于雨水分布和灌溉条件。头季稻(雨季)中的低洼雨养稻田，一般在5~6月播种，有灌溉条件的稻田7~8月播种，因而收获期很长，有的地方品种甚至到12月才能收割。二季稻(旱季)一般在12月下旬开始播种，次年3~4月份收割。雨季大约有50%的稻农种植传统的高秆水稻品种，平均产量为每公顷2吨左右，旱季大部分灌溉稻采用高产的半矮秆改良品种，平均产量约每公顷3.7吨。

泰国水稻生产区域可以划分为四个地区：①北方稻区(平原区和北部低地区域)。该地区人多地少，平均每户种植水稻2公顷左右，区域稻田面积约220万公顷，占全国稻田面积比重约23%。该区域灌溉条件较好，水稻单产为全国最高(每公顷3450公斤)。②东北稻区(呵叻高原)。该地区平均每户种植水稻面积2.6公顷，稻田面积约480万公顷，占全国稻田面积约44%。该地区土地平整，土壤瘠薄，生产条件较差，水稻单产为全国最低(每公顷小于1500公斤)，该地区是泰国香米的主产区。③中央稻区(湄南河平原)，该地区土地平整，人少地多，平均每户种植水稻约3.2公顷，稻田面积约200万公顷，约占全国水稻面积26%，平均单产约每公顷2250公斤，是深水稻的集中产区。④南部稻区(马来半岛或南部山区)，该地区水稻面积50万公顷，平均每户种植水稻1.3公顷，稻田总面积占全国的7%左右，平均单产每公顷1875公斤，该地区以热带经济作物为主。

从全国来看，水稻经济具有特别重要性，在泰国，水稻生产可以解决许多问题，如食品、劳动力安置等。水稻生产占用一半以上的可耕土地和一半以上的劳动力。大米是大部分泰国居民的主食和营养来源之一，大米也是泰国的主要出口产品之一，因此，泰国十分重视水稻经济。20世纪60年代，泰国的水稻生产包括很多农作物小区产出少量的水稻(温饱型农业)，湄南河三角洲是水稻生产中心，农业在泰国国民生产中占很大比例，且大部分的泰国人也从事农业生产工作。泰国农业生产主要依赖两个方面，包括广阔的适耕土地和政府出台具体政策来保护耕地和农民的权利。政府帮助农民获得耕种的土地，也保护他们免遭贵族地主的侵犯。政府的姿态使得城市的商人无法控制泰国的水稻生产，但政府更多的是关注保护农民的个人利益而不是整个水稻产业，这就导致了泰国农业相对自给自足，一定程度上阻碍了农业的创新和平等均衡地发展。大部分农民拥有自己的土地，农民之间的劳动力交流也很普遍。水稻产量符合农民的生存需要。

由于后来欧洲在许多方面大力支持农业而出台农业支持政策(如价内税援助等)，泰国开始忽视保护农民的利益而更倾向于支持城市商人。政府开始关心增产和从水稻行业中获取更多的利润，于是便转向支持商人来缓解这方面的压力。从目前来看，泰国大米业面临着几大威胁。一是国际市场上的竞争。二是与其他经济行业的竞争，加大了生产成本，尤其是劳动力成本。三是生态条件的恶化。水稻生产必须考虑这些挑战。随着世界经济一体化和水稻生产在世界范围内竞争的加剧，泰国要保持竞争优势和曾经的利润显得日趋艰难；泰国的现代化也导致了劳动力成本的上升；水稻生产使用大量的土地对单产的提高也有着长期不利的影响。事实上，1953 年水稻生产税收已占泰国政府收入的 32%。政府对大米设定一个垄断的出口价格，从而提高了税收，同时也保持国内的低价格。整体效果就是农民的一部分收入转移给政府及城市的大米消费者。这些大米政策被称为"大米收益"，一直被沿用至 1985 年，政府在受到政治压力后政策有所改变。政府最终将保护农民利益的平等主义等一些水稻政策转变为促使水稻生产向现代化、商业化、利润最大化行业迈进的政策。

为了增加水稻生产，泰国政府出台了强有力的刺激政策，大多数情况下他们的计划都能获得成功。政府投资灌溉、基础设施及其他有关水稻生产的项目。世界银行也为泰国的水坝、运河、水渠和其他大湄公河区域的基础设施建设项目提供资金援助，这些政策使泰国的水稻种植面积在 20 世纪 50～80 年代有很大增长。泰国水稻增产主要是由于东北部产量增加。而东北部产量增加的原因包括：东北部与位于海岸线的运输港口城市之间的新道路系统建成；农民从生存劳动向相对高薪的劳动转移（劳动力交换也实质上消失）；拖拉机取代了牛在农场上工作；现代化的灌溉技术在大部分村庄应用。基于以上原因，东北部很快就赶上了传统的水稻生产基地——中部地区。绿色革命在世界农业领域逐渐兴起。农民和商人都得到了水稻新品种、优质品种、肥料等技术进步带来的好处。泰国目前已经形成了一个遍布全国的农业推广网络。泰国农业合作社部专门设立了农业技术推广司，并在各府、县都建有分支机构，目的在于向全国农村推广新技术。例如，农研所培育出稻谷新品种之后，首先在试验田里种植，然后组织稻农参观，并发给他们种子回去播种，这样新品种就可以迅速得到推广。泰国政府为了培养农业科技人员，扶植高科技农产品的开发和应用，每年都增加农村开发预算。在泰国，政府为了稳定农业科技推广人员队伍，鼓励他们深入农村去推广农业新技术，科技推广人员一般都被列入公务员行列，与城市里其他行业的同级公务员享受同等待遇，免除了他们各种后顾之忧。泰国政府还准备在原有科研推广网络的基础上，建立一个农业信息推广网，让农民能更快、更准确地了解农业生产资料和与农产品有关的供求信息，更合理地安排农业生产，及时地购买农业生产资料，安排好播种和销售等，从而增加农民收入。

8.2.2 水稻面积

水稻是泰国的国粮，其重要性不言而喻，泰国水稻种植面积和收获面积变化较大。1961～2010 年，印度水稻收获面积总体上有明显增长，按照 1961～1963 年三年平均计算，泰国水稻收获面积 638.7 万公顷，2008～2010 年增加到 1093.8 万公顷，年均增加 9.5 万公顷，年递增率 1.15%，增长趋势十分明显。但是，如图 8-6 所示，在长期增长变化过程中，虽然有年度间小幅波动，但在 1990 年以后又逐步增加，并达到历史新高。这种变化过程，可以用三次多项式方程来模拟，其解释程度达到 90.41%。泰国水稻收获面积长期变化情况与模拟结果详见图 8-6。

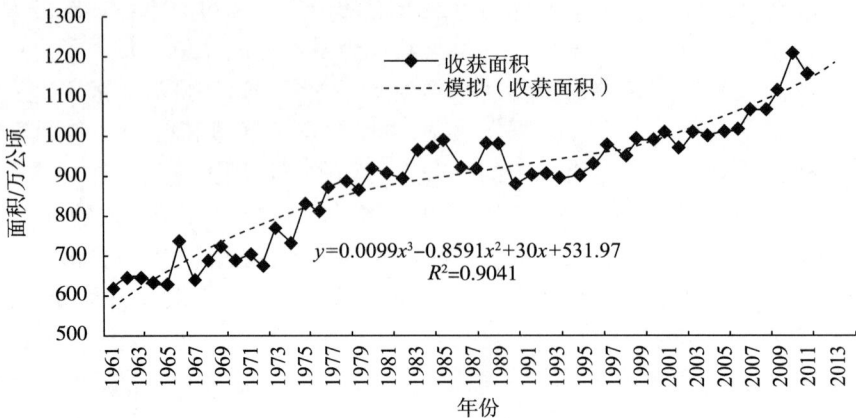

图 8-6　泰国水稻收获面积变化

$y=0.0099x^3-0.8591x^2+30x+531.97$
$R^2=0.9041$

8.2.3　水稻产量

泰国是世界上重要的水稻生产国家，水稻产量的变化，对泰国国内稻农，甚至整个世界大米市场都有重要影响。纵观泰国水稻产量变化，按照 1961～1963 年三年平均计算，水稻产量 1119 万吨，按照 2008～2010 年三年平均计算，水稻产量达到 3179 万吨，年均增加 43 万吨，年递增率 2.25％。泰国水稻产量长期变化情况与模拟结果详见图 8-7。

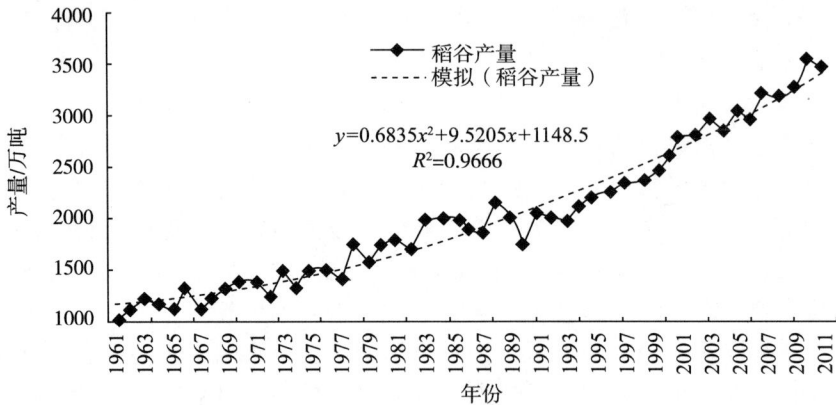

图 8-7　泰国水稻产量变化

$y=0.6835x^2+9.5205x+1148.5$
$R^2=0.9666$

过去 50 年，泰国水稻产量在波动中不断增长，平均 4 年左右一个波动过程，这个过程可以用多项式二次方程来描述，解释程度高达 96.4％。例如，按照"谷—谷"计算一个波动过程，最近一个波动期是从 2006 年 2964 万吨上升到 2009 年 3211 万吨。在下一个波动期中，水稻产量可能达到 3300 万吨以上。

8.2.4　单产变化

按照单位面积计算水稻产量，泰国水稻单产总体上经历了一个明显的上升过程，但波动更大。按照 1961～1963 年三年平均计算，水稻单产为 1750 公斤/公顷，按照 2008～2010 年三年平均计算，水稻单产为 2907 公斤/公顷，年均提高 24 公斤/公顷，年递增率只有 1.08%。泰国水稻单产长期变化情况与模拟结果详见图 8-8。

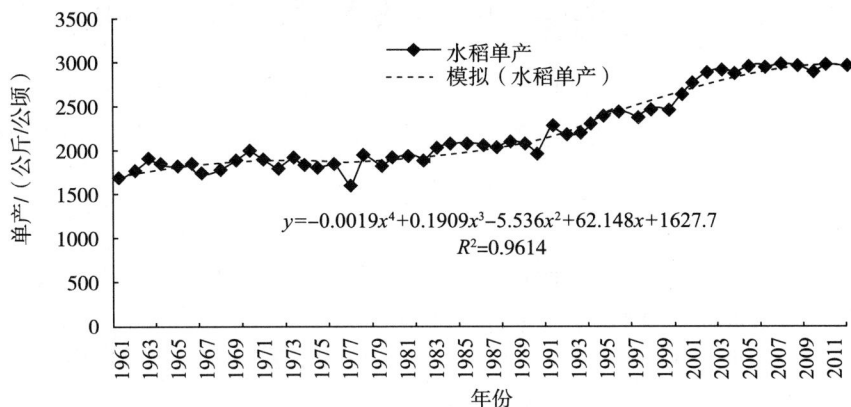

图 8-8 泰国水稻单产变化

长期来看，泰国水稻单产水平是在波动中不断提高，但总体水平仍然较低，上升速度不高，用四次多项式方程模拟，解释程度高达 96.14%，目前已经下降到一个较低的水平上，如 2010 年每公顷只有 2875 公斤，泰国水稻生产面临着如何稳定提高单产的严峻现实问题。

8.3 供 求 关 系

按照在一定时期内总供给量与总使用量相等的原则，考察泰国在特定时期内稻米（按大米计算）供求关系变化的长期情况。

8.3.1 供求平衡表

从供求平衡角度分析，供给方包括生产量、进口量和库存变化量三个部分，需求方包括国内使用量、出口量和损耗量三个部分。

大米供求量是大米总供给与总需求的均衡量，1961～1963 年三年平均 712.7 万吨，2007～2009 年三年平均 2187.2 万吨，长期年度平均 1297.6 万吨，年均递增率 2.47%。泰国大米供求平衡表详见表 8-1。

表 8-1 泰国大米供求平衡表

时间	总供求/万吨	供给/万吨			需求/万吨			比值	
		生产量	进口量	库存变化量	国内使用量	出口量	损耗量	产用比	出进比
1961 年	677.0	677.0	0	0.0	468.7	158.8	49.5	1.44	—
2009 年	2177.1	2142.1	9.7221	25.3	1096.8	880.6	199.7	1.95	90.6
初期平均	712.7	746.4	0.0	−33.7	514.7	143.3	54.7	1.45	—
末期平均	2187.1	2131.4	5.1	50.5	1033.8	951.7	201.5	2.06	186.4
年均增量	1297.6	1297.2	0.4	0.0	752.4	435.5	109.8	1.69	18539.4
递增率/%	2.47	2.31	—	—	1.53	4.20	2.87	1.51	

注："初期平均"指本表所列年份最初三年度平均值，"末期平均"指本表所列年份最后三年度平均值
资料来源：根据 FAO 数据库历年数据整理并计算

从供求平衡关系角度看，大米生产量与国内使用量的"产用比"表明，泰国总体上以生产量大于使用量为主，而且产用比已由初期的 1.45 提高到 2.06，表明泰国大米生产量与使用量的比有大幅度提升。

从国内和国际供求关系看，大米出口量与进口量的"出进比"表明，泰国在 1973 年以前不进口大米，此后虽有少量进口，但由于有更多出口，因此在进口指标在泰国显得无足轻重，泰国一直是纯粹的出口大国，其大米出口大国的地位不会动摇。

8.3.2 供给变化

大米的供给，对水稻生产国家来说，主要来自于生产量。泰国大米生产量一直是供给的绝对主体，按照 1961～1963 年三年平均计算，泰国大米生产量占供给量的比重为 104.7%，2007～2009 年下降到 97.5%，主要是进口的适当增加使比重发生了变化。泰国大米供给量与结构的长期变化情况详见表 8-2。

表 8-2　泰国大米供给量与结构变化

时间	数量/万吨				结构/%		
	总供给	生产量	进口量	库存变化量	生产量	进口量	库存变化量
1961 年	677.0	677.0	0	0.0	100.0	0	0.0
2009 年	2177.1	2142.1	9.72	25.3	98.4	0.45	1.2
初期平均	712.7	746.4	0.0	−33.7	104.7	0	—
末期平均	2187.1	2131.4	5.1	50.5	97.5	0.24	989.6
年均增量	32.1	30.1	0.1	1.8	100.26	0.02	−0.28
递增率/%	2.47	2.31	—	—	−0.16	—	—

注："初期平均"指本表所列年份最初三年年度平均值，"末期平均"指本表所列年份最后三年年度平均值

资料来源：根据 FAO 数据库历年数据整理并计算

在供给量中，泰国大米进口量是调剂国内需求和解决供给问题的必要补充，随着水稻生产能力的不断提升，泰国逐步增加了大米进口量。在 1975 年以前，没有进口量，此后逐步增加少量进口，2009 年大米进口量 9.7 万吨，占供给量的 0.24%。

在供给量中，库存变化量是一种调剂。泰国大米库存量比重不高，但在年度间的变化却比较大。总体上看，泰国大米库存量，在充实库存与减少库存之间变化，占供给量的比重，最高是 1977 年 16.4%，最低是 1973 年 −11.3%，近年来比较突出的情况是 2004 年增加库存量 205 万吨，2005 年减少库存量 101 万吨。

8.3.3 需求变化

需求量的变化，主要是由国内使用量、出口量及损耗量，关键是国内功能性使用所决定的，国内使用量自然是泰国这一水稻生产大国的主体。

泰国大米国内使用量很小，占需求量的比重，已由 1961～1963 年三年平均的 72.2% 下降到 2007～2009 年三年平均的 47.3%，在其他条件不变的情况下，说明国内使用量的相对重要性明显下降。泰国大米需求量与结构的长期变化情况详见表 8-3。

表 8-3 泰国大米需求量与结构变化

时间	数量/万吨				结构/%			损耗率/%	
	总需求	国内使用量	出口量	损耗量	国内使用量	出口量	损耗量	耗产率	耗用率
1961年	677.0	468.7	158.8	49.5	69.2	23.5	7.3	7.3	10.6
2009年	2177.1	1096.8	880.6	199.7	50.4	40.4	9.2	9.3	18.2
初期平均	712.7	514.7	143.3	54.7	72.2	20.1	7.7	7.3	10.6
末期平均	2187.1	1033.8	951.7	201.5	47.3	43.5	9.2	9.5	19.5
年均增量	1297.6	752.4	435.5	109.8	61.4	30.4	8.2	8.2	14.1
递增率/%	2.47	1.53	4.20	2.87	-0.92	1.69	0.40	0.55	1.33

注："初期平均"指本表所列年份最初三年年度平均值，"末期平均"指本表所列年份最后三年年度平均值

资料来源：根据FAO数据库历年数据整理并计算

在需求量中，泰国大米为满足国际需求的出口量是十分重要的。泰国大米出口量已经显示出强劲的增长趋势。平均来看，已由1961～1963年三年平均143.3万吨上升到2007～2009年三年平均951.7万吨，占需求量的比重已由20.11%上升到43.52%，出口量的年递增率高达4.20%。尤其是2004年和2008年的出口量均超过1000万吨，在国际市场具有统治地位。

在需求量中，泰国大米使用过程中的损耗量也不小。泰国大米损耗量由1961～1963年三年平均54.7万吨增加到2007～2009年三年平均201.5万吨，其占需求量的比重，由7.7%上升到9.2%，年度平均为8.2%；损耗量占生产量的比重由7.3%上升到9.5%，年度平均为8.2%；损耗量占国内使用量的比重，由10.6%上升到19.5%，年度平均为14.1%。

8.4 大米食用

从水稻生产的目的性和需求的功能性来看，发展水稻生产旨在满足国内日益增长的食用需求，在于为人们提供生存与发展所需要的能量和营养。

8.4.1 食用量比较

1961～2009年，按照1961～1963年和2007～2009年三年平均计算，泰国大米食用量由427.6万吨增加到888.9万吨，年均增加9.1万吨，表现为总体上不断增长的过程。1961～2009年泰国谷物食用量长期变化情况详见表8-4。

表 8-4 泰国谷物食用量变化比较

时间	人口/万人	食用量/万吨					人均食用量/(公斤/人)				
		大米	小麦	玉米	其他谷物	占比	大米	小麦	玉米	其他谷物	占比
1961年	2815.0	387.1	2.3	0.1	389.6	99.4	137.5	0.8	0.0	138.4	99.4
2009年	6870.6	914.1	113.6	27.9	1055.6	86.6	133.0	16.5	4.1	153.6	86.6
初期平均	2902.7	427.6	2.6	0.1	430.3	99.4	147.1	0.9	0.0	148.1	99.4
末期平均	6825.7	855.9	95.7	31.4	983.0	87.1	125.4	14.0	4.6	144.0	87.1

时间	人口/万人	食用量/万吨					人均食用量/（公斤/人）				
		大米	小麦	玉米	谷物	占比	大米	小麦	玉米	谷物	占比
年均增量	83.5	9.1	2.0	0.7	11.8	−0.3	−0.5	0.3	0.1	−0.1	−0.3
递增率/%	1.88	1.52	8.18	14.32	1.81	−0.29	−0.35	6.20	12.21	−0.06	−0.29

注："初期平均"指本表所列年份最初三年年度平均值，"末期平均"指本表所列年份最后三年年度平均值

资料来源：根据FAO数据库历年数据整理并计算

剔除人口增加的影响，计算大米人均食用量，泰国大米人均食用量处在高位下降后波动和恢复性上升阶段，就平均来看，由初期平均147.1公斤下降到末期平均125.4公斤，在20世纪90年代初期下降到谷底后开始上升。与大米人均食用量的变化相比，小麦和玉米的人均食用量都很低，分别为15公斤和5公斤左右，但近年来增长趋势都比较明显，泰国总体上不存在其他谷物消费。泰国大米、小麦、玉米和其他谷物人均食用量长期变化情况详见图8-9。

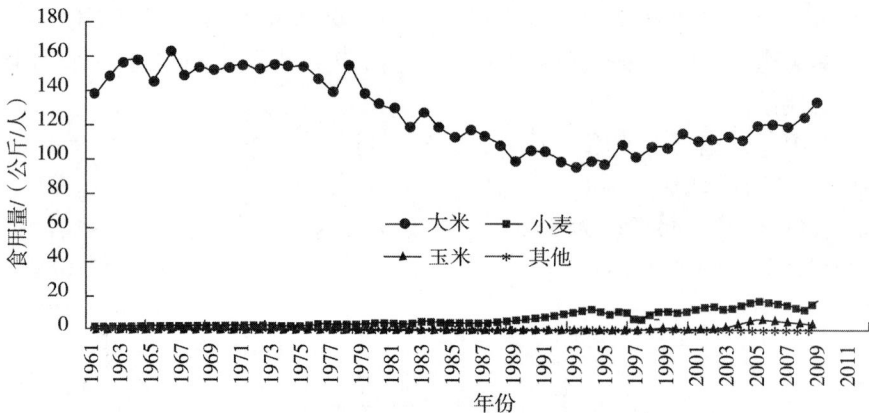

图 8-9 泰国四类谷物人均食用量变化比较

8.4.2 米食营养

就泰国全国平均而言，国民通过食物获取的营养量，总体上相对较高，增长速度较快。在食物营养中，主要是植物性食物提供的能量和营养。食用大米获取营养量，对泰国国民来说，是生活中十分重要的事情。如表8-5所示，按照1961～1963年三年平均计算，每人每日通过食物获得热量2000千卡，按照2007～2009年三年平均计算，每人每日通过食物获得热量2853千卡，年均增加18千卡，年递增率0.78%。泰国每人每日食物营养量的长期变化情况详见表8-5。

表 8-5 泰国每人每日食物营养量年度变化

时间	总营养量（A）		植物性食物营养量(B)		大米营养量		大米热量占比/%		大米蛋白质占比/%	
	热量/千卡	蛋白质/克	热量/千卡	蛋白质/克	热量/千卡	蛋白质/克	（A）	（B）	（A）	（B）
1961年	1899	41.4	1733	30.0	1368	24.0	72.0	78.9	58.0	80.0
2009年	2862	62.8	2547	38.3	1323	23.2	46.2	51.9	36.9	60.6

续表

时间	总营养量（A）		植物性食物营养量（B）		大米营养量		大米热量占比/%		大米蛋白质占比/%	
	热量/千卡	蛋白质/克	热量/千卡	蛋白质/克	热量/千卡	蛋白质/克	(A)	(B)	(A)	(B)
初期平均	2000	44.4	1829	32.4	1463.0	25.7	73.1	79.9	57.9	79.4
末期平均	2853	61.8	2523	36.8	1246.0	21.8	43.7	49.4	35.3	59.3
年均增量	18.16	0.37	14.77	0.09	−4.62	−0.08	−0.63	−0.65	−0.48	−0.43
递增率/%	0.78	0.72	0.70	0.28	−0.35	−0.35	−1.11	−1.04	−1.07	−0.63

注："初期平均"指本表所列年份最初三年年度平均值，"末期平均"指本表所列年份最后三年年度平均值

资料来源：根据FAO数据库历年数据整理并计算

　　泰国人以食用植物性食物为主，大米占有重要位置，为泰国人民提供了重要的食物保障，从营养角度来看也是如此。按照1961～1963年三年平均计算，泰国人食用大米获得的热量为1463千卡，按照2007～2009年三年平均计算，大米热量下降到1246千卡，年均下降4.62千卡，年递增率−0.35%。同期，大米还提供了25.7克和21.8克的蛋白质，以及3.20克和2.83克的植物性脂质。据此计算，大米为泰国人提供的热量所占的比重由73.1%下降到43.7%，占植物性食物热量的比重由79.9%下降到49.4%。大米为泰国人提供的蛋白质占蛋白质总量的比重由57.9%下降到35.3%，大米为泰国人提供的蛋白质占植物性食物蛋白质的比重由79.4%下降到59.3%。由此可见，在大米食用量下降的今天，泰国大米营养供给仍然具有重要地位。泰国每人每日大米营养量长期变化情况详见图8-10。

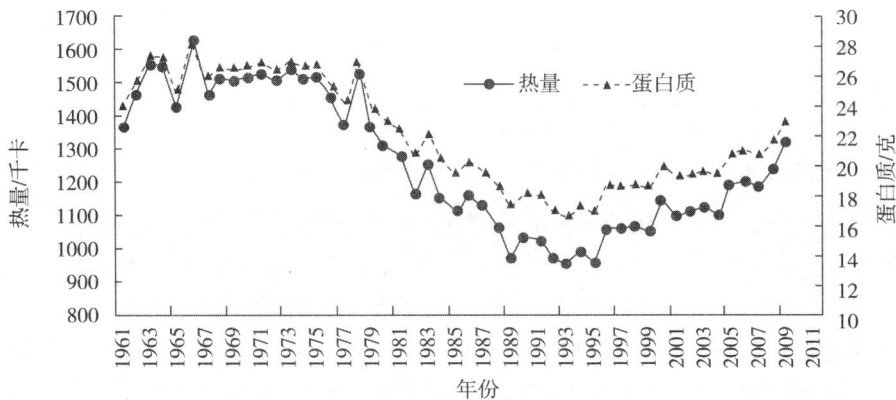

图8-10　泰国每人每日大米营养量年度变化

8.5　市　场　贸　易

　　大米市场分为国内市场与国际市场。在国内市场上，通过价格变化来反映国内大米市场变化走势。在国际市场上，主要通过价格和贸易量的变化来反映该国大米在国际大米市场上的地位及其变化情况。

8.5.1　国内大米价格

　　(1)泰国曼谷5%碎率大米批发价格变化。根据监测数据，得到泰国曼谷自2004年以

来的 5% 碎率大米批发价格的月度变化数据。2012 年 11 月，曼谷 5% 碎率大米批发价格每吨 535.7 美元，比 2011 年同期 562.1 美元下降了 26.4 美元，下降 4.69%。2012 年全年（1~11 月）大米批发价格平均每吨 529.5 美元，比 2011 年全年 494.0 美元上涨了 35.5 美元，上涨 7.2%。2004~2012 年批发价格的月度变化情况，详见表 8-6。

表 8-6　泰国曼谷 5% 碎率大米批发价格月度变化

时间	2012 年	2011 年	2010 年	2009 年	2008 年	2007 年	2006 年	2005 年	2004 年
1 月	489.0	468.4	517.5	519.2	351.1	292.2	276.9	271.1	199.0
2 月	494.1	479.7	483.0	518.0	419.0	294.2	284.2	274.3	210.7
3 月	500.9	440.8	446.0	506.3	540.0	296.4	287.2	276.3	221.6
4 月	517.9	434.2	400.8	467.8	800.4	293.8	287.3	269.8	223.6
5 月	566.1	431.9	396.3	481.5	753.8	297.9	291.0	278.2	214.9
6 月	569.0	465.8	410.0	508.9	635.2	307.4	294.2	269.7	214.8
7 月	537.1	492.0	388.7	514.2	625.6	308.8	297.1	261.0	217.4
8 月	539.2	516.5	408.9	478.7	596.8	303.7	294.6	268.6	223.1
9 月	539.5	548.1	427.7	472.2	627.5	300.1	291.2	270.0	218.7
10 月	535.6	556.0	435.0	448.3	529.0	308.0	281.4	270.5	226.9
11 月	535.7	562.1	474.7	487.1	488.2	323.9	277.6	263.0	243.3
12 月	—	532.5	486.7	534.5	480.7	325.7	285.5	265.1	261.6
全年	529.5	494.0	439.6	494.7	570.6	304.3	287.0	269.8	223.0
11 月增量	−26.4	87.5	−12.4	−1.1	164.3	46.4	14.6	19.7	—
11 月增率/%	−4.7	18.4	−2.6	−0.2	50.7	16.7	5.6	8.1	—
全年增量	35.5	54.4	−55.1	−75.9	266.3	17.0	17.6	46.8	—
全年增率/%	7.2	12.4	−11.1	−13.3	87.5	5.9	6.5	21.0	—

注：本表中"11 月增率"与"全年增率"之外的项目单位为"美元/吨"

资料来源：根据国家水稻产业经济研究室数据库有关数据整理计算

（2）泰国曼谷 25% 碎率大米批发价格变化。根据监测数据，对泰国曼谷 25% 碎率大米批经价格进行分析，2012 年 11 月份，曼谷 25% 碎率大米批发价格每吨 523.9 美元，同比 2011 年 11 月 541.1 美元，下降了 17.2 美元，下降 3.2%。2012 年全年（1~11 月），批发价格平均每吨 517.7 美元，比 2011 年全年 467.3 美元上涨了 50.4 美元，上涨 10.8%。2004~2012 年泰国曼谷 25% 碎率大米批发价格月度变化情况详见表 8-7。

表 8-7　泰国曼谷 25% 碎率大米批发价格月度变化

时间	2012 年	2011 年	2010 年	2009 年	2008 年	2007 年	2006 年	2005 年	2004 年
1 月	479.5	434.8	471.3	439.6	345.9	277.7	255.4	254.3	187.9
2 月	484.3	447.8	441.4	444.2	414.4	279.5	262.6	258.4	190.7
3 月	488.2	416.7	408.2	429.9	535.1	279.6	265.3	258.6	214.3
4 月	504.4	409.6	366.5	404.7	795.7	281.1	265.2	260.8	216.6
5 月	554.6	408.7	362.0	410.3	747.5	283.1	261.4	257.0	209.6
6 月	556.3	437.7	359.5	431.4	622.1	284.3	259.1	248.9	209.6
7 月	526.2	462.4	361.4	437.1	606.1	290.8	261.5	240.6	212.0

续表

时间	2012 年	2011 年	2010 年	2009 年	2008 年	2007 年	2006 年	2005 年	2004 年
8 月	524.4	487.4	383.6	405.4	544.3	287.3	261.4	247.9	217.1
9 月	527.0	518.0	409.0	401.7	553.8	286.7	262.3	249.3	211.2
10 月	526.3	520.8	419.3	383.7	462.1	292.5	259.9	250.5	211.7
11 月	523.9	541.1	443.4	424.5	416.8	312.5	263.1	242.3	224.2
12 月	—	522.9	449.4	473.8	402.5	327.4	271.3	244.4	246.3
全年	517.7	467.3	406.2	423.8	537.2	290.2	262.4	251.1	212.6
11 月增量	−17.2	97.8	18.9	7.7	104.3	49.5	20.8	18.1	—
11 月增率/%	−3.2	22.1	4.4	1.8	33.4	18.8	8.6	8.1	—
全年增量	50.4	61.1	−17.6	−113.3	247.0	27.8	11.3	38.5	—
全年增率/%	10.8	15.0	−4.2	−21.1	85.1	10.6	4.5	18.1	—

注：本表中"11 月增率"与"全年增率"之外的项目单位为"美元/吨"

资料来源：根据国家水稻产业经济研究室数据库有关数据整理计算

8.5.2　大米国际贸易

泰国是世界最重要的大米出口国家，泰国大米出口量及出口价格，对世界大米市场的走势发挥基础性、标杆性作用。

在国际大米市场，泰国大米国际贸易的重要地位不言而喻。按照 1986～2010 年平均计算，每年出口大米 563 万吨，进口仅 0.4 万吨。在 1995 年以前，每年出口逐步上升到 500 万吨以上，1995 年以后，逐年开始进口少量大米。泰国大米进出口贸易长期变化情况详见表 8-8。

表 8-8　泰国大米进出口贸易变化

年份	出口			进口		
	数量/万吨	金额/万美元	价格/(美元/吨)	数量/万吨	金额/万美元	价格/(美元/吨)
1986	341.5	64 211.1	188.0	—	—	—
1987	394.3	80 954.6	205.3	—	—	—
1988	467.5	122 858.7	262.8	—	—	—
1989	591.7	167 390.0	282.9	—	—	—
1990	355.8	99 866.3	280.7	—	—	—
1991	358.1	104 860.0	292.9	—	—	—
1992	468.1	132 250.3	282.5	—	—	—
1993	433.8	117 975.7	271.9	—	—	—
1994	426.7	142 830.5	334.7	—	—	—
1995	553.3	178 382.2	322.4	0.0067	5.1	761.2
1996	473.8	180 242.6	380.4	0.0126	8.8	698.4
1997	471.3	192 051.6	407.5	0.0319	24.9	780.6
1998	574.1	190 081.6	331.1	0.0829	55.1	664.7
1999	575.7	170 129.9	295.5	0.1234	67.6	547.8
2000	528.2	147 541.7	279.3	0.0524	23.2	442.7

续表

年份	出口			进口		
	数量/万吨	金额/万美元	价格/（美元/吨）	数量/万吨	金额/万美元	价格/（美元/吨）
2001	638.3	136 840.3	214.4	0.0223	11.6	520.2
2002	600.4	140 053.5	233.3	0.0869	37.4	430.4
2003	699.8	157 076.4	224.5	0.7856	220.5	280.7
2004	861.7	236 814.9	274.8	0.0805	44.8	556.5
2005	604.4	196 084.7	324.5	0.1520	67.2	442.1
2006	599.6	220 290.6	367.4	0.1445	87.5	605.5
2007	740.8	291 328.7	393.2	0.2776	178.1	641.6
2008	867.2	535 954.0	618.0	1.3030	1011.3	776.1
2009	690.2	432 171.1	626.1	2.0329	1846.7	908.4
2010	759.0	468 649.3	617.5	0.4950	540.6	1092.1
年数/个	25	25	25	16	16	16
年均	563.0	196 275.6	348.6	0.4	264.4	743.5

资料来源：根据 FAO 数据库历年数据整理并计算

长期来看，1961～2010 年，泰国大米国际贸易量变化如图 8-11 所示，泰国大米大量出口，年度波动性较大，尤其是出口量波动性较大。泰国大米国际贸易量长期变化情况详见图 8-11。

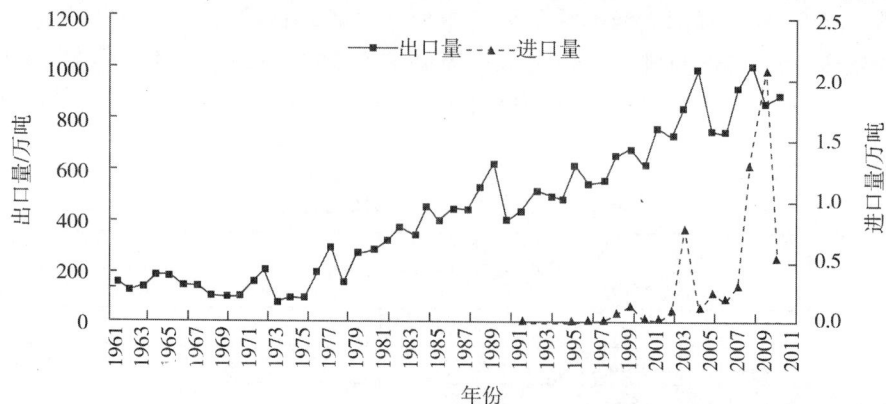

图 8-11 泰国大米国际贸易量长期变化图

8.5.3 进口来源

1986～2010 年，泰国总共从 22 个国家和地区进口大米，按照 25 年平均计算，第 1 位是泰国自身，占 32.51%；第 2 位是缅甸，占 16.02%；第三位是澳大利亚，占 15.90%；第 4 位是中国内地，占 13.46%；第 5 位是印度，占 8.07%。按照长期年度平均，泰国进口大米的国家和地区的分布情况详见表 8-9。

表 8-9 泰国长期进口大米的国家和地区

位次与国家和地区		1986～2010 年平均/吨	占比/%	累比/%
1	泰国	740	32.51	32.51
2	缅甸	365	16.02	48.53

位次与国家和地区		1986～2010 年平均/吨	占比/%	累比/%
3	澳大利亚	362	15.90	64.43
4	中国内地	306	13.46	77.89
5	印度	184	8.07	85.96
6	美国	129	5.65	91.62
7	巴基斯坦	78	3.42	95.04
8	意大利	29	1.26	96.30
9	埃及	26	1.12	97.42
10	老挝	14	0.63	98.05
11	不确定国家	10	0.46	98.51
12	日本	8.20	0.36	98.87
13	新加坡	6.88	0.30	99.17
14	柬埔寨	5.64	0.25	99.42
15	中国香港	4.80	0.21	99.63
16	挪威	3.32	0.15	99.78
17	荷兰	1.72	0.08	99.86
18	英国	1.20	0.05	99.91
19	毛里求斯	1.00	0.04	99.95
20	韩国	0.48	0.02	99.97

资料来源：根据 FAO 数据库历年数据整理并计算

从 2008～2010 年近三年泰国进口大米的情况来看，按照三年平均计算，泰国总共从 18 个国家和地区进口大米 12 770 吨，第 1 位仍然是泰国自身，占 41.84%；第 2 位缅甸，占 23.75%；第 3 位澳大利亚，占 17.01%，第 4 位印度，占 9.49%。另外还从巴基斯坦、意大利、中国和美国少量进口大米。按照近期年度平均，泰国进口大米的国家和地区的分布情况详见表 8-10。

表 8-10 泰国近期进口大米的国家和地区

位次与国家和地区		2008～2010 年平均/吨	占比/%	累比/%
1	泰国	5343	41.84	41.84
2	缅甸	3033	23.75	65.59
3	澳大利亚	2172	17.01	82.60
4	印度	1212	9.49	92.09
5	巴基斯坦	399	3.12	95.21
6	意大利	208	1.63	96.84
7	中国内地	112	0.87	97.72
8	美国	97	0.76	98.47
9	新加坡	50	0.39	98.87
10	柬埔寨	47	0.37	99.23
11	中国香港	35	0.27	99.51
12	挪威	28	0.22	99.72

位次与国家和地区		2008～2010 年平均/吨	占比/%	累比/%
13	日本	17	0.13	99.86
14	毛里求斯	8.33	0.07	99.92
15	韩国	4.00	0.03	99.95
16	老挝	3.67	0.03	99.98
17	丹麦	1.67	0.01	99.99
18	英国	0.33	0.00	100.00

资料来源：根据 FAO 数据库历年数据整理并计算

8.5.4　出口去向

与泰国进口大米的国家分析相比，泰国大米出口的国家分布十分分散。1986～2010 年的 25 年年间，泰国共向 217 个国家和地区出口大米，年均出口 563 万吨，每年平均向每个国家出口大米 25 945 吨。表 8-11 为泰国出口大米的前 20 位国家和地区的分布情况。

表 8-11　泰国长期出口大米的国家和地区

位次与国家和地区		1986～2010 年平均/吨	占比/%	累比/%
1	尼日利亚	441 966	7.85	7.85
2	中国内地	381 031	6.77	14.62
3	伊朗	375 812	6.68	21.29
4	印度尼西亚	321 436	5.71	27.00
5	马来西亚	309 252	5.49	32.49
6	南非共和国	305 006	5.42	37.91
7	贝宁	263 288	4.68	42.59
8	中国香港	249 949	4.44	47.03
9	美国	248 536	4.41	51.44
10	新加坡	233 668	4.15	55.59
11	伊拉克	210 251	3.73	59.33
12	阿联酋	159 532	2.83	62.16
13	菲律宾	157 363	2.80	64.96
14	沙特阿拉伯	106 957	1.90	66.86
15	科特迪瓦	103 585	1.84	68.70
16	日本	103 178	1.83	70.53
17	莫桑比克	92 335	1.64	72.17
18	也门	83 098	1.48	73.64
19	喀麦隆	72 222	1.28	74.93
20	加纳	60 513	1.07	76.00

资料来源：根据 FAO 数据库历年数据整理并计算

按照 2008～2010 年三年平均计算，泰国向 173 个国家和地区出口大米，年均出口大米 772 万吨，每个国家平均出口 44633 吨。按照近三年平均出口量计算，第 1 位尼日利亚 98 万吨，占 12.74%；第 2 位南非共和国 62 万吨，占 8.14%；第 3 位贝宁 60 万吨，占

7.86%；第 4 位伊拉克 43 万吨，占 5.68%；第 5 位菲律宾 41 万吨，占 5.41%。从近年出口的国家来看，年出口量在 10 万吨以上的国家有 19 个，占了出口总量的 77.86%。泰国出口大米的前 20 位国家和地区的分布情况详见表 8-12。

表 8-12　泰国近期出口大米的国家和地区

位次与国家和地区		2008～2010 年平均/吨	占比/%	累比/%
1	尼日利亚	983 544	12.74	12.74
2	南非共和国	628 208	8.14	20.87
3	贝宁	606 941	7.86	28.73
4	伊拉克	438 852	5.68	34.42
5	菲律宾	417 869	5.41	39.83
6	美国	385 973	5.00	44.83
7	科特迪瓦	346 498	4.49	49.32
8	中国内地	287 962	3.73	53.04
9	马来西亚	286 192	3.71	56.75
10	中国香港	252 227	3.27	60.02
11	日本	205 512	2.66	62.68
12	新加坡	183 086	2.37	65.05
13	喀麦隆	175 141	2.27	67.32
14	阿联酋	160 316	2.08	69.40
15	沙特阿拉伯	158 489	2.05	71.45
16	莫桑比克	147 416	1.91	73.36
17	加纳	129 341	1.68	75.03
18	也门	115 253	1.49	76.52
19	澳大利亚	102 892	1.33	77.86
20	多哥	94 342	1.22	79.08

资料来源：根据 FAO 数据库历年数据整理并计算

8.6　展　望

泰国是世界上重要的水稻生产国家，基于国内水稻经济在农业农村中的重要程度，预计泰国水稻生产仍将保持继续增长态势。近年来，泰国水稻生产面临技术更新和成本上升压力，促使稻米产业现代化将更为迫切。

作为世界上重要的大米消费国家，大米在提供国民营养、解决贫困人口主食供应等方面都具有重要价值。大米人均食用量开始减少，但是泰国大米食用量仍将继续缓慢增长，大米作为主食消费仍然十分重要。

与其他国家相比，泰国国内大米价格总体上与国民收入水平相适应，与出口大米相比，国内市场大米价格并不是很高，国内大米流动秩序稳定有序，预计国内大米市场仍将保持正常。

在国际大米市场上，一些后发国家在经济利益激励和国内水稻产量进一步提高的双重作用下，与泰国大米形成竞争态势。即使如此，估计泰国大米仍将稳定出口，这对维持世界大米市场和国际秩序具有特别重要的意义。

第 9 章

印度尼西亚稻米产业发展

印度尼西亚，即印度尼西亚共和国(Republic of Indonesia)。印度尼西亚国土总面积 190.44 万平方千米，总人口 2.37 亿人(2011 年)。国土面积列世界第 15 位，人口列世界第 4 位。印度尼西亚是一个传统农业国家，是发展中大国，水稻生产和大米国际贸易十分重要，其稻米发展对全球稻米产业具有重要影响。

9.1 产业背景

印度尼西亚稻米产业发展，由自然资源条件、人口状况与经济水平三大要素决定。

9.1.1 自然资源条件

印度尼西亚位于亚洲东南部，地跨赤道。与巴布亚新几内亚、东帝汶、马来西亚接壤；与泰国、新加坡、菲律宾、澳大利亚等国隔海相望，是世界上最大的群岛国家，由太平洋和印度洋之间 17 504 个大小岛屿组成，其中约 6000 个岛屿有人居住。海岸线长 54 716 千米。印度尼西亚属于热带雨林气候，年均气温 25～27℃。

印度尼西亚全国共有一级行政区(省级)33 个，包括首都雅加达，日惹、亚齐 3 个地方特区，以及 30 个省。二级行政区(县、市级)共 497 个。但 80% 的人口居住在爪哇岛和苏门答腊 2 个岛上。各岛以山地和高原为主，仅沿海有平原。

印度尼西亚是东盟最大的经济体。农业、工业、服务业均在国民经济中发挥重要作用。1950～1965 年 GDP 年均增长仅 2%。20 世纪 60 年代后期调整经济结构，经济开始提速，1970～1996 年 GDP 年均增长 6%，跻身中等收入国家。1997 年受亚洲金融危机重创，经济严重衰退，货币大幅贬值。1999 年年底开始缓慢复苏，GDP 年均增长 3%～4%。2003 年年底按计划结束国际货币基金组织的经济监管。苏希洛总统 2004 年执政后，积极采取措施吸引外资、发展基础设施建设、整顿金融体系、扶持中小企业发展，取得积极成效，经济增长一直保持在 5% 以上。2008 年以来，面对国际金融危机，印度尼西亚政府应对得当，经济仍保持较快增长。2011 年，印度尼西亚 GDP7427 万亿盾，约 8468 亿美元，居世界第 16 位。国家进出口总额 3809 亿美元，贸易顺差 260.61 亿美元。外汇储备 1101 亿美元，外债 970 亿美元，1 美元约兑换 9100 印度尼西亚盾(2011 年年底)。

印度尼西亚属热带海洋性气候，具有高温、多雨、风小、潮湿等特点。年平均气温 25～27℃，终年温差很小，无寒暑季节变化。每年分旱、雨两季，爪哇的雨季为当年 11

月至次年 4 月，旱季为 5～10 月。年平均降水量 2000 毫米以上，全年都适宜作物生长。1993 年全国农业用地面积为 3098.7 万公顷，占国土的 17％，与 1975 年的 1951.6 万公顷相比，增加了 1147 万公顷。农用地中，耕地 1890 万公顷，多年生作物土地 1208 万公顷，分别比 1975 年增加 32％和 131％。农田灌溉面积 459.7 万公顷，约占耕地面积的 1/4。近 20 年来耕地增加的同时，森林面积正在减少。森林和林地面积 1.12 亿公顷，占总面积 62％，但已比 1975 年减少了 1000 万公顷，这种趋势已引起各方面的关注。印度尼西亚矿产资源丰富，是东南亚石油储量最多的国家，是"欧佩克"的成员国。

　　印度尼西亚农业发展的最主要特点是比较成功地改造了殖民地农业，实现了粮食自给。16 世纪末，荷兰殖民者入侵，并于 1800 年成立殖民政府，实行"强迫种植制度"，迫使农民用最好的土地种植殖民政府指定的农作物，当时主要是咖啡、甘蔗、茶、胡椒等，并规定这类作物的种植面积至少占耕地总面积的 1/5 以上，实际上远高于此数。印度尼西亚成了向欧洲国家提供热带经济作物产品的基地。1870 年，荷兰实行新殖民政策，废除上述制度，为外国资本到印度尼西亚经营大种植园提供方便条件，贫穷的农民为种植园提供了廉价劳动力，使外资经营的种植园不断扩展。殖民地经济结构破坏了原先自给自足的自然经济，严重影响粮食生产，国家经济依附于世界市场。

　　1945 年独立时，印度尼西亚经济基础薄弱，结构不合理，生产技术落后，农业发展缓慢。20 世纪 60 年代末以来，政府采取引进国外资本和技术、鼓励国内外私人资本投资、积极开发自然资源和扩大对外贸易等措施，经济得以迅速发展，也促使农业较快发展。在其"一五"计划时期，建设重点是农业、林业和水利；"二五"时期重视民间种植园发展，曾制定种植园十年规划；"三五"时期，一方面大力发展水稻生产，一方面积极发展畜牧业，主要是养鸡业，从而使畜牧业的年均增长率由"一五"时期的 1.63％增加到 5.5％；同时，民间种植园的年均增长率由"一五"时期的 0.52％提高到 4.5％；此后印度尼西亚进一步扩大稻米自给率，同时力求农林牧渔业全面发展。如今，印度尼西亚农业已取得明显进展，食品已由过去严重匮乏变为自给有余。谷物自给率在 90％以上。从前主粮大米大量依靠进口，自 20 世纪 80 年代中期起已完全自给；由于气候不宜种植小麦，面粉尚依赖进口。蔬菜和水果均有出口；热带经济作物产品继续大量出口，换取外汇。畜产品消费量近年增加很快，如国内肉类消费量从 1969 年的 31.1 万吨上升到 1994 年的 148.3 万吨，增加近 4 倍；蛋从 2.6 万吨增至 50.9 万吨，增加 19 倍；奶从 17.7 万吨增至 89.5 万吨，增加 5 倍。由于畜禽生产从 80 年代起迅猛发展，已从过去严重供不应求而做到基本满足要求。1994 年，人均谷物消费量 225 公斤，肉类 9 公斤，水产品从 1989 年的 15.5 公斤增加到 18.5 公斤。每人摄入热量 2561 千卡，蛋白质摄入量为 56 克。

　　爪哇岛集中了印度尼西亚 60％的稻田，成为国家的粮仓，其他农作物均有种植，畜禽业发达。南部巴厘地区地势平坦，也盛产水稻。苏门答腊岛为热带经济作物的主要产区，稻田面积也较大。在种植业中，粮食作物已占据主体地位。谷物产值 1991 年为 103.8 亿美元，占农业总产值的 46％。近 20 年来，谷物产量持续增长，从 1970 年的 2215.6 万吨增至 1992 年的 5623.5 万吨，为历史最高水平。稻米占谷物的绝大部分，1994 年收获面积 1064.6 万公顷，约占印度尼西亚耕地总面积的 1/3，占粮食面积的 78％。稻谷产量持续增长，从 1970 年 1933.1 万吨增加到 1994 年的 4624.5 万吨。水稻的主产区是爪哇岛，其他岛屿以旱稻为主。小麦不适宜在印度尼西亚种植。玉米生产近年发展很快，其产量从 1970 年的 282.5 万吨上升到 1994 年的 661.7 万吨；近 20 多年来，面积多保持在 300 万公顷左右。

印度尼西亚是传统的大米消费大国，也是传统的水稻种植大国，水稻年种植面积约 1300 万公顷。然而，印度尼西亚水稻亩产一直徘徊在 350～400 公斤，至今仍未实现大米完全自给。2005 年以来，除传统的普通水稻外，印度尼西亚政府也逐渐放开了杂交水稻市场，进入了谨慎开发的阶段。为应对杂交水稻种子成本较高，农民资金有限的现实情况，自 2007 年开始，印度尼西亚政府采取"政府全额买单、农民报名领取"的杂交水稻种子推广政策。目前，印度尼西亚政府已审定 80 多个杂交水稻品种，其中 60 多个来自中国。在印度尼西亚政府发放的杂交水稻种子中，90％以上采购自中国。截至 2011 年，印度尼西亚使用杂交水稻种总量为 7500 吨，推广面积 50 万公顷，占全国水稻种植面积不足 4％。

在过去长期发展过程中，印度尼西亚耕地面积经历了减少—增加—减少—增加的两次大的变化过程，目前处在耕地面积增长时期。按照 1961～1963 年三年平均计算的耕地面积为 1800 万公顷，按照 2007～2009 年三年平均计算，耕地面积为 2276 万公顷，按照移动平均方法计算，年均增加 10.36 万公顷，年递增率 0.52％。总体上呈现出上升的态势，曾于 1987 年达到 2117 万公顷的次高点，在 2004 年达到最高点 2466 万公顷，2009 年恢复性增加到 2360 万公顷，接近历史最高水平。经模拟，二次多项式方程的解释程度达到 61.30％。印度尼西亚耕地面积长期变化与模拟结果详见图 9-1。

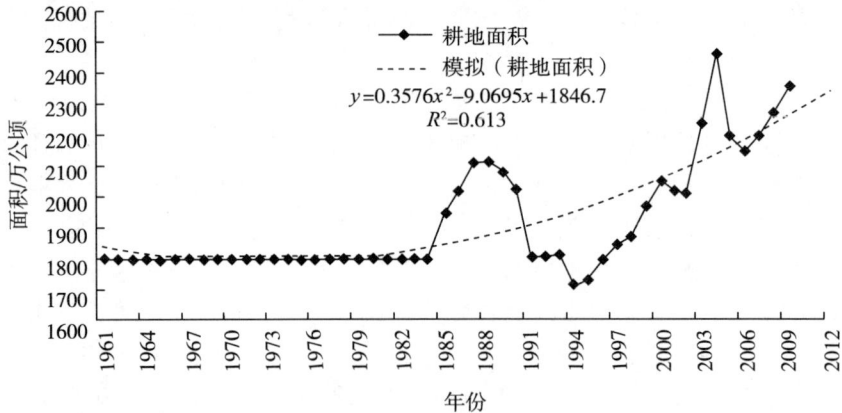

图 9-1 印度尼西亚耕地面积变化

9.1.2 人口状况

印度尼西亚人口增长很快。2011 年，印度尼西亚总人口达到 2.42 亿人，早在 1960 年还只有 9195 万人。按照 1960～1962 年三年平均计算，总人口为 9425 万人，按照 2009～2011 年三年平均计算，总人口为 23 987 万人，每年平均增加 291 万人，人口年递增率高达 1.92％，是世界上保持高人口增长率的少数国家之一。如果将印度尼西亚人口增长过程加以模拟，拟合成线性方程的解释程度可以达到 99.85％，进一步拟合成二次多项式方程，解释程度提高到 99.89％，说明目前仍处在快速上升的过程中。印度尼西亚总人口长期变化与模拟结果详见图 9-2。

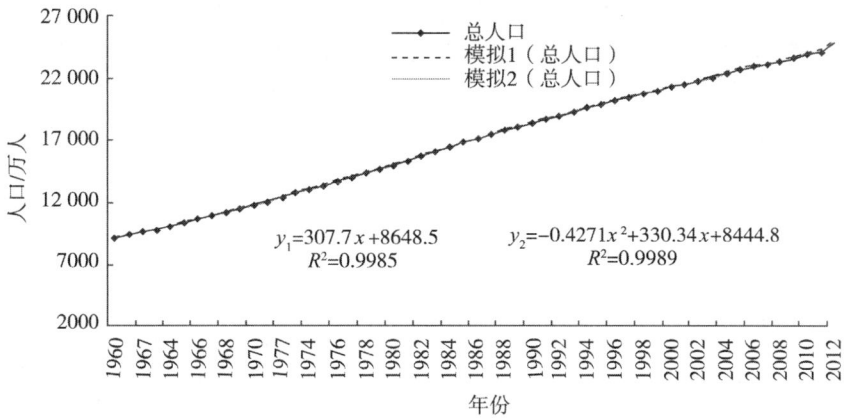

图 9-2　印度尼西亚总人口变化

作为一个发展中的农业大国，印度尼西亚大量人口仍然聚集在广阔的乡村地区。1960～2011 年，印度尼西亚乡村地区人口由 8027 万人增加到 12 013 万人，按照初期和末期三年平均计算，年均增加乡村人口 80 万人，年递增率 0.83％。同期，城市人口增长更快，全国城市人口由初期平均 1398 万人增加到 11 974 万人，按照初期和末期三年平均计算，城市人口年均增加 212 万人，年递增率高达 4.48％。

乡村人口和城市人口都在不断增加，但由于增加速度不同，人口城乡结构初步改善。1960～2011 年，乡村人口率由 85.2％下降到 50.1％，如图 9-3 所示，可以用二次多项式方程描述，其解释程度可以达到 99.50％。同期，印度尼西亚城市人口率由 14.8％上升到49.9％，其增长过程可以拟合成三次多项，结果表明，印度尼西亚城市人口率的解释程度可以达到 99.97％。印度尼西亚城乡人口结构变化情况如图 9-3 所示。

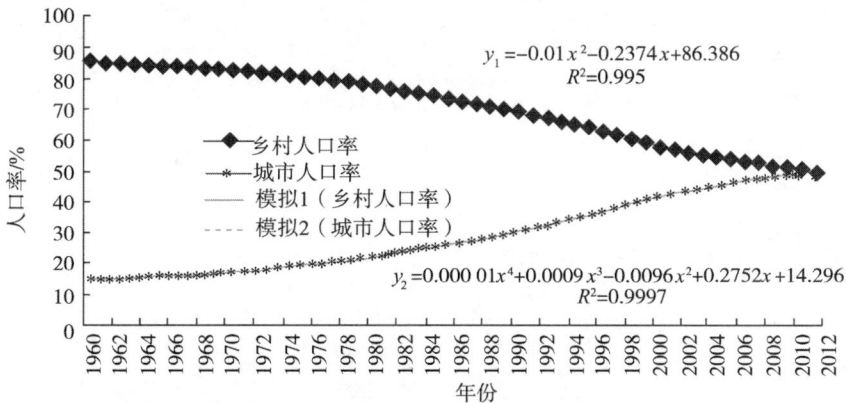

图 9-3　印度尼西亚城乡人口结构变化

9.1.3　经济水平

印度尼西亚经济，长期以来有一定增长，但在 20 世纪 90 年代末期东南亚金融危机影响下，有一个较大的下降过程，进入 21 世纪之后保持较快增长。以 2011 年为列，印度尼西亚 GDP(现值)7427 万亿印度尼西亚盾，约合 8468 亿美元，列世界所有国家第 16 位。

结合人口状况，按照 2000 年美元不变价格计算，1960～2011 年，印度尼西亚人均 GDP 由 201 美元增长到 1207 美元，按照 1960～1962 年和 2009～2011 年三年平均数计算，年均增加 19 美元，长期年递增率 3.58％。这一变化过程可以拟合成四次多项式方程，解释程度达到 98.36％。印度尼西亚人均 GDP 长期变化情况与模拟结果详见图 9-4。

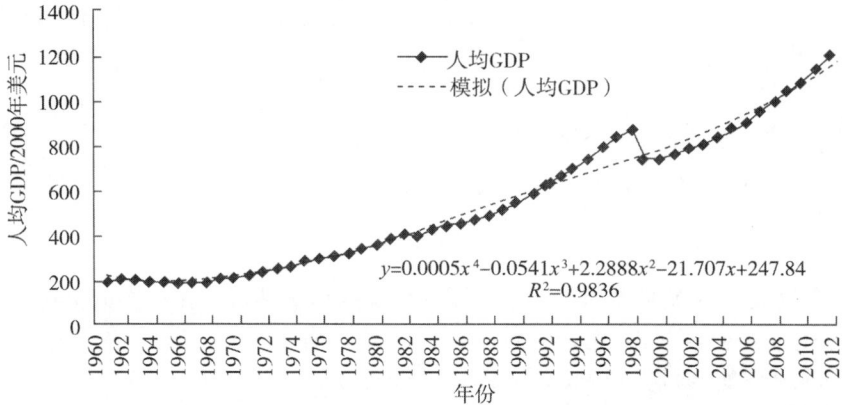

图 9-4　印度尼西亚人均 GDP 变化

从国民收入角度看，印度尼西亚人均国民收入低于人均 GDP。按照 2000 年美元不变价格计算，1960～2011 年，印度尼西亚人均国民收入由 197 美元增长到 1147 美元，按照首尾三年平均计算的年递增率 3.50％，增长速度较快，但国民收入水平仍然处在较低的水平上。这一变化过程可以拟合成二次多项式方程，解释程度达到 97.53％。印度尼西亚人均国民收入长期变化情况与模拟结果详见图 9-5。

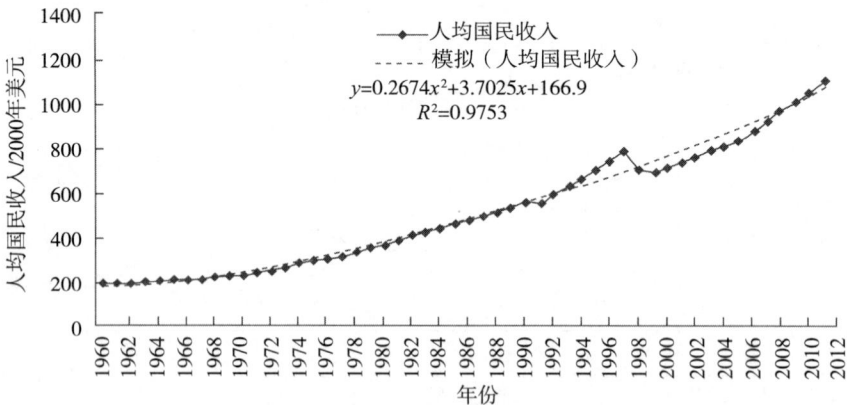

图 9-5　印度尼西亚人均国民收入变化

9.2　水稻生产

印度尼西亚是世界水稻生产历史悠久的国家之一，地处热带，水热资源条件较好，水稻生产对全国农民生产与生活至关重要，是世界重要的稻米消费国家之一。

9.2.1　稻作生产

印度尼西亚地跨赤道两侧，大部分地区属于热带雨林气候。具有高温、多雨、风小、潮湿的特点，无寒暑季节变化。全年气温比较平均，年均气温 25～27 摄氏度，雨量充沛，年均降雨量在 2000 毫米以上。水稻生产条件十分优越。印度尼西亚大部分国土土壤肥沃，平地很多，适合发展农业，尤其适合种植水稻。印度尼西亚拥有良好的自然环境和人力资源，但由于长期的殖民统治，经济发展缓慢。印度尼西亚是个农业国，农业人口约占全国人口的 70%，全国耕地面积约占国土面积的 10%。印度尼西亚农业结构以种植业为基础，主要是粮食作物和经济作物，粮食作物在农业中占主要地位，粮食作物主要是水稻，其次是玉米和大豆。印度尼西亚是一个农业大国，土地肥沃，雨量充沛，但由于生产方式陈旧和农民对高产杂交水稻认识不足，稻谷产量一直在低水平徘徊。除 1984 年外，印度尼西亚每年都要从国外进口大量稻米，以满足国内需求。

目前，印度尼西亚的农业生产还很落后，主要表现在以下几个方面。一是农业科技的推广普及不足，农民受教育水平低。农业科学技术应用很少，基本上处于简单耕作阶段。二是主要农作物的品种落后。印度尼西亚最重要的粮食作物是水稻，在农业部农业研究所和发展局下设有全国水稻研究中心，主要是进行水稻育种的研究工作，目前研究的水稻品种大约有 10 种，平均产量为每公顷 4～5 吨。全国主要水稻产区都有种子公司，经营的水稻种子有进口和自己培育两种，农民所需要的种子大约 60% 从种子公司购买，其余为农民自己培育。三是农业机械化水平低，农业劳动力水平低。印度尼西亚农业部下属农业工程中心，主要负责全国农业机械的引进、开发工作，是利用印度尼西亚和日本的合作项目建立起来的，目前自己开发的农机很少，主要是对引进的国外农机进行适应性研究。印度尼西亚全国只有一个生产小型拖拉机的农机制造企业，只生产 8.5 马力的手扶拖拉机，且售价很高。四是水稻生产的病虫害及鼠害严重。在印度尼西亚的部分水稻田中，可以看到由严重的病虫害造成的水稻枯死。另外，鼠害是印度尼西亚水稻生产中最大的问题，严重影响水稻的产量。五是农田水利设施不配套。大部分水稻田缺乏基本的排灌系统，农业生产基本是"靠天吃饭"。由于受 1997 年旱灾和亚洲金融危机的影响，目前印度尼西亚粮食生产不能自给，1999 年印度尼西亚的粮食产量为 4900 万吨，每年要从国外进口粮食约 200 万吨，农民生活水平低，劳动力老化，农用资金匮乏，政府投入少。印度尼西亚农用物资供应不足，农机、农药、农膜缺乏，农业机械品种型号杂乱，农机价格普遍高于我国。

印度尼西亚开始学习推广杂交稻技术。"中国－印尼杂交水稻技术合作项目"是 2010 年开始实施的政府间的技术合作项目，由中国商务部提供援款，袁隆平农业高科技股份有限公司(以下简称隆平高科)负责实施。项目内容包括培训、合作科研、实验示范等工作。自 2010 年起，隆平高科项目专家组正式进驻印度尼西亚。经过一年的实施，杂交水稻技术已在印度尼西亚日惹特区、北苏门答腊、楠榜省、南苏拉威西、西加里曼丹、中加里曼丹、东爪哇、万丹省、中爪哇、西爪哇等地试验成功，获得当地农业官员与百姓的认可与好评。印度尼西亚是传统水稻种植大国，年水稻生产面积 1300 万公顷(约两亿亩)，而至今平均单产仍徘徊在每亩 350～400 公斤的水平上，远低于中国。如果能使用合适的杂交水稻品种，结合高产栽培技术，增产潜力巨大。2011 年，印度尼西亚使用杂交水稻种总量 7500 吨，推广面积 50 万公顷，占全国水稻种植面积不到 4％，潜力仍十分巨大。

9.2.2　水稻面积

水稻是印度尼西亚的国粮，其重要性不言而喻，印度尼西亚水稻种植面积和收获面积总体上处在不断扩大的过程中。1961～2010 年，印度尼西亚水稻收获面积在总体上表现出明显的增长过程，按照 1961～1963 年三年平均计算，全国水稻收获面积 696 万公顷，2008～2010 年增加到 1281 万公顷，年均增加 12.2 万公顷，年递增率 1.31％，从近期来看，虽然目前仍有一定的年度波动，但仍处在面积迅速扩大的阶段。长期来看，年度波动和阶段性波动都较大，如图 9-6 所示，增长过程比较明显，这种变化过程，可以用五次多项式方程来模拟，其解释程度达到 98.40％。印度尼西亚水稻收获面积长期变化与模拟结果详见图 9-6。

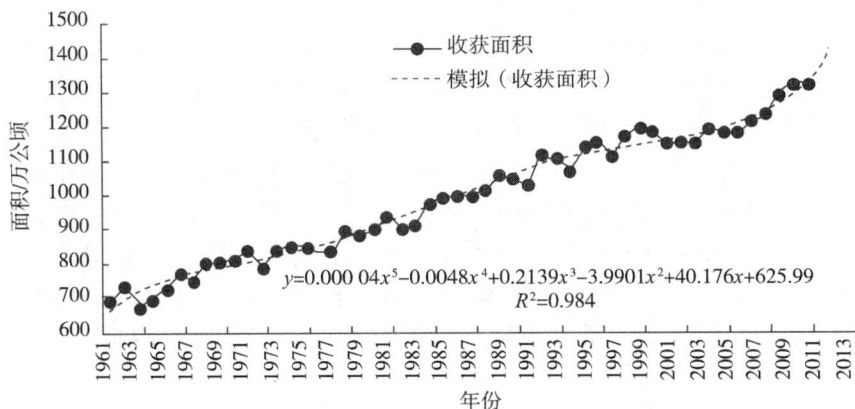

图中方程：
$$y=0.000\,04x^5-0.0048x^4+0.2139x^3-3.9901x^2+40.176x+625.99$$
$$R^2=0.984$$

图 9-6　印度尼西亚水稻收获面积变化

9.2.3　水稻产量

印度尼西亚是世界上重要的水稻生产国家之一，水稻产量的变化，对于国内稻农，甚至整个世界大米市场都有重要影响。纵观印度尼西亚水稻产量变化，按照 1961～1963 年三年平均计算，全国产量 1223 万吨，按照 2008～2010 年三年平均计算的水稻产量达到 6369 万吨，年均增加 107 万吨，年递增率 3.57％。印度尼西亚水稻产量长期变化情况与模拟结果详见图 9-7。

在过去 50 年，印度尼西亚水稻产量虽然有较大波动，平均每 4 年左右有一个波动过程，这个过程可以用五次多项式方程来描述，解释程度高达 99.42％，比线性方程解释程度明显提高。

9.2.4　单产变化

按照单位面积计算水稻产量，印度尼西亚水稻单产总体上在较大的波动过程中不断提高，经历了一个明显的上升变化过程。按照 1961～1963 年三年平均计算的单产为每公顷 1757 公斤，按照 2008～2010 年三年平均计算的单产为 4969 公斤，年均提高 67 公斤，年递增率 2.24％，是水稻单产提高速度较快的国家之一。印度尼西亚水稻单产长期变化情况与模拟结果详见图 9-8。

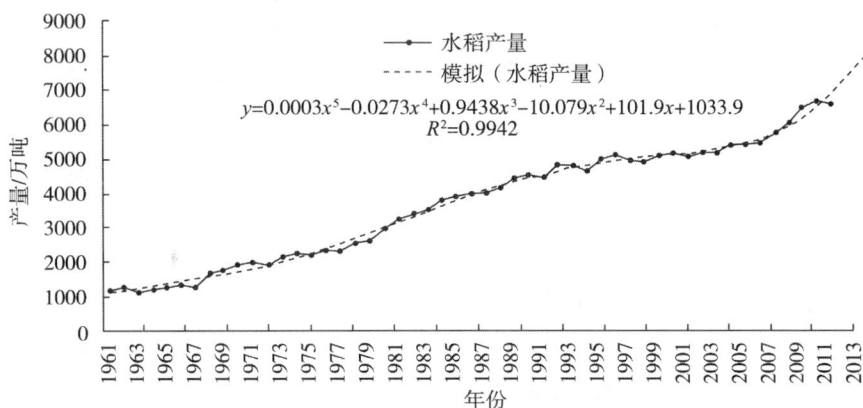

$$y=0.0003x^5-0.0273x^4+0.9438x^3-10.079x^2+101.9x+1033.9$$
$$R^2=0.9942$$

图 9-7　印度尼西亚水稻产量变化

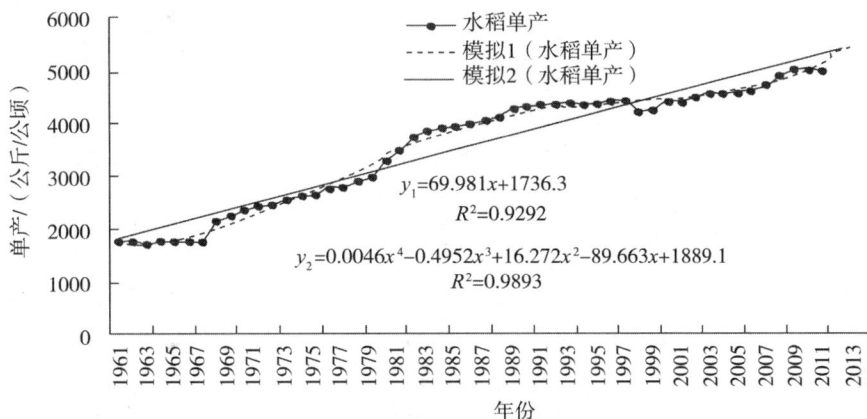

$$y_1=69.981x+1736.3$$
$$R^2=0.9292$$

$$y_2=0.0046x^4-0.4952x^3+16.272x^2-89.663x+1889.1$$
$$R^2=0.9893$$

图 9-8　印度尼西亚水稻单产变化

从长期变化过程来看，印度尼西亚水稻单产水平在较大波动中不断提高，但总体水平仍然不高。用直线方程模拟，解释程度 92.92%；用四次多项式方程模拟，解释程度提高到 98.93%。

9.3　供求关系

按照一定时期总供给量与总使用量相等的原则，考察印度尼西亚在特定时期内稻米（按大米计算）供求关系变化的情况。

9.3.1　供求平衡表

从供求平衡角度分析，供给方包括生产量、进口量和库存变化量三个部分，需求方包括国内使用量、出口量和损耗量三个部分。

大米供求量是大米总供给与总需求的均衡量，1961～1963 年三年平均 854.4 万吨，2007～2009 年三年平均 4040.4 万吨，长期年度平均 2467.4 万吨，年均递增率 3.44%。印度尼西亚大米供求平衡表详见表 9-1。

表 9-1 印度尼西亚大米供求平衡表

时间	总供求/万吨	供给/万吨			需求/万吨			比值	
		生产量	进口量	库存变化量	国内使用量	出口量	损耗量	产用比	出进比
1961 年	853.6	806.0	109.16	−61.6	796.5	0.0	57.1	1.01	0.0
2009 年	4219.3	4295.4	25.89	−102.0	3887.6	0.9	330.7	1.10	0.0
初期平均	854.4	815.6	110.7	−71.8	796.8	0.0	57.6	1.02	0.0
末期平均	4040.4	4042.2	66.5	−68.3	3724.3	0.9	315.2	1.09	0.0
年均增量	2467.4	2390.8	98.7	−22.1	2279.2	2.6	185.5	1.04	0.4
递增率/%	3.44	3.54	−1.10	−0.11	3.41	—	3.76	1.04	—

注："初期平均"指本表所列年份最初三年年度平均值，"末期平均"指本表所列年份最后三年年度平均值

资料来源：根据 FAO 数据库历年数据整理并计算

从供求平衡关系角度看，大米生产量与国内使用量的"产用比"表明，印度尼西亚总体上长期处于生产量大于国内使用量的状态，"产用比"已由初期平均的 1.02 提高到近期的 1.09，表明国内大米生产量占使用量的比例有一定幅度的提高。

从国内和国际供求关系看，大米出口量与进口量的"出进比"表明，印度尼西亚除了在 1985～1994 年的一些年份有超过 10 万吨的出口以及在其后面的年份有少量出口以外，其他年份几乎无大米出口。作为重要的大米进口国，多数年份进口一定数量的大米，因此，总体上来说大米进口对印度尼西亚大米供求平衡很重要。

9.3.2 供给变化

大米的供给，对于水稻生产国家来说，主要来自于生产量，印度尼西亚也是一样。印度尼西亚大米生产量一直是供给的重要主体，按照 1961～1963 年三年平均计算，水稻产量占总供给量的比重为 95.5%，2007～2009 年上升到 100.0%，水稻生产发展对于解决大米供给问题发挥了重要作用。印度尼西亚大米供给量与结构长期变化情况详见表 9-2。

表 9-2 印度尼西亚大米供给量与结构变化

时间	数量/万吨				结构/%		
	总供给	生产量	进口量	库存变化量	生产量	进口量	库存变化量
1961 年	853.6	806.0	109.2	−61.6	94.4	12.8	−7.2
2009 年	4219.3	4295.4	25.9	−102.0	101.8	0.6	−2.4
初期平均	854.4	815.6	110.7	−71.8	95.5	13.6	−64.9
末期平均	4040.4	4042.2	66.5	−68.3	100.0	1.6	−102.8
年均增量	2467.4	2390.8	98.7	−22.1	96.3	4.8	−1.2
递增率/%	3.4	3.5	−1.10	−0.1	0.10	−4.5	1.0

注："初期平均"指本表所列年份最初三年年度平均值，"末期平均"指本表所列年份最后三年年度平均值

资料来源：根据 FAO 数据库历年数据整理并计算

在供给量中，印度尼西亚大米进口量是满足国内需求的重要保障，也是解决供给问题的必要补充，随着水稻生产能力的不断持续提升，印度尼西亚逐步减少了大米进口量。按照 1961～1933 年三年平均计算，进口量 110.7 万吨，按照 2007～2009 年三年平均计算，进口量 66.5 万吨，长期年度平均进口 98.7 万吨，可见通过进口大米解决国内大米供给问

题，对印度尼西亚具有极其重要的意义。

在供给量中，库存变化量是一种调剂。印度尼西亚大米库存量比重不高，但在年度间的变化却比较大。总体上看，印度尼西亚大米库存量，在充实库存与减少库存之间的变化占供给量的比重，最高是 1997 年增加库存量 133 万吨，最低是 2007 年减少库存量 175 万吨，近年来库存量较少，是产量增加而减少动用库存的结果。

9.3.3 需求变化

需求量，主要是由国内使用量、出口量及损耗量，关键是国内功能性使用所决定的，国内使用量是水稻生产大国的主体。

印度尼西亚大米国内使用量较大，占需求量的比重，已由 1961～1963 年三年平均的 93.3% 下降到 2007～2009 年三平均的 92.2%，在其他条件不变的情况下，说明国内需求的相对重要性略有下降。印度尼西亚大米需求量与结构长期变化情况详见表 9-3。

表 9-3 印度尼西亚大米需求量与结构变化

时间	数量/万吨				结构/%			损耗率/%	
	总需求	国内使用量	出口量	损耗量	国内使用量	出口量	损耗量	耗产率	耗用率
1961 年	853.6	796.5	0.0	57.1	93.3	0.0	6.7	7.1	7.2
2009 年	4219.3	3887.6	0.9	330.7	92.1	0.0	7.8	7.7	8.5
初期平均	854.4	796.8	0.0	57.6	93.3	0.00	6.7	7.1	7.2
末期平均	4040.4	3724.3	0.9	315.2	92.2	0.02	7.8	7.8	8.5
年均增量	2467.4	2279.2	2.6	185.5	92.6	0.1	7.3	7.6	7.9
递增率/%	3.4	3.4	—	3.8	-0.03	—	0.3	0.2	0.3

注："初期平均"指本表所列年份最初三年年度平均值，"末期平均"指本表所列年份最后三年年度平均值
资料来源：根据 FAO 数据库历年数据整理并计算

在需求量中，印度尼西亚大米对满足国际需求的出口量十分微弱。印度尼西亚大米出口年份很少，出口量也很少。

在需求量中，使用过程中的损耗较大，比重较高。印度尼西亚大米损耗量由 1961～1963 年三年平均 57.6 万吨增加到 2007～2009 年三年平均 315.2 万吨，占需求量的比重，由 6.7% 上升到 7.8%，年度平均为 7.3%；损耗量占生产量的比重由 7.1% 上升到 7.8%，年度平均为 7.6%；损耗量占国内使用量的比重，由 7.2% 上升到 8.5%，年度平均为 7.9%。

9.4 大米食用

从水稻生产的目的性和需求的功能性来看，发展水稻生产旨在满足国内日益增长的食用需求，在于为人们提供生存与发展所需要的能量和营养。

9.4.1 食用量比较

1961～2009 年，按照 1961～1963 年和 2007～2009 年三年平均计算，印度尼西亚大米食用量由 767.0 万吨增加到 2976.6 万吨，年均增加 47.0 万吨，表现为总体上不断增长的过程。印度尼西亚大米、小麦、玉米和其他谷物食用量长期变化情况详见表 9-4。

表 9-4　印度尼西亚谷物食用量变化比较

时间	人口/万人	食用量/万吨				人均食用量/（公斤/人）			
		大米	小麦	玉米	其他	大米	小麦	玉米	其他
1961 年	9423	767	15	207	0	81.4	1.6	21.9	0.0
2009 年	23741	3025	499	909	2	127.4	21.0	38.3	0.1
初期平均	9660.9	767.0	11.2	219.9	−0.1	79.4	1.2	22.7	0.0
末期平均	23 494.2	2976.6	486.9	853.4	1.4	126.7	20.7	36.3	0.1
年度平均	16 659.6	2000.2	190.2	463.1	0.3	116.3	9.8	26.6	0.0
年均增量	294.3	47.0	10.1	13.5	0.0	1.0	0.4	0.3	0.0
递增率/%	1.95	2.99	8.55	2.99	—	1.02	6.47	1.02	—

注：“初期平均”指本表所列年份最初三年年度平均值，“末期平均”指本表所列年份最后三年年度平均值

资料来源：根据 FAO 数据库历年数据整理并计算

　　剔除人口增加的影响，计算大米人均食用量，印度尼西亚大米人均食用量仍然处在不断增长的上升阶段。就平均来看，按照 1961～1963 年三年平均计算，大米人均食用量79.4 公斤，按照 2007～2009 年三年平均计算，进一步上升到 126.7 公斤。与大米人均消费量的变化相适应，小麦人均食用量次之，由 1.2 公斤上升到 20.7 公斤；玉米人均食用量较低，由 22.7 公斤增加到 36.3 公斤；其他谷物人均食用量几乎为零。印度尼西亚大米、小麦、玉米和其他谷物人均食用量长期变化情况详见图 9-9。

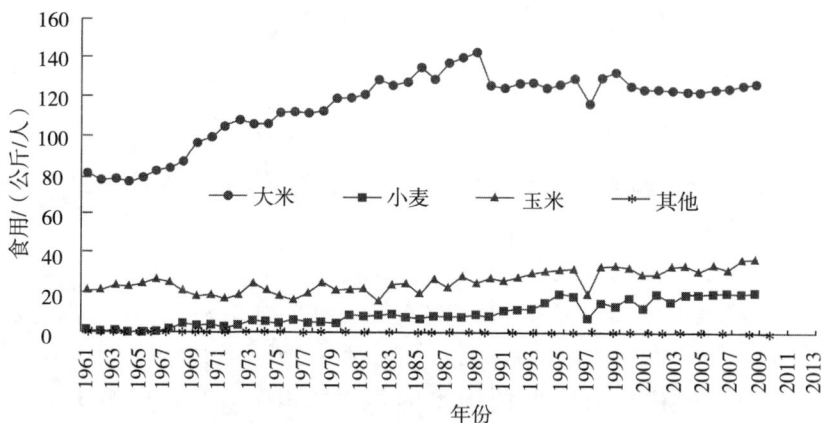

图 9-9　印度尼西亚四类谷物人均食用量变化

9.4.2　米食营养

　　就印度尼西亚全国平均而言，国民通过食物获取营养量，总体上相对较高，增长速度较快。在食物营养中，主要是通过植物性食物获取能量和营养。食用大米获取营养，对于印度尼西亚国民来说，是生活中十分重要的事情。如表 9-5 所示，按照 1961～1963 年三年平均计算，每人每日通过食物获得热量 1757 千卡，按照 2007～2009 年三年平均计算，每人每日通过食物获得热量 2600 千卡，年均增加 18 千卡，年递增率 0.86%。印度尼西亚每人每日食物营养量长期变化情况详见表 9-5。

表 9-5　印度尼西亚每人每日食物营养量年度变化

时间	总营养量(A)		植物性食物营养量(B)		大米营养量		大米热量占比/%		大米蛋白质占比/%	
	热量/千卡	蛋白质/克	热量/千卡	蛋白质/克	热量/千卡	蛋白质/克	(A)	(B)	(A)	(B)
1961 年	1759	34.0	1707	29.1	833	16.3	47.4	47.9	48.8	56.0
2009 年	2646	58.8	2484	43.1	1259	23.3	47.6	39.6	50.7	54.1
初期平均	1757	33.6	1704	28.8	818	16.1	46.6	48.0	48.0	56.0
末期平均	2600	57.8	2442	42.5	1251	23.1	48.1	51.2	40.0	54.5
年度平均	2208	45.3	2114	36.6	1162	21.8	52.6	55.0	48.2	59.7
年均增量	18.0	0.5	15.7	0.3	9.2	0.1	0.0	0.1	−0.2	0.0
递增率/%	0.9	1.2	0.8	0.8	0.93	0.8	0.1	0.1	−0.4	−0.1

注："初期平均"指本表所列年份最初三年年度平均值，"末期平均"指本表所列年份最后三年年度平均值

资料来源：根据 FAO 数据库历年数据整理并计算

　　印度尼西亚人民以食用植物性食物为主，大米占有重要位置，为全国人民提供了重要的食物保障，从营养角度来看也是如此。按照 1961～1963 年三年平均计算，印度尼西亚每人每日通过食用大米获得热量 818 千卡，2007～2009 上升到 1251 千卡，年均增加 9.2 千卡，年递增率 0.93%。同时，大米还提供了 16.1 克和 23.1 克的蛋白质以及一定量的植物性脂质。据此计算，大米为印度尼西亚人提供的热量占总热量的比重由 46.6% 上升到 48.1%，占植物性食物热量的比重由 48.0% 上升到 51.2%。大米为印度尼西亚人提供的蛋白质占蛋白质总量的比重由 48.0% 下降到 40.0%，占植物性食物蛋白质的比重由 56.0% 下降到 54.5%。由此可见，在大米食用量不断上升的过程中，印度尼西亚国民大米营养在整个食物营养和植物性食物营养供给中占有重要地位。印度尼西亚每人每日大米营养量长期变化情况详见图 9-10。

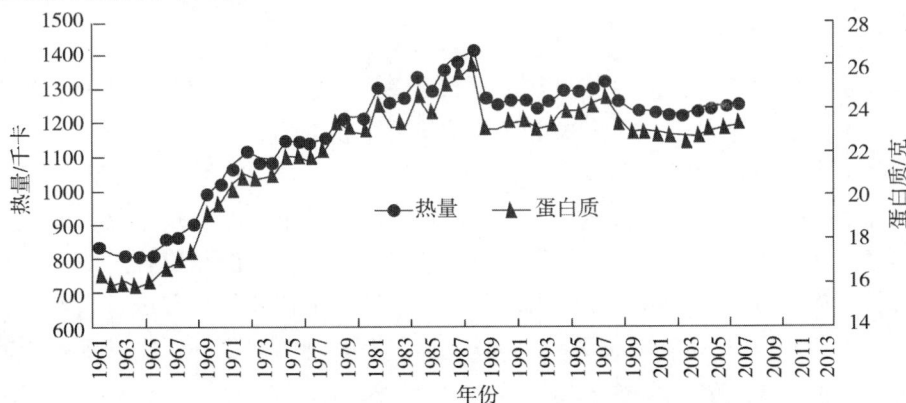

图 9-10　印度尼西亚每人每日大米营养量年度变化

9.5　市场贸易

　　大米市场分为国内市场与国际市场。在国内市场上，通过价格变化来反映国内大米市场变化走势。在国际市场上，主要通过价格和贸易量的变化来反映该国大米在国际大米市

场上的地位及其变化情况。

9.5.1 国内大米价格

国内普通大米零售价格月度变化。根据监测数据，得到印度尼西亚2012年全年12个月与2011年全年12个月普通大米零售价格月度变化的数据，据此计算印度尼西亚国内普通大米零售价格，2012年零售价格为每吨859.2美元，比2011年的840.8美元上涨了18.3美元，上升了2.2%。印度尼西亚国内普通大米零售价格月度变化情况详见表9-6。

表9-6 印度尼西亚国内普通大米零售价格月度变化

时间	2012年	2011年	同比增量/(美元/吨)	同比增幅/%
全年	859.2	840.8	18.3	2.2
1月	880	810	70.0	8.6
2月	900	840	60.0	7.1
3月	880	820	60.0	7.3
4月	870	820	50.0	6.1
5月	850	820	30.0	3.7
6月	840	830	10.0	1.2
7月	850	860	−10.0	−1.2
8月	840	870	−30.0	−3.4
9月	840	860	−20.0	−2.3
10月	850	850	0.0	0.0
11月	850	850	0.0	0.0
12月	860	860	0.0	0.0

资料来源：根据国家水稻产业经济研究室数据库有关数据整理计算

9.5.2 大米国际贸易

菲律宾是世界重要的大米进口国家，而菲律宾大米出口量却很少，其价格变化，尤其是大米进口价格的变化，对世界大米市场的走势有重要影响。

在国际大米市场，印度尼西亚大米在国际贸易中的重要地位因进口量大而有特别显著。按照1986～2010年平均计算，大米出口量2.8万吨，进口量高达59.4万吨。在1994年以前，有少量出口，1993年出口34万吨，是出口最多的年份，其他年份几乎没有出口。此后，虽然每年都有出口，但出口量很少。印度尼西亚年年都进口大米，而且年度间波动较大，1999年进口305万吨，1996年进口204万吨。自1986年以来，印度尼西亚大米进出口贸易变化情况详见表9-7。

表9-7 印度尼西亚大米进出口贸易变化

年份	出口			进口		
	数量/万吨	金额/万美元	价格/(美元/吨)	数量/万吨	金额/万美元	价格/(美元/吨)
1986	—	—	—	2.8	594	214.1
1987	—	—	—	5.5	1231	223.9

续表

年份	出口			进口		
	数量/万吨	金额/万美元	价格/(美元/吨)	数量/万吨	金额/万美元	价格/(美元/吨)
1988	—	—	—	3.3	865	264.2
1989	10.50	1236	117.7	26.7	7536	282.1
1990	—	—	—	4.1	1183	291.0
1991	—	—	—	16.9	5251	310.7
1992	4.24	848	200.0	58.6	16 560	282.7
1993	34.26	5628	164.3	0.5	184	387.1
1994	16.02	2594	161.9	27.2	6979	256.8
1995	0.00	0	2000.0	131.0	37 517	286.5
1996	0.02	13	712.0	204.0	73 106	358.3
1997	0.01	4	830.2	1.1	535	488.5
1998	0.00	2	454.5	179.4	83 176	463.7
1999	0.01	3	288.3	305.5	81 759	267.6
2000	0.02	6	323.1	80.3	18 755	233.5
2001	0.22	29	135.3	28.7	7364	256.9
2002	0.12	25	215.3	98.7	19 045	193.0
2003	0.03	14	449.4	63.1	13 191	209.2
2004	0.06	20	317.8	16.3	4288	262.4
2005	4.23	866	204.7	12.3	3512	286.4
2006	0.09	50	552.9	30.7	9858	321.4
2007	0.03	21	617.9	100.1	33 662	336.1
2008	0.04	34	796.7	19.9	8615	433.6
2009	0.23	171	745.8	13.7	5752	418.6
2010	0.03	45	1307.2	54.5	28 962	531.6
样本数	20	20	20	25	25	25
年度平均	3.51	580.5	165.4	59.4	18 779.2	316.2
长期平均	2.81	464.4	165.4	59.4	18 779.2	316.2
2008～2010年平均	0.10	83.2	816.3	29.4	14 443.0	491.9

资料来源：根据 FAO 数据库历年数据整理并计算

　　长期来看，1961～2010 年，印度尼西亚大米国际贸易量经历了较大的一个变化过程，如图 9-11 所示，已经明显地由有所出口变成更大量进口大米，而且进口量在年度间的波动也越来越大。

9.5.3 进口来源

　　1986～2010 年，印度尼西亚总共从 38 个国家和地区进口大米，按照 25 年长期时间计算，年均进口大米 59.38 万吨。大米进口来源，第 1 位泰国，占 32.85%；第 2 位越南，占 29.18%；第 3 位中国，占 13.93%；第 4 位印度，占 8.21%；第 5 位巴基斯坦，占 5.63%。印度尼西亚进口大米的国家和地区的分布情况详见表 9-8。

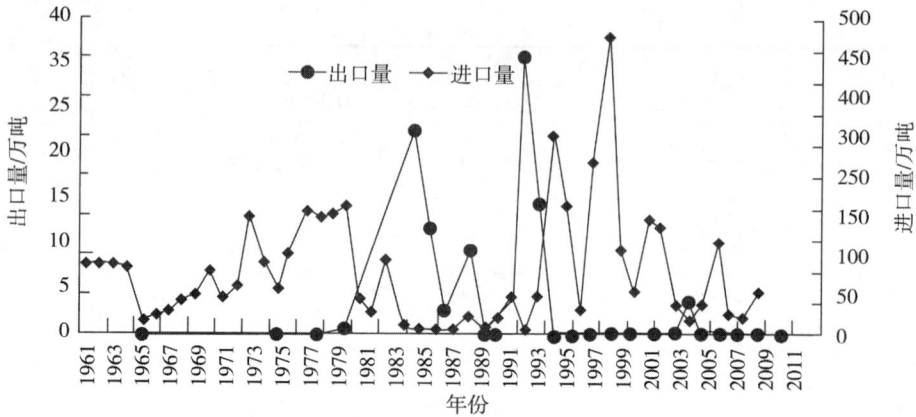

图 9-11　印度尼西亚大米国际贸易量长期变化

表 9-8　印度尼西亚长期进口大米的国家和地区

位次与国家和地区		1986～2010 年平均/吨	占比/%	累比/%
1	泰国	195 069	32.85	32.85
2	越南	173 292	29.18	62.03
3	中国内地	82 706	13.93	75.95
4	印度	48 774	8.21	84.17
5	巴基斯坦	33 663	5.67	89.83
6	美国	21 112	3.55	93.39
7	缅甸	17 141	2.89	96.28
8	马来西亚	4444	0.75	97.02
9	菲律宾	4185	0.70	97.73
10	日本	2497	0.42	98.15
11	斯里兰卡	1457	0.25	98.39
12	加拿大	1427	0.24	98.63
13	澳大利亚	1225	0.21	98.84
14	新加坡	1137	0.19	99.03
15	印度尼西亚	825	0.14	99.17
16	中国香港	630	0.11	99.28
17	意大利	546	0.09	99.37
18	亚美尼亚	482	0.08	99.45
19	柬埔寨	476	0.08	99.53
20	孟加拉国	471	0.08	99.61

资料来源：根据 FAO 数据库历年数据整理并计算

从 2008～2010 年近三年印度尼西亚进口大米的情况来看，按照三年平均计算，印度尼西亚总共从 11 个国家进口大米 29.36 万吨，第 1 位越南，占 63.5%；第 2 位泰国，占 35.8%；第 3 位美国，占 0.5%；第 4 位新加坡，占 0.1%；第 5 位印度，占 0.1%。另外其还从日本、中国、韩国、巴基斯坦、马来西亚和意大利少量进口大米。按照近期年度平均，印度尼西亚进口大米的国家和地区的分布情况详见表 9-9。

表 9-9　印度尼西亚近期进口大米的国家和地区

位次与国家和地区		2008~2010 年平均/吨	占比/%	累比/%
1	越南	186329	63.5	63.5
2	泰国	105120	35.8	99.3
3	美国	1459	0.5	99.8
4	新加坡	386	0.1	99.9
5	印度	183	0.1	99.9
6	日本	85	0.0	100.0
7	中国	37	0.0	100.0
8	韩国	27	0.0	100.0
9	巴基斯坦	6	0.0	100.0
10	马来西亚	6	0.0	100.0
11	意大利	2	0.0	100.0

资料来源：根据 FAO 数据库历年数据整理并计算

9.5.4　出口去向

与大米进口的国家相比，印度尼西亚大米出口的国家分布十分分散。1986~2010 年的 25 年长期趋势看，共向 36 个国家出口大米，长期年均出口大米 28 068 吨，每年平均向每个国家出口大米 780 吨。表 9-10 是 1986~2010 年印度尼西亚出口大米的国家和地区的分布情况。

表 9-10　印度尼西亚长期出口大米的国家和地区

位次与国家和地区		1986~2010 年平均/吨	占比/%	累比/%
1	古巴	5991.0	21.3	21.3
2	菲律宾	4303.4	15.3	36.7
3	不确定国家	3258.1	11.6	48.3
4	斯里兰卡	3156.1	11.2	59.5
5	美国	2670.7	9.5	69.0
6	南非	1680.6	6.0	75.0
7	马来西亚	1633.7	5.8	80.9
8	瑞士	1538.2	5.5	86.3
9	肯尼亚	758.6	2.7	89.0
10	巴西	744.0	2.7	91.7
11	喀麦隆	558.8	2.0	93.7
12	巴拿马	544.0	1.9	95.6
13	罗马尼亚	520.0	1.9	97.5
14	坦桑尼亚	480.0	1.7	99.2
15	新加坡	86.1	0.3	99.5
16	土耳其	44.0	0.2	99.6
17	中国	24.9	0.1	99.7
18	印度尼西亚	18.0	0.1	99.8

位次与国家和地区		1986~2010 年平均/吨	占比/%	累比/%
19	日本	16.6	0.1	99.9
20	叙利亚	9.2	0.0	99.9

资料来源：根据 FAO 数据库历年数据整理并计算

　　从近年出口的国家来看，印度尼西亚每年出口量只有 1020 吨，共向 14 个国家和地区有出口。出口去向第 1 位是土耳其，第 2 位是新加坡，第 3 位是叙利亚，第 4 位是美国，第 5 位是马来西亚。印度尼西亚出口大米的国家和地区的分布情况详见表 9-11。

表 9-11　印度尼西亚近期出口大米的国家和地区

位次与国家和地区		2008~2010 年平均/吨	占比/%	累比/%
1	土耳其	367	35.9	35.9
2	新加坡	280	27.4	63.4
3	叙利亚	77	7.5	70.9
4	美国	73	7.1	78.0
5	马来西亚	59	5.8	83.8
6	新西兰	55	5.4	89.1
7	中国内地	52	5.1	94.2
8	澳大利亚	21	2.1	96.3
9	肯尼亚	15	1.5	97.8
10	卡塔尔	7	0.7	98.5
11	阿联酋	7	0.7	99.2
12	中国香港	5	0.5	99.7
13	沙特阿拉伯	3	0.3	99.9
14	德国	0.3	0.0	100.0

资料来源：根据 FAO 数据库历年数据整理并计算

9.6　展　　望

　　印度尼西亚是世界上重要的水稻生产国家，基于人口增长的国内粮食安全需求，预计水稻生产将进一步增长。近年来，随着印度尼西亚杂交水稻快速推广开始，估计 2013 年水稻生产将进一步增长。

　　印度尼西亚是一个大米消费大国，大米在提供国民营养、解决贫困人口主食供应等方面都具有重要价值。随着大米人均食用量缓慢增加，加上人口不断增加，国内大米食用量仍将增加，并带动国内大米需求量进一步增长。

　　与许多其他国家相比，印度尼西亚国内大米价格总体上与国民收入水平相适应，价格不高，流通秩序稳定有序，预计国内大米市场未来仍将保持正常。

　　在国际大米市场上，印度尼西亚大米在经济利益激励下，进口量大并且有所增加，出口量虽然有所增加，但增长缓慢。预计今后一段时期内，印度尼西亚仍然是世界上重要的大米进口国。

第 10 章

巴西稻米产业发展

巴西，即巴西联邦共和国(The Federative Republic of Brazil)。国土总面积851.49万平方千米，总人口1.91亿人(2011年)。全国面积和人口分别位居世界第5位和第5位。巴西属于经济发展中国家，是一个处在加速从传统农业向现代农业迈进的农业大国，水稻生产和大米国际贸易具有一定重要性，是对世界稻米产业具有越来越最要影响的国家之一。

10.1 产业背景

巴西稻米产业发展，由国家自然资源条件、人口状况与经济水平三大要素决定。

10.1.1 自然资源条件

巴西位于南美洲东南部。北邻法属圭亚那、苏里南、圭亚那、委内瑞拉和哥伦比亚，西界秘鲁、玻利维亚，南接巴拉圭、阿根廷和乌拉圭，东濒大西洋。海岸线长约7400千米。领海宽度为12海里，领海外专属经济区188海里。国土的80%位于热带地区，最南端属亚热带气候。北部亚马逊平原属赤道(热带)雨林气候，年平均气温27~29℃。中部高原属热带草原气候，分旱、雨两季，年平均气温18~28℃。南部地区年平均气温16~19℃。

全国共分26个州和1个联邦区。各州名称如下：阿克里、阿拉戈斯、亚马孙、阿马帕、巴伊亚、塞阿拉、圣埃斯皮里图、戈亚斯、马拉尼昂、马托格罗索、南马托格罗索、米纳斯吉拉斯、帕拉、帕拉伊巴、巴拉那、伯南布哥、皮奥伊、北里奥格朗德、南里奥格朗德、里约热内卢、朗多尼亚、罗赖马、圣卡塔琳娜、圣保罗、塞尔希培、托坎廷斯、巴西利亚联邦区。州下设市，全国共有5564个市(2011年3月)。

巴西GDP位居世界第8位，经济实力居拉美国家首位。农牧业发达，是世界蔗糖、咖啡、柑橘、玉米、鸡肉、牛肉、烟草、大豆等农产品的主要生产国和出口国。工业基础雄厚，门类齐全，石化、矿业、钢铁、汽车工业等较发达，民用支线飞机制造业和生物燃料产业在世界上居于领先水平。服务业产值占GDP近六成，金融业较发达，经济结构接近发达国家水平。1967~1974年，经济年均增长率高达10.1%，被誉为"巴西奇迹"，巴西因此跻身新兴工业国家行列。20世纪80年代，受高通货膨胀困扰，经济出现停滞甚至严重衰退。从20世纪90年代开始，巴西向外向型经济模式转轨。1994年政府实施雷亚尔货币稳定计划，有效解决高通胀问题，经济恢复增长。1999 年发生严重金融动荡，经济衰退，货币大幅贬值。其后，受国内外因素共同影响，巴西经济连续几年增长缓慢。2003 年，卢拉总统执政后采取稳健务实的经济政策，控制通膨和财政赤字，鼓励生产性投资和工农业发展，市场信心得以恢复，巴西经济开始走上稳定发展道路。卢拉连任总统后，推出"加速增长计划"等一系列刺激经济发展措施，巴西工业生产和对外贸易持续增长，经济发展前景看好。2008 年受国际金融危机影响，巴西经济增速一度放缓，政府及时出台了一揽子稳定金融和刺激经济措施，取得了一定成效。2010 年，巴西 GDP2.02 万亿美元，人均 GDP 10471 美元，GDP 增长率 7.5%，货币名称为雷亚尔（real），1 雷亚尔＝100 分，1 美元≈1.55 雷亚尔，通货膨胀率 5.9%，失业率 6.7%。

　　巴西森林覆盖率达 57%，木材储量 658 亿立方米。国内水力资源丰富，拥有世界18% 的淡水，人均淡水拥有量 29 000 立方米，水利蕴藏量达 1.43 亿千瓦/年。巴西是全球最大的蔗糖生产和出口国、第二大大豆生产和出口国、第三大玉米生产国，玉米出口位居世界前五，同时也是世界上最大的牛肉和鸡肉出口国。2010 农牧业增长 6.5%，粮食总产量 1.495 亿吨。巴西拥有世界最大的"绿色"牛群，也是世界未来的粮仓。有专家预测，仅稀树草原（cerrados）的开发和利用，就可以解决 5 亿人口的吃饭问题。由于地域辽阔，加之自然气候的差异，植被形态的不同，水利资源分布的不均，交通运输布局的不合理（主要是指铁路）等原因，巴西农牧业发展和农牧业经济结构自然地形成了三大板块模式。第一大板块是包括东南部和南部的圣保罗、圣卡塔林纳、米纳斯吉拉斯、圣埃斯皮里托和里约热内卢等在内的 17 个州，属大西洋丛林地带（面积约 100 多万平方千米）、南部草原和沼泽湿地，这些州大多位于沿海，自然条件好，交通便利，水利资源丰富，经济发达，具备发展农牧业生产的优越条件。第二大板块是位于东北部干旱和半干旱地区的几个州。那里雨量稀少，而且交通不便，因此主要发展水果种植业及经济作物，如种植芒果、甜瓜、可可、腰果、菠萝、香蕉、花木、棉花和饲养家禽等。第三大板块为主要分布在巴西中西部地区的 7 个州，多为稀树草原，总面积约 2.07 亿公顷，其中可利用开发的土地1.27 亿公顷，约占稀树草原总面积的 63%。稀树草原地区年降水量一般在 1000mm 以上，但其中 90% 的降水集中在雨季，一年中几乎有 4 个月滴水不下。该地区 90% 的土地贫瘠，树木稀疏低矮，故称其为"稀树草原"。稀树草原地区主要种植大豆、玉米、瓜果、蔬菜、花卉、棉花，畜牧业也有一定发展规模。

　　巴西农业特点十分明显。一是农业资源利用率较低，增产潜力很大。巴西的农业资源得天独厚，土地资源、生物资源、水资源等都十分丰富。巴西仍处在"拓展农业边疆"的发展阶段，耕地面积仍在不断扩大。巴西中西部著名的"稀树草原"占全国土地面积的 21%，国家拥有耕地资源 2.8 亿公顷。近 20 年来，巴西的耕地面积每年递增 2% 左右，从 3440万公顷扩大到现在的 6120 万公顷，但仍只占到国土面积的 7%，人均 0.3 公顷（4.8 亩）。巴西农业增产的潜力极大，甚至有专家认为，巴西将是"21 世纪的世界粮仓"。二是农业以出口产品为主，但粮食尚需进口。政府鼓励生产大豆等出口作物，以赚取更多的外汇，同时也可减少对咖啡、可可等传统出口作物的过分依赖。农业仍是国家赚取外汇的主要行业之一。三是大庄园主农业和小农并存，地区发展极不平衡。巴西的土地占有状况极不均衡。全国的良田大部分掌握在大庄园主手里，其规模大得惊人，最大的可以达到几万、甚至几十万公顷。他们经营现代化的商业性农场，以生产大豆、甘蔗、咖啡、可可等出口农产品为主。另一方面，占农场总数 85% 的是自给性小农，以生产木薯、黑豆等为主，劳动生产率和经济收入都很低。此外，巴西还有无地的农民 1200 万，他们生活在社会的底层，多半仍处于赤贫状态。四是巴西的地区发展也很不均衡。在经济发达的南部、东南部地区，采用现代科学技术和经营管理方法，有大量的资本投入。东北部和中西部地区是巴西的欠发达地区。特别是东北部，虽有不少河流湖泊，但是没有灌溉系统，由于气候干旱，农业基本上"靠天吃饭"，是全国最落后的地区。欠发达地区的小农主要依靠传统的耕作方式，有的甚至刀耕火种，对资源的破坏相当严重。

在过去长期发展过程中，巴西耕地面积经历了不断增加的过程，目前仍处在耕地面积增长的时期，但增长速度明显趋缓。按照 1961～1963 年三年平均计算的耕地面积为 2404 万公顷，2007～2009 年为 6113 万公顷，按照移动平均方法计算，年均增加 80.6 万公顷，年递增率 2.1%。总体上呈现出上升的态势，曾于 1995 年出现一个跳跃式增长过程，目前的耕地面积最大，并有进一步扩大的趋势，但扩大趋势已经趋缓。经模拟，巴西耕地面积呈二次多项式变化，模拟的解释程度达到 98.84%。巴西耕地面积长期变化情况与模拟结果详见图 10-1。

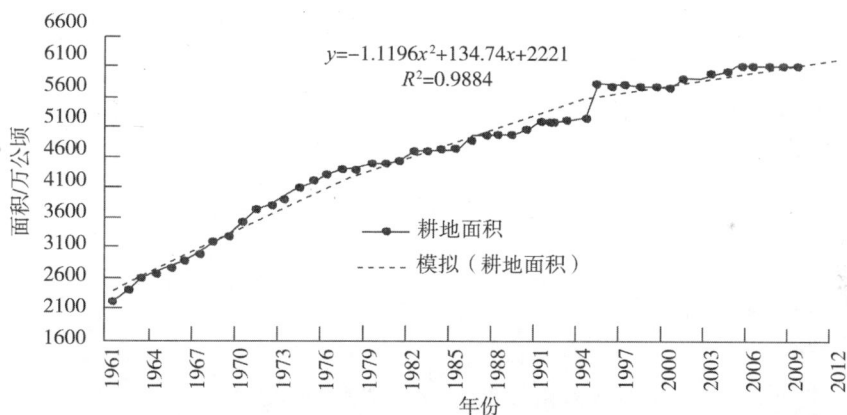

图 10-1　巴西耕地面积变化

10.1.2　人口状况

巴西人口增长很快。2011 年，巴西总人口达到 1.96 亿人，早在 1960 年还只有 7276 万人。按照 1960～1962 年三年平均计算的总人口为 7500 万人，2009～2011 年为 19 495 万人，年均增加 240 万人，人口年递增率高达 1.97%，是世界上保持较高人口增长率的国家之一。如果将巴西人口增长过程加以模拟，拟合成的线性方程的解释程度可以达到 99.85%，如果拟合成二次多项方程，解释程度提高到 99.88%，说明目前仍处在快速上升的过程中，但略有下降。巴西总人口长期变化与模拟结果详见图 10-2。

作为一个农业大国，巴西大量人口明显由广阔的乡村地区转向城市。1960～2011 年，巴西乡村地区人口数量由 3965 万人下降到 3056 万人，按照初期和末期三年平均计算，年均减少 18 万人，年递增率 −0.53%。同期，城市人口大量增加，全国城市人口数量由 3536 万人增加到 16 439 万人，按照初期和末期三年平均计算，年均增加 258 万人，年递

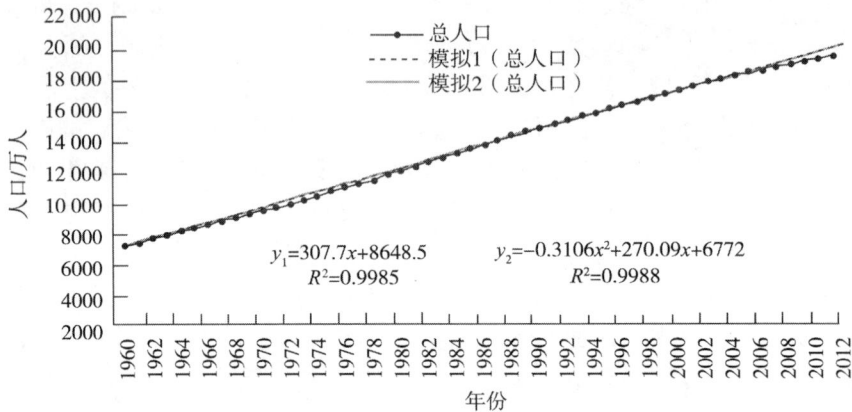

图 10-2 巴西总人口变化

增率高达 3.19％。

乡村人口减少和城市人口快速增加，显著地改变了人口的城乡结构。1960～2011 年，乡村人口率由 52.9％下降到 15.7％，如图 10-3 中的下部曲线，用直线方程描述效果不理想，拟合的二次曲线，解释程度达到 99.85％。同期，巴西城市人口率由 47.1％上升到 84.3％，其增长过程亦不能用直线描述，拟合成的二次多项方程的解释程度可以达到 99.85％。巴西城乡人口结构长期变化情况如图 10-3 所示。

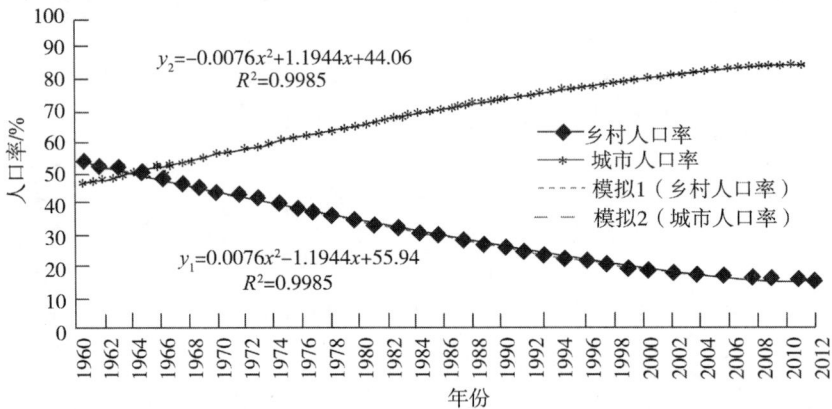

图 10-3 巴西城乡人口结构变化

10.1.3 经济水平

巴西经济，在长期发展过程中，经历了波动，总体上有增长，但发展速度比较缓慢。以 2011 年为例，巴西 GDP（现值）41 430 亿雷亚尔，约合 24 766 亿美元，列世界所有国家第 6 位。

结合人口状况，按照 2000 年美元不变价格计算，1960～2011 年，巴西人均 GDP 由 1448 美元增长到 4803 美元，按照 1960～1962 年和 2009～2011 年三年平均计算，年均增加 62 美元，长期年递增率 2.30％。这一变化过程可以拟合成五次多项式，解释程度达到 98.22％。巴西人均 GDP 长期变化情况与模拟结果详见图 10-4。

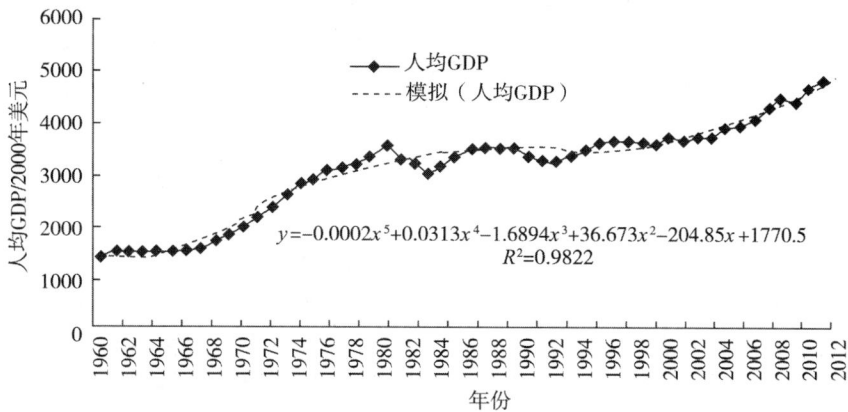

图 10-4　巴西人均 GDP 变化

从国民收入角度看，巴西人均国民收入略低于人均 GDP。按照 2000 年美元不变价格计算，1960～2011 年，巴西人均国民收入由 1526 美元增长到 4557 美元，年均增加 62 美元，按照首尾三年平均计算的年递增率为 2.26%。这一变化过程可以拟合成五次多项式，解释程度达到 97.50%。巴西人均国民收入长期变化情况与模拟结果详见图 10-5。

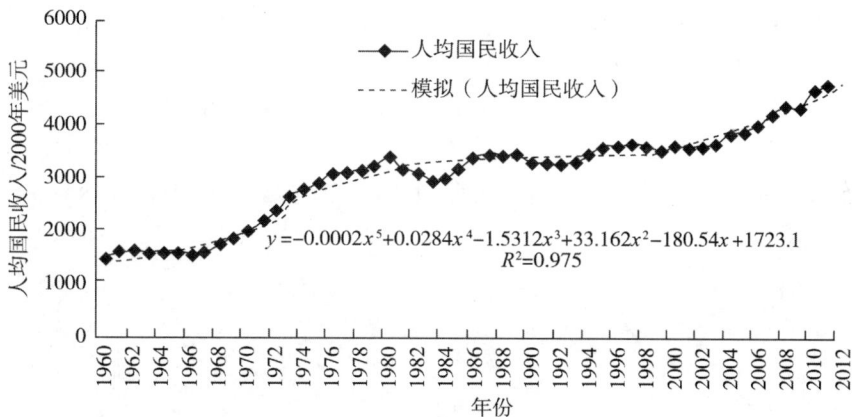

图 10-5　巴西人均国民收入变化

10.2　水稻生产

巴西是世界水稻生产的重要国家之一，自然资源条件非常优越，是南美洲水稻生产条件最好的国家，水稻生产对巴西农民生产与生活有重要影响。

10.2.1　稻作生产

巴西幅员辽阔，资源丰富，发展农业的自然条件非常优越。第一，巴西国土面积居世界第五位，多数地区地形平坦，耕地和草场面积广阔，平原面积占国土面积的 1/3 以上，拥有优质高产良田 3.88 亿公顷，其中 9000 万公顷尚未开发利用，还有 2.2 亿公顷的牧场，为农牧业发展提供了充足的土地。第二，巴西地处亚热带和热带，湿润多雨，大部分地区年降水量 2000～3000 毫米，国内有亚马逊、巴拉那和圣弗朗西斯科三大水系，水力资源丰富，保证了农作物生长的水热需求。第三，森林面积巨大，占国土面积的 65%，远高于世界平均水平。广阔的森林不仅是宝贵的林业资源，还能涵养水源、调节气候、净化空气，利于巴西农业发展。总之，巴西的自然条件适合各种农作物生长，是世界上少数适宜农、林、牧、渔业全面发展的国家之一。

巴西以农业为荣。里贝朗普雷图是巴西最富有的城市，GDP95 亿美元，占全巴西的 2%。全市约 50 万人口，人均收入近 4000 美元，在巴西是最高的。难能可贵的是，里贝朗普雷图市的经济支柱是农业。农业占全市财政收入的 95% 以上，仅有的工业也是以农产品为原料的食品和医药加工业，以及为农业服务的机械修理业。整个城市以市政府为龙头，形成了各行各业为农业服务的体制，每个人都以从事农业为荣，农业也是衡量政府官员政绩的主要标准。

巴西水稻生产比较集中。巴西南部地区是巴西稻米的主要产区，占全国产量的 56.73%，其中南里奥格兰德一个州的产量就占总产量的 47.74%；中西部地区居第二位，占总产量的 21%。10 个主要市级产区均在南里奥格兰德州。

10.2.2 水稻面积

巴西水稻生产具有较好的自然条件，但发展滞缓，收获面积有一定幅度下降。1961～2010 年，巴西水稻收获面积总体上经历了从上升到下降的显著变化。按照 1961～1963 年三年平均计算，全国水稻收获面积 342 万公顷，按照 2008～2010 年三年平均计算，全国水稻收获面积下降到 281 万公顷，年均下降 1.3 万公顷，年递增率−0.41%。长期来看，年度波动和阶段性波动都较大，最高时是 1976 年 665 万公顷，目前已经下降到最低。如图 10-6 所示，这种变化过程，可以用三次多项式加以模拟，其解释程度达到 78.79%。

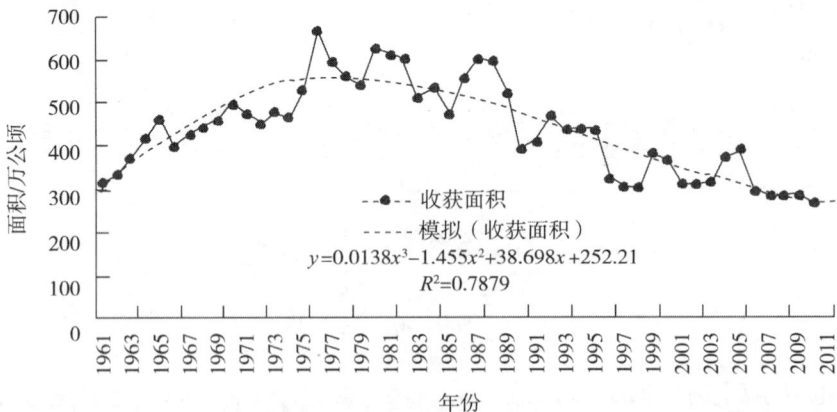

图 10-6 巴西水稻收获面积变化

10.2.3 水稻产量

巴西是世界上重要的水稻生产国家之一，是南美洲最主要的产稻国家，水稻产量的变化，对于国内稻农，甚至整个世界大米市场都有一定影响。纵观巴西水稻产量变化，按照

1961～1963 年三年平均计算，水稻产量 556 万吨，按照 2008～2010 年三年平均计算，水稻产量 1201 万吨，年均增加 13 万吨，年递增率 1.65％。巴西水稻产量长期变化情况与模拟结果详见图 10-7。

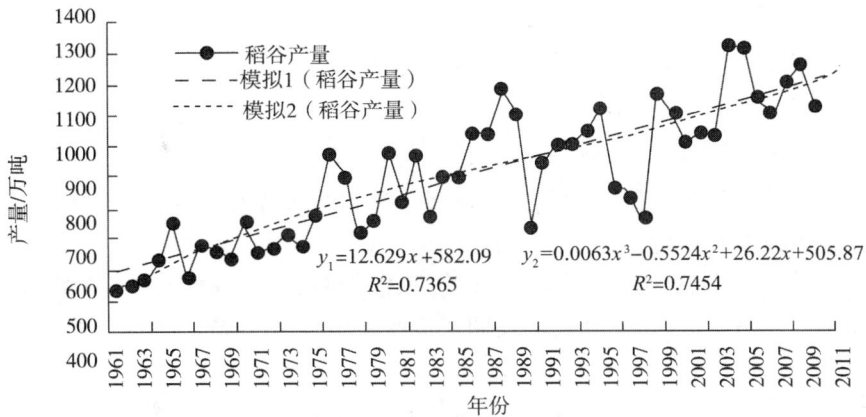

图 10-7　巴西水稻产量变化

过去 50 年，巴西水稻产量在波动中不断增长，平均每 4 年一个波动周期，年度间波动较大，这个过程可以用线性方程和三次多项式方程加以描述，线性方程解释程度可以达到 73.65％，三次多项式方程的解释程度提高到 74.54％。

10.2.4　单产变化

按照单位面积计算水稻产量，巴西水稻单产总体上在较大波动和长期停滞中开始逐步提高，经历了一个明显的下降和上升过程。按照 1961～1963 年年度平均计算的单产为每公顷 1633 公斤，按照 2008～2010 年三年平均计算的单产为 4270 公斤，年均提高 55 公斤，年递增率 2.07％，属于中等发展速度的国家。巴西水稻单产长期变化情况与模拟结果详见图 10-8。

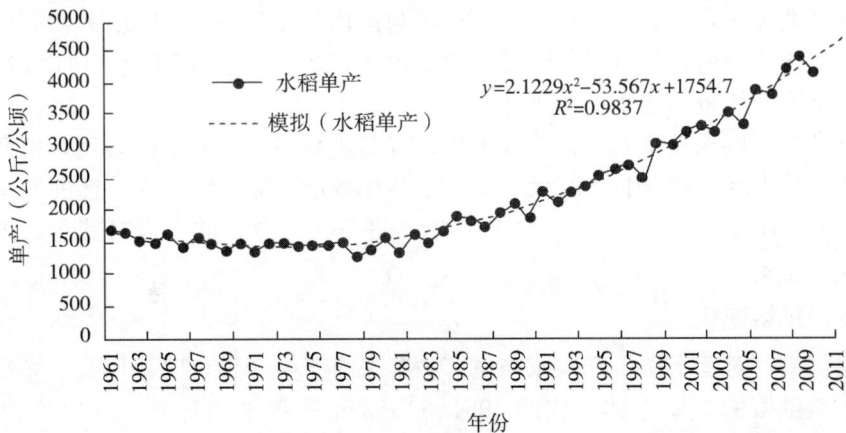

图 10-8　巴西水稻单产变化

从长期变化过程看，巴西水稻单产水平在较大的波动中不断提高，总体水平提高不快，水平仍然不高。用二次多项式方程模拟，解释程度 98.37%，如何稳定提高单产水平，将是巴西水稻生产所面临的严峻现实问题。

10.3　供求关系

按照一定时期总供给量与总使用量相等的原则，考察在特定时期内，巴西稻米（按大米计算）供求关系变化的长期情况。

10.3.1　供求平衡表

从供求平衡角度分析，供给方包括生产量、进口量和库存变化量三个部分，需求方包括国内用量、出口量和损耗量三个部分。

大米供求量是大米总供给与总需求的均衡量，1961～1963 年三年平均 371.1 万吨，2007～2009 年三年平均 858.0 万吨，长期年度平均 635.8 万吨，年均递增率 1.84%。巴西大米供求平衡表详见表 10-1。

表 10-1　巴西大米供求平衡表

时间	总供求/万吨	供给/万吨			需求/万吨			比值	
		生产量	进口量	库存变化量	国内使用量	出口量	损耗量	产用比	出进比
1961 年	359.7	359.7	0.00	0.0	304.9	12.9	41.9	1.18	—
2009 年	904.5	843.8	60.64	0.0	745.1	58.8	100.6	1.13	1.0
初期平均	371.1	371.1	0.0	0.0	322.2	5.5	43.3	1.15	—
末期平均	858.0	795.4	56.1	6.5	718.8	44.3	94.9	1.11	0.9
年均增量	635.8	600.0	37.3	−1.4	555.3	8.6	72.0	1.09	—
递增率/%	1.84	1.67	23.51	—	1.76	4.63	1.72	0.95	—

注："初期平均"指本表所列年份最初三年年度平均值，"末期平均"指本表所列年份最后三年年度平均值

资料来源：根据 FAO 数据库历年数据整理并计算

从供求平衡关系角度看，计算大米生产量与国内使用量的"产用比"表明，巴西总体上生产量大于国内使用量，但"产用比"的比值已由初期的 1.15 下降到近期的 1.11，表明大米生产量占国内使用量的比重有所下降。

从国家和国际供求关系看，计算大米出口量与进口量的"出进比"表明，巴西在个别年份因大量地出口大米而使"出进比"大于 1，巴西大部分年份进口大米，且进口量较大，因而"出进比"通常小于 1。作为世界大米进口国，进口一定数量的大米对其在总体上保持大米供求平衡很重要。

10.3.2　供给变化

大米的供给，对于水稻生产国家来说，主要来自于生产量，巴西也是一样。巴西大米生产量一直是供给的重要主体，按照 1961～1963 年三年平均计算，其比重为 100.0%，2007～2009 年下降到 92.7%，水稻生产对解决大米供给问题很重要，但比重却在下降。巴西大米供给量与结构长期变化情况详见表 10-2。

表 10-2　巴西大米供给量与结构变化

时间	数量/万吨				结构/%		
	总供给	生产量	进口量	库存变化量	生产量	进口量	库存变化量
1961 年	359.7	359.7	0.0	0.0	100.0	0.0	0.0
2009 年	904.5	843.8	60.6	0.0	93.3	6.7	0.0
初期平均	371.1	371.1	0.0	0.0	100.0	0.0	0.0
末期平均	858.0	795.4	56.1	6.5	92.7	7.1	11.6
年均增量	635.8	600.0	37.3	−1.4	95.3	5.0	−0.3
递增率/%	1.8	1.7	23.51	—	−0.16	21.5	—

注："初期平均"指本表所列年份最初三年年度平均值，"末期平均"指本表所列年份最后三年年度平均值

资料来源：根据 FAO 数据库历年数据整理并计算

在供给量中，巴西大米进口量是国内需求的重要保障，是解决供给问题的必要补充，随着水稻生产能力的不断提升，巴西逐步加大了大米进口量。20 世纪 80 年代以来，全国大米进口量较大，其中，1986 年、1998 年和 2003 年都超过超过 100 万吨。按照 1961～1933 年三年平均计算的进口量不足 0.1 万吨，按照 2007～2009 年三年平均计算的进口量为 56.1 万吨，年均增量 37.3 万吨，年递增率很高，可见进口大米对巴西解决国内大米供给问题，具有极其重要的意义。

在供给量中，库存变化量是一种调剂。巴西大米库存量比重不高，但在年度间的变化却很大。总体上看，巴西大米年度库存量，在充实库存与减少库存之间的变化占供给量的比重，最高是 1990 年增加 168 万库存，占供给量的 23.8%，最低是 1995 年减少 174 万吨，占总供给量的−26.3%，近年来库存变化量不大。

10.3.3　需求变化

需求量变化，主要是由国内使用量、出口量及损耗量，关键是国内功能性使用所决定的，国内使用量是水稻生产大国的主体。

巴西大米国内使用量总量不大，占总需求量的比重，已由 1961～1963 年三年平均的 86.8% 下降到 2007～2009 年三平均 83.8%，在其他条件不变的情况下，说明国内需求的相对重要性有所下降。巴西大米需求量与结构长期变化情况详见表 10-3。

表 10-3　巴西大米需求量与结构变化

时间	数量/万吨				结构/%			损耗率/%	
	总需求	国内使用量	出口量	损耗量	国内使用量	出口量	损耗量	耗产率	耗用率
1961 年	359.7	304.9	12.9	41.9	84.8	3.6	11.6	11.6	13.7
2009 年	904.5	745.1	58.8	100.6	82.4	6.5	11.1	11.9	13.5
初期平均	371.1	322.2	5.5	43.3	86.8	1.49	11.7	11.7	13.4
末期平均	858.0	718.8	44.3	94.9	83.8	5.16	11.1	11.9	13.2
年均增量	635.8	555.3	8.6	72.0	87.3	1.4	11.4	12.0	13.1
递增率/%	1.8	1.8	4.6	1.7	−0.08	2.7	−0.1	0.0	0.0

注："初期平均"指本表所列年份最初三年年度平均值，"末期平均"指本表所列年份最后三年年度平均值

资料来源：根据 FAO 数据库历年数据整理并计算

在需求量中，巴西大米对于满足国际需求的出口量则有所加强，巴西大米出口量有增加的趋势，目前已经提高到每年出口大米在 50 万吨以上，现实表明，巴西对于国际大米市场而言越来越重要。

在需求量中，使用过程中的损耗量相对较高。巴西大米损耗量由 1961～1963 年三年平均 43 万吨增加到 2007～2009 年三年平均 94 万吨，它占需求量的比重，由 11.7％下降到 11.1％，年度平均为 11.4％；损耗量占生产量的比重，由初期平均 11.7％上升到近期平均 11.9％，年度平均为 12.0％；损耗量占国内使用量的比重，由 13.4％下降到 13.2％，年度平均 13.1％。

10.4 大米食用

从水稻生产的目的性和需求的功能性来看，水稻生产旨在满足国内日益增长的食用需求，在于为人们提供生存与发展所需要的能量和营养。

10.4.1 食用大米

1961～2009 年，按照 1961～1963 年和 2007～2009 年三年平均计算，巴西大米食用量由 301.8 万吨增加到 646.2 万吨，年均增加 7.3 万吨，表现为总体上不断增长的过程。巴西大米、小麦、玉米和其他谷物食用量长期变化情况详见表 10-4。

表 10-4　巴西谷物食用量变化比较

时间	人口/万人	食用量/万吨				人均食用量/（公斤/人）			
		大米	小麦	玉米	其他	大米	小麦	玉米	其他
1961 年	7498	287	225	199	4	38.3	30.0	26.5	0.6
2009 年	19 325	669	1034	473	40	34.6	53.5	24.5	2.0
初期平均	7729.9	301.8	244.3	188.7	4.2	39.0	31.6	24.5	0.5
末期平均	19 152.9	646.2	1026.3	476.2	43.6	33.7	53.6	24.9	2.3
年度平均	13 528.9	519.2	613.8	297.9	20.0	38.7	43.8	22.2	1.3
年均增量	243.0	7.3	16.6	6.1	0.8	—0.1	0.5	0.0	0.0
递增率/％	1.99	1.67	3.17	2.03	5.22	—0.32	1.16	0.03	3.16

注："初期平均"指本表所列年份最初三年年度平均值，"末期平均"指本表所列年份最后三年年度平均值

资料来源：根据 FAO 数据库历年数据整理并计算

剔除人口增加的影响，计算大米人均食用量，巴西人均大米食用量已经处于缓慢下降阶段。就平均来看，按照 1961～1963 年三年平均计算，大米人均食用量 39.0 公斤，2007～2009 年已经下降到 33.7 公斤。与大米人均食用量的变化相反，小麦人均食用量却由 31.6 公斤上升到 53.6 公斤；玉米人均食用量由 24.5 公斤上升到 24.9 公斤；其他谷物人均食用量由 0.5 公斤上升到 2.3 公斤。巴西大米、小麦、玉米和其他谷物人均食用量长期变化情况详见图 10-9。

10.4.2 米食营养

就巴西全国平均而言，国民通过食物获取营养量，总体上相对较高，增长速度较快。在食物营养中，主要是通过植物性食物获取能量和营养。食用大米获取营养，对于巴西国

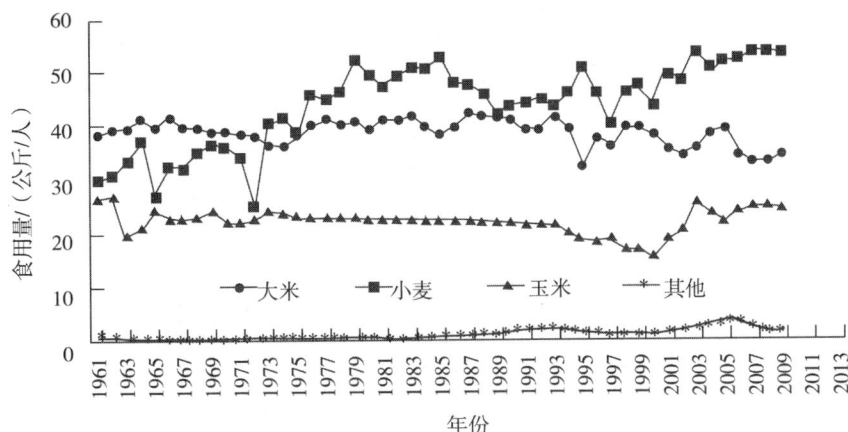

图 10-9　巴西四类谷物人均食用量变化比较

民来说，是生活中比较重要的事情。如表 10-5 所示，按照 1961～1963 年三年平均计算，每人每日通过食物获得热量 2246 千卡，按照 2007～2009 年三年平均计算的每人每日通过食物获取的热量为 3153 千卡，年均增加 19 千卡，年递增率 0.74%。巴西每人每日食物营养量长期变化情况详见表 10-5。

表 10-5　巴西每人每日食物营养量每日食物营养量年度变化比较

时间	总营养量(A)		植物性食物营养量(B)		大米营养量		大米热量占比/%		大米蛋白质占比/%	
	热量/千卡	蛋白质/克	热量/千卡	蛋白质/克	热量/千卡	蛋白质/克	(A)	(B)	(A)	(B)
1961 年	2214	56.3	1928	38.5	389	7.7	17.6	13.7	20.2	20.0
2009 年	3173	88.6	2436	42.1	352	6.9	11.1	7.8	14.4	16.4
初期平均	2246	57.0	1956	39.0	397	7.8	17.7	20.3	13.7	20.1
末期平均	3153	87.4	2440	42.3	343	6.8	10.9	14.0	7.7	16.0
年度平均	2679	68.5	2224	39.5	393	7.8	14.7	17.7	11.3	19.7
年均增量	19.3	0.6	10.3	0.1	−1.2	0.0	−0.1	−0.1	−0.1	−0.1
递增率/%	0.74	0.93	0.48	0.18	−0.32	−0.32	−1.05	−0.80	−1.24	−0.49

注："初期平均"指本表所列年份最初三年年度平均值，"末期平均"指本表所列年份最后三年年度平均值

资料来源：根据 FAO 数据库历年数据整理并计算

巴西人以食用植物性食物为主，大米占有一定的地位，为全国人民提供了一定的食物保障，从营养角度来看也是如此。按照 1961～1963 年三年平均计算，巴西人通过食用大米获得的热量为 397 千卡，按照 2007～2009 年三年平均计算，大米热量下降到 343 千卡，年均 393 千卡，年递增率−0.32%。同期，大米还提供了 7.8 克和 6.8 克的蛋白质及一定量的植物性脂质。据此计算，大米热量占总热量的比重由 17.7%下降到 10.9%，占植物性食物热量的比重由 20.3%下降到 14.0%。大米为巴西人提供的蛋白质占蛋白质总量的比重由 13.7%下降到 7.7%，大米为巴西人提供的蛋白质占植物性食物蛋白质的比重由 20.1%下降到 16.0%。由此可见，随着大米人均食用量缓慢下降，巴西大米营养在整个

食物营养和植物性食物营养供给中的重要性有所降低。巴西每人每日大米营养量长期变化情况详见图 10-10。

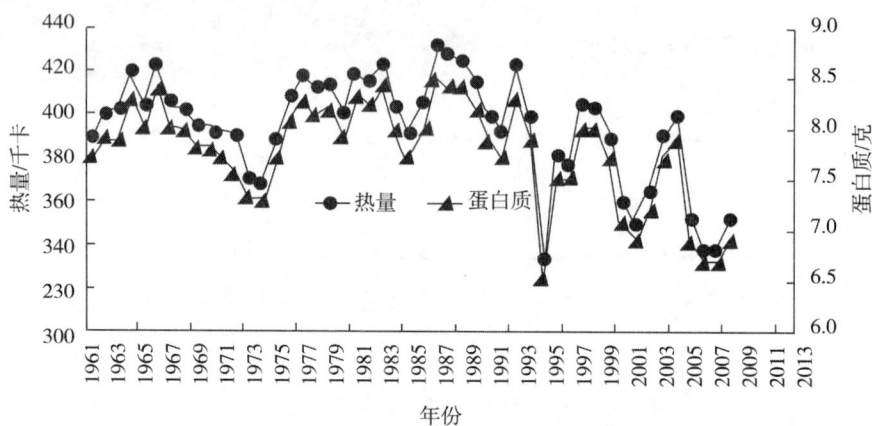

图 10-10　巴西每人每日大米营养量年度变化

10.5　市　场　贸　易

大米市场分为国内市场与国际市场。在国内市场上，通过价格变化来反映国内大米市场变化走势。在国际市场上，主要通过价格和贸易量的变化来反映该国大米在国际大米市场上的地位及其变化情况。

10.5.1　国内大米价格

（1）国内稻谷批发价格与零售价格月度变化。根据监测数据，得到巴西全国城乡各地在 2012 年全年 12 个月与 2011 年全年 12 个月的批发价格月度变化数据，据此计算巴西国内稻谷平均批发价格，结果表明，2012 年国内稻谷平均批发价格为每吨 307.1 美元，比2011 年全年平均 321.0 美元下降 13.8 美元，下降了 4.3%。2012 年全年圣保罗地区稻谷批发价格平均每吨 319.2 美元，比 2011 年全年 287.8 美元上升了 31.4 美元，上涨10.9%。巴西全国与圣保罗地区稻谷批发价格月度变化情况详见表 10-6。

表 10-6　巴西全国与圣保罗地区稻谷批发价格月度变化

时间	批发		差价	
	全国平均	圣保罗地区	圣保罗－全国	全国＝1
2012 年全年	307.1	319.2	12.1	1.04
1 月	299.1	281.2	−17.8	0.94
2 月	318.1	313.7	−4.3	0.99
3 月	301.4	294.6	−6.8	0.98
4 月	288.6	274.9	−13.7	0.95
5 月	277.1	283.9	6.8	1.02
6 月	270.6	282.7	12.2	1.04
7 月	269.9	295.4	25.5	1.09

续表

时间	批发		差价	
	全国平均	圣保罗地区	圣保罗—全国	全国＝1
8 月	288.7	317.9	29.2	1.10
9 月	306.7	339.4	32.7	1.11
10 月	347.6	383.9	36.3	1.10
11 月	359.2	387.4	28.2	1.08
12 月	358.4	375.4	17.0	1.05
2012 年增量	−13.8	31.4	45.2	0.1
2012 年增幅/%	−4.3	10.9	−136.6	15.9

注：本表中"2012 年增幅"之外的项目单位为"美元/吨"

资料来源：根据国家水稻产业经济研究室数据库有关数据整理计算

（2）巴西圣保罗地区大米零售价格月度变化。根据监测数据，对巴西圣保罗地区大米零售价格监测结果分析表明，2012 年全年 12 个月，大米零售价格每吨 1081.7 美元，比 2011 年全年 1111.7 美元下降了 30.0 美元，下降幅度 2.70%。以 2012 年作为现年，与以前各年的"现比"表明，2012 年比 2002 年零售价格 452.2 美元上涨了 654.2 美元，上涨幅度 153.0%。2002～2012 年圣保罗地区大米零售价格月度变化情况详见表 10-7。

表 10-7　巴西圣保罗地区大米零售价格月度变化

时间	2012 年	2011 年	2010 年	2009 年	2008 年	2007 年	2006 年	2005 年	2004 年	2003 年	2002 年
全年	1081.7	1111.7	1173.3	1099.2	1183.3	865.0	712.5	625.0	679.2	621.7	425.0
1 月	1050	1170	1270	960	1090	800	650	590	770	490	490
2 月	1100	1160	1310	1000	1040	810	700	630	750	470	480
3 月	1080	1130	1150	990	1000	810	700	590	720	480	460
4 月	1020	1160	1150	1050	1080	840	710	620	730	550	460
5 月	980	1130	1160	1060	1220	840	690	640	660	650	430
6 月	950	1080	1120	1090	1450	870	660	640	660	670	410
7 月	980	1160	1130	1100	1500	870	710	620	660	680	390
8 月	1040	1160	1170	1170	1460	840	710	620	630	660	370
9 月	1110	1060	1170	1190	1350	920	710	630	630	690	370
10 月	1230	1030	1170	1240	1050	890	750	630	670	710	340
11 月	1250	1070	1160	1220	1030	930	760	650	640	690	430
12 月	1190	1030	1120	1120	930	960	800	640	630	720	470
环比增量	−30.0	−61.7	74.2	−84.2	318.3	152.5	87.5	−54.2	57.5	196.7	−2.5
环比增幅/%	−2.7	−5.3	6.7	−7.1	36.8	21.4	14.0	−8.0	9.2	46.3	−0.6
现比增量	−30.0	−91.7	−17.5	−101.7	216.7	369.2	456.7	402.5	460.0	656.7	654.2
现比增幅/%	−2.7	−7.8	−1.6	−8.6	25.0	51.8	73.1	59.3	74.0	154.5	153.0

注：本表中"环比增幅"与"现比增幅"之外的项目单位为"美元/吨"

资料来源：根据国家水稻产业经济研究室数据库有关数据整理计算

10.5.2 大米国际贸易

巴西是世界越来越重要的大米进口国家，大米出口有一定重要性，其价格变化，尤其是进口大米价格变化，对世界大米市场的走势有重要影响。

在国际大米市场，巴西作为进口大国而在国际贸易中具有一定重要性。按照 1986～2010 年平均计算，平均每年出口大米 42 644 吨，进口量 420 362 吨。2007 年以前，一般年度出口不足 10 万吨，从 2007 年开始出口在 30 万吨左右。除 1989 年没有进口以外，其他各年均有进口，按照 24 年实际年平均计算的进口量为 437 877 吨，是一个重要的大米进口国家。自 1986 年以来，巴西大米进出口贸易变化情况详见表 10-8。

表 10-8 巴西大米进出口贸易变化

年份	出口			进口		
	数量/万吨	金额/万美元	价格/(美元/吨)	数量/万吨	金额/万美元	价格/(美元/吨)
1986	0.20	106	533.7	104.5	24 976	239.0
1987	0.17	87	499.7	6.8	1967	287.5
1988	1.45	497	341.5	6.0	2155	358.3
1989	0.22	137	614.3	—	—	—
1990	0.10	65	645.5	30.7	11 299	368.2
1991	0.14	95	682.9	65.2	26 511	406.4
1992	0.31	176	576.0	43.1	11 185	259.5
1993	1.08	487	452.5	45.4	14 503	319.2
1994	0.08	51	625.0	70.7	23 750	336.0
1995	0.25	113	458.8	55.2	21 219	384.6
1996	0.08	45	533.7	55.0	22 024	400.5
1997	0.08	48	615.5	53.1	22 222	418.3
1998	0.49	301	616.6	76.3	33 884	444.0
1999	2.27	931	411.0	38.0	11 753	309.7
2000	1.29	433	336.7	25.4	6147	242.5
2001	1.67	473	283.1	25.3	5665	224.3
2002	1.38	400	290.1	22.2	5140	231.3
2003	0.72	279	387.9	41.8	13 427	321.0
2004	0.48	221	461.9	48.7	15 019	308.2
2005	3.23	982	304.4	26.4	7345	278.3
2006	5.82	1749	300.8	38.4	12 236	318.6
2007	5.68	2166	381.5	49.5	17 616	356.2
2008	31.95	21 928	686.4	28.3	15 523	548.3
2009	34.88	19 113	547.9	37.8	17 307	458.0
2010	12.61	6838	542.1	57.1	31 123	545.1
年数/个	25	25	25	24	24	24
年均	4.26	2309	541.4	43.8	15 583	355.9
实际平均	4.26	2309	541.4	42.0	14 960	355.9
2008～2010 年平均	26.48	15 960	602.7	41.1	21 317	519.1

资料来源：FAO 数据库

长期来看，1961～2010 年，巴西大米国际贸易量变化情况如图 10-11 所示，巴西已经明显地由少量大米出口国家变成重要的大米进口国家，而且进口量年度间的波动也有所加大。

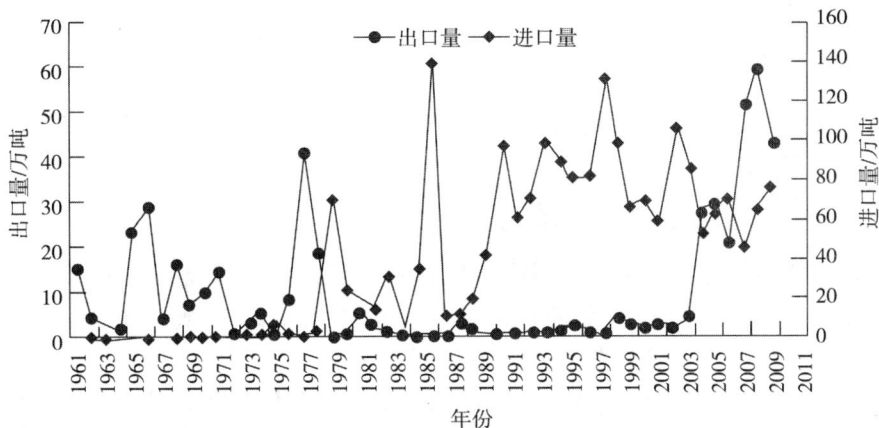

图 10-11　巴西大米国际贸易量长期变化

10.5.3　进口来源

巴西进口大米，1986～2010 年，总共从 37 个国家和地区进口，按照 25 年平均，年度平均进口大米 42.03 万吨。从进口来源看，第 1 位乌拉圭，占 46.06%；第 2 位阿根廷，占 28.08%；第 3 位泰国，占 7.30%；第 4 位越南，占 5.31%；第 5 位美国，占 3.62%。巴西进口大米的国家和地区的分布情况详见表 10-9。

表 10-9　巴西长期进口大米的国家和地区

位次与国家和地区		1986～2010 年平均/吨	占比/%	累比/%
1	乌拉圭	193 637	46.06	46.06
2	阿根廷	118 046	28.08	74.15
3	泰国	30 690	7.30	81.45
4	越南	22 313	5.31	86.76
5	美国	15 229	3.62	90.38
6	巴拉圭	9378	2.23	92.61
7	巴基斯坦	9314	2.22	94.82
8	中国内地	7077	1.68	96.51
9	印度尼西亚	5949	1.42	97.92
10	缅甸	1258	0.30	98.22
11	巴拿马	1248	0.30	98.52
12	印度	1081	0.26	98.78
13	百慕大	755	0.18	98.96
14	开曼群岛	727	0.17	99.13

位次与国家和地区		1986～2010 年平均/吨	占比/%	累比/%
15	中国香港	584	0.14	99.27
16	瑞士	428	0.10	99.37
17	法国	426	0.10	99.47
18	厄瓜多尔	415	0.10	99.57
19	苏里兰	311	0.07	99.64
20	新加坡	276	0.07	99.71

资料来源：根据 FAO 数据库历年数据整理并计算

从 2008～2010 年近三年来看，巴西进口大米的国家分布情况有所不同。按照三年平均计算，巴西总共从 16 个国家进口大米 41.06 万吨。进口来源第 1 位乌拉圭，占51.5%；第 2 位阿根廷，占 32.40%；第 3 位巴拉圭，占 12.83%；第 4 位美国，占2.92%；第 5 位意大利，占 0.18%。巴西进口大米的国家和地区的分布情况详见表10-10。

表 10-10　巴西近年进口大米的国家和地区

位次与国家和地区		2008～2010 年平均/吨	占比/%	累比/%
1	乌拉圭	211543	51.51	51.51
2	阿根廷	133059	32.40	83.92
3	巴拉圭	52683	12.83	96.75
4	美国	12007	2.92	99.67
5	意大利	759	0.18	99.85
6	泰国	348	0.08	99.94
7	越南	90.7	0.02	99.96
8	智利	51.7	0.01	99.97
9	埃及	51.3	0.01	99.99
10	印度	40.7	0.01	100.00
11	法国	9.7	0.00	100.00
12	西班牙	3.00	0.00	100.00
13	日本	1.67	0.00	100.00
14	韩国	1.33	0.00	100.00
15	黎巴嫩	1.00	0.00	100.00
16	巴基斯坦	0.33	0.00	100.00

资料来源：根据 FAO 数据库历年数据整理并计算

10.5.4　出口去向

与大米来源相比，巴西大米出口去向分布十分分散。1986～2010 年，巴西共向 93 个国家和地区出口大米，年均出口 42 644 吨，每年平均向每个国家出口大米 459 吨。表10-11 是 1986～2010 年巴西出口大米的前 20 位国家和地区的分布情况。

表 10-11　巴西长期出口大米的国家和地区

位次与国家和地区		1986～2010 年平均/吨	占比/%	累比/%
1	贝宁	13 861	32.50	32.50
2	尼日利亚	5526	12.96	45.46
3	古巴	2899	6.80	52.26
4	特立尼达和多巴哥	2539	5.95	58.21
5	南非共和国	2438	5.72	63.93
6	玻利维亚	1616	3.79	67.72
7	委内瑞拉	1579	3.70	71.42
8	安哥拉	1228	2.88	74.30
9	美国	1037	2.43	76.73
10	阿根廷	1013	2.38	79.11
11	巴拿马	840	1.97	81.08
12	智利	759	1.78	82.86
13	几内亚	754	1.77	84.63
14	塞内加尔	679	1.59	86.22
15	喀麦隆	664	1.56	87.78
16	巴拉圭	564	1.32	89.10
17	哥伦比亚	431	1.01	90.11
18	俄罗斯	430	1.01	91.12
19	新西兰	343	0.80	91.92
20	海地	340	0.80	92.72

资料来源：根据 FAO 数据库历年数据整理并计算

从近年出口的国家来看，2008～2010 年，巴西年均出口大米 264 802 吨，共向 78 个国家和地区出口，每年每个国家平均出口 3395 吨。出口去向的第 1 位是贝宁，占 33.49%；第 2 位尼日利亚，占 17.39%；第 3 位古巴，占 7.46%；第 4 位南非共和国，占 7.43%；第 5 位委内瑞拉，占 4.83%。巴西出口大米的前 20 位国家和地区的分布情况详见表 10-12。

表 10-12　巴西近期出口大米的国家和地区

位次与国家和地区		2008～2010 年平均/吨	占比/%	累比/%
1	贝宁	88 674	33.49	33.49
2	尼日利亚	46 046	17.39	50.88
3	古巴	19 759	7.46	58.34
4	南非共和国	19 680	7.43	65.77
5	委内瑞拉	12 783	4.83	70.60
6	特立尼达和多巴哥	8671	3.27	73.87
7	安哥拉	7435	2.81	76.68

续表

位次与国家和地区		2008～2010 年平均/吨	占比/%	累比/%
8	巴拿马	7004	2.64	79.32
9	玻利维亚	6941	2.62	81.95
10	几内亚	6280	2.37	84.32
11	塞内加尔	5650	2.13	86.45
12	喀麦隆	5516	2.08	88.53
13	俄罗斯	3560	1.34	89.88
14	智利	3240	1.22	91.10
15	阿根廷	2665	1.01	92.11
16	美国	2534	0.96	93.07
17	塞拉利昂	1722	0.65	93.72
18	约旦	1050	0.40	94.11
19	荷属安的列斯	1035	0.39	94.50
20	几内亚比绍	1008	0.38	94.88

资料来源：根据 FAO 数据库历年数据整理并计算

10.6　展　　望

巴西是世界上重要的水稻生产国家，基于人口增长的粮食安全需求，预计未来水稻生产将有一个大的发展过程。近年来，随着巴西杂交水稻快速推广和逐步普及，估计 2013 年水稻生产将进一步增长。

巴西是一个大米消费水平不高的国家，大米在提供国民营养、解决贫困人口主食供应等方面都具有一定作用。虽然大米人均食用量开始减少，但随着人口不断增加，国内大米食用量仍将增加，并带动国内大米需求量缓慢增长。

与许多其他国家相比，巴西国内大米价格总体上与国民收入水平不完全适应，价格普遍较高，会在一定程度上影响大米需求，但有利于扩大国际贸易。

在国际大米市场上，巴西大米在经济利益和国内种植业比较效益激励下，出口量增长速度很快，在正常气候条件下，预计进口量还将维持并有所增加。

第 11 章

日本稻米产业发展

日本，即日本国(Japan)。国家土地面积约 37.8 万平方千米，包括北海道、本州、四国、九州四个大岛和众多小岛屿。全国总人口约 1.278 亿人。2011 年，日本国土面积和全国总人口分别居世界第 61 位和 10 位。日本是一个经济现代化强国，早在 20 世纪 70 年代初就实现了农业现代化。水稻生产和大米国际贸易都十分重要，是对世界稻米产业具有重要影响的国家之一。

11.1 产业背景

日本稻米产业发展及其重要性，主要是由国家自然资源条件、人口状况与经济水平三大要素决定的。

11.1.1 自然资源条件

日本位于太平洋西岸，是一个由东北向西南延伸的弧形岛国。西隔东海、黄海、朝鲜海峡、日本海与中国、朝鲜、韩国、俄罗斯相望。全国从北至南由四个大岛及其附属离散小岛组成，包括北海道、本州、四国、九州 4 个大岛和 3900 多个小岛，亦称日本列岛。日本属温带海洋性季风气候，终年温和湿润。6 月多梅雨，夏秋季多台风。1 月平均气温在北部地区为 -6℃，南部地区为 16℃；在 7 月份，北部地区平均温度 17℃，南部地区为 28℃。

日本行政区划按都、道、府、县、市、町设置。全国包括 1 个都(东京都：Tokyo)，1 个道(北海道：Hokkaido)，2 个府(大阪府：Osaka，京都府：Kyoto)和 43 个县(相当于我国的省)，下设市(相当于我国的县和县级市)、町(相当于我国的乡镇)和村。

日本自然资源比较贫乏，山地和丘陵约占总面积的 80%，多火山、地震和台风。最高峰在富士山，海拔 3776 米。沿海平原狭小分散，关东平原最大。海岸线长而弯曲，约 3 万千米，多海湾和良港。由于以温带海洋性季风气候为特点，因此，夏秋多台风，年平均气温在 10℃以上。大部分地区年降雨量 1000~2000 毫米。日本有大小湖泊 600 多个；河流短急，水力资源丰富，但不利于航行。日本土壤贫瘠，主要为黑土(火山灰)、泥炭土以及泛碱土，大部分冲积土已开垦为水田，形成特殊的水田土壤。根据地理位置、气候、土壤条件和生产特点，日本一般将其划分为北海道、东北、北陆、关东和东山、东海、近畿、"中国"、四国、九州 9 个农业区。日本森林面积约为 2512 万公顷，占国土总面积的

2/3，是世界上森林覆盖率最高的国家之一。木材自给率仅为 20％左右，是世界上进口木材最多的国家。日本山地与河流较多，水力资源丰富，蕴藏量约为每年 1353 亿千瓦时。日本的专属经济区面积约相当于国土的 10 倍，渔业资源丰富。

日本是世界第三经济大国。2011 年，日本 GDP 约合 5.87 万亿美元，人均 GDP 约 4.6 万美元，GDP 增长率为－0.7％。对外贸易额约 1.67 万亿美元。截至 2012 年 5 月底，全国外汇储备达 12 777 亿美元。截至 2011 年年底，拥有约 3.19 万亿美元海外资产，是世界最大债权国。政府债务总额（2012 年 3 月）为 960 万亿日元。汇率（2012 年 6 月）为 1 美元≈79 日元。完全失业率（2012 年 4 月）为 4.6％（不含岩手县、宫城县和福岛县）。日本资源贫乏，90％以上依赖进口，其中石油完全依靠进口。

日本农业很重要，第二次世界大战后日本对农业实行高度保护的政策。日本是一个农业耕地资源十分有限、农产品高度依赖进口的国家。1984 年开始成为世界最大的食品进口国，其国内消费的食品 60％依赖进口，但居民消费的口粮始终基本自给，日本国民的食品需求大量靠进口，进口的食品相当于全国 7500 万人口的食品消费量。2011 年，日本出口农产品 4511 亿日元，占全国出口总额 0.69％，而进口农产品高达 80 652 亿日元，占全国进口总额 11.84％，在世界上，日本农产品进口额，已经多年高居世界第 1 位。按热量标准计算的食品自给率，日本为 40％。这一国情使日本成为第二次世界大战后对本国农业保护程度最深、保护时间最长的国家之一。日本长期广泛实施大米价格支持政策。从 1995 年开始，为控制大米进口、调高国内米价并减轻财政补贴的负担，日本政府对大米市场价格采取竞标方式确定。即大米批发业者从民间进口商购进大米必须通过竞标方式，凡标价最高者中标，政府依此确定大米批发价和市场销售价。如 1998 年度每吨大米进口平均价为 8～19 万日元（不同类别、国别及投标时间的大米进口价格不同），市场销售价高达 24～27 万日元，每吨售价高出 16～17 万日元。至 2000 年，日本国内大米销售价比进口价平均高 4.9 倍（小麦高 2.1 倍，大麦高 1.9 倍）。这种农产品国内价格调节方式，使得日本农产品价格始终大大高于国际市场价格，农业生产者从中间接获益，成为其加入 WTO 后保护国内农业和农产品的重要手段。这是由日本农产品生产成本高昂与国际市场价格低的矛盾所致。同国际农产品市场价格相比，日本的农产品价格是很高的。但其成本现在几乎是世界上最高的。农产品的竞争力不强，面临着来自国际市场不断的冲击。为了保护国内农业的发展，日本政府对农业实行了过度的保护政策和过多的生产资料投入，加之农业劳动力的急剧减少，使农产品生产成本大幅度上升，远远高于其他国家，大米的生产成本大约是美国的 10 倍，泰国的 23 倍。

在过去长期发展过程中，日本耕地面积经历了快速下降和缓慢下降的两次大的变化，目前处在耕地面积缓慢下降时期。按照 1961～1963 年三年平均计算，日本耕地面积为 562 万公顷，2007～2009 年为 431 万公顷，按照移动平均方法计算，年均下降 2.8 万公顷，年递增率－0.59％。经线性模拟，解释程度为 94.26％，经四次多项式模式，解释程度达到 99.01％。日本耕地面积长期变化情况与模拟结果详见图 11-1。

11.1.2　人口状况

日本人口增长较快。2011 年，日本总人口达到 12 782 万人，早在 1960 年，经过恢复，日本人口达到 9250 万人。按照 1960～1962 年三年平均计算的总人口为 9443 万人，

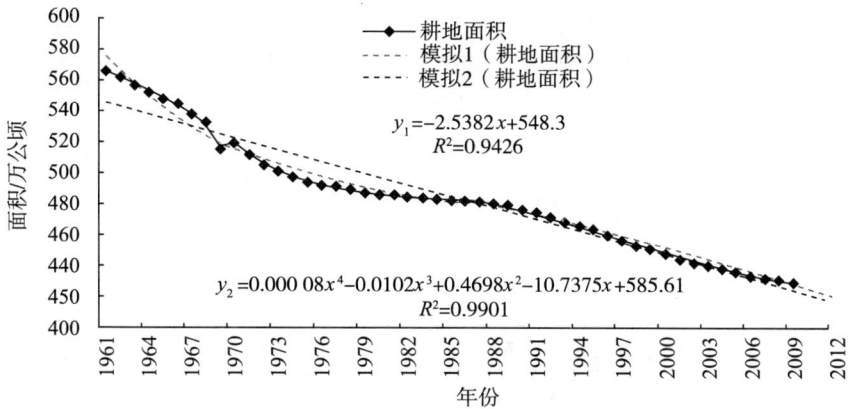

图 11-1　日本耕地面积变化

2009～2011 年总人口为 12 761 万人，年均增加 66 万人，人口年递增率只有 0.62%，是世界上人口增长率较低的国家之一。如果将日本人口增长过程加以模拟，拟合成的线性方程的解释程度很低，如果拟合成二次多项式方程，解释程度提高到 99.88%，说明目前已经处在一个缓慢下降的过程中。日本总人口长期变化情况与模拟结果详见图 11-2。

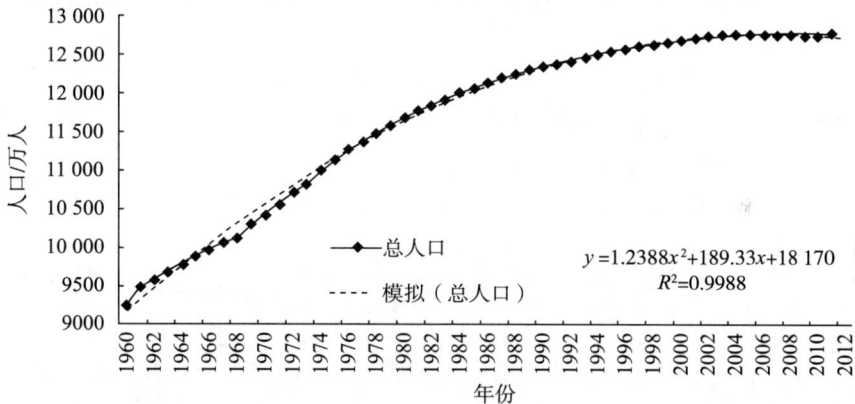

图 11-2　日本总人口变化

作为一个人口大国，日本大量人口并未居住在广阔的乡村地区。1960～2011 年，日本乡村地区人口数量由 3397 万人减少到 1133 万人，按照初期和末期三年平均计算，每年平均减少 43 万人，年递增率 -2.06%。同期，城市人口大幅度增长，城市人口数量由 6062 万人增加到 11 540 万人，按照初期和末期三年平均计算，年均增加 110 万人，年递增率 1.32%。

乡村人口和城市人口都在不断增加，但由于变化速度不同，人口城乡结构有很大变化。1960～2011 年，日本乡村人口率由 35.8% 下降到 9.6%，如图 11-3 上部曲线右轴刻度所示，如果用直线方程描述效果不理想，由三次曲线（y_1）描述的解释率可以达到 98.86%。同期，日本城市人口率由 64.2% 上升到 90.4%，其增长过程亦不能用直线描述，拟合成的三次多项式方程（y_2）的解释程度可以达到 98.86%。日本城乡人口结构变化情况如图 11-3 所示。

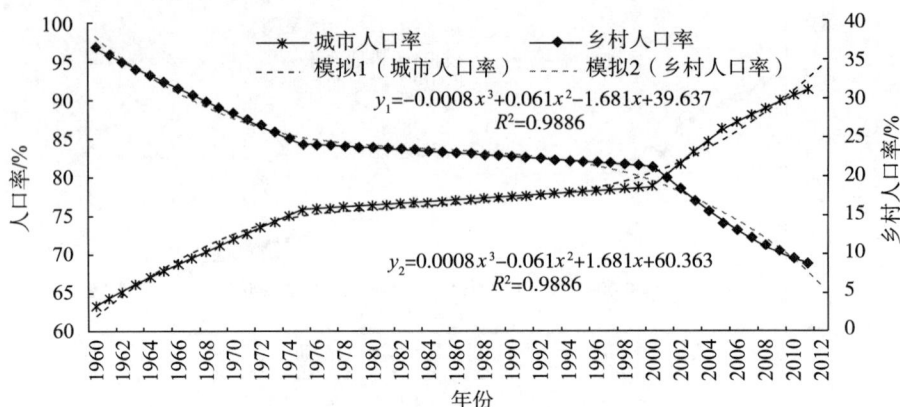

图 11-3　日本城乡人口结构变化

11.1.3　经济水平

日本经过 20 世纪后半叶经济长期快速发展，已经跃升到世界经济大国和经济强国。但在进入新世纪后，特别是始于 2008 年经济危机冲击下，日本经济增长缓慢，甚至呈负增长。以 2011 年为列，日本 GDP(现值)4 682 576 万亿日元，约合 58 671 亿美元，列世界所有国家第 3 位。

结合人口状况，按照 2000 年美元不变价格计算，1960～2011 年，日本人均 GDP 由 7775 美元增长到 39 578 美元，按照 1960～1962 年和 2009～2011 年三年平均数计算，年均增加 616 美元，长期年递增率 3.18%。这一变化过程可以拟合成三次多项式方程，解释程度达到 98.98%。日本人均 GDP 长期变化情况与模拟结果详见图 11-4。

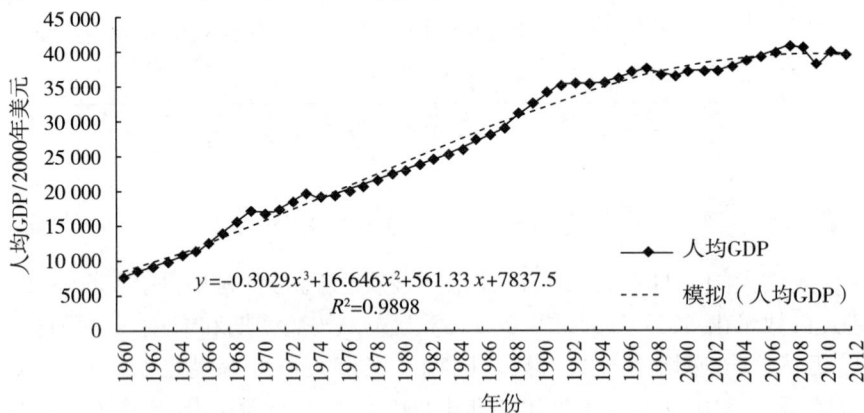

图 11-4　日本人均 GDP 变化

从国民收入角度看，日本人均国民收入高于人均 GDP。按照 2000 年美元不变价格计算，1960～2011 年，日本人均国民收入由 7735 美元增长到 40705 美元，按照首尾三年平均计算的年递增率达到 3.25%，长期增长速度较高，但近期国民收入水平仍然处一个缓慢下降的水平上。这一变化过程可以拟合成三次多项式方程，解释程度达到 98.98%。日本人均国民收入长期变化情况与模拟结果详见图 11-5。

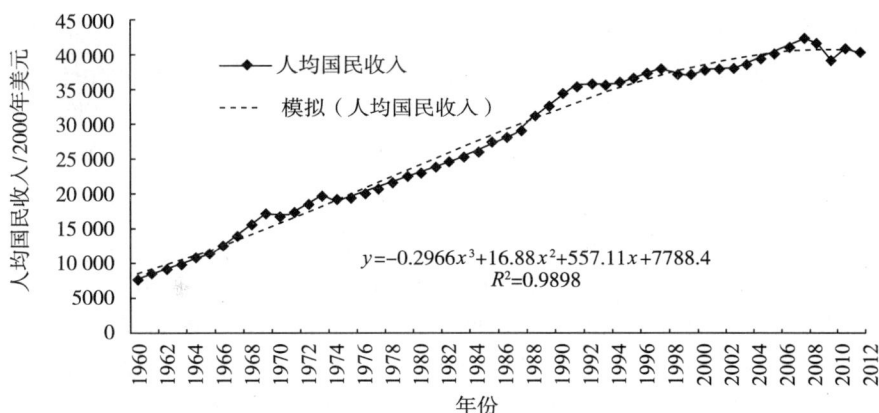

图 11-5　日本人均国民收入变化

图中公式：$y=-0.2966x^3+16.88x^2+557.11x+7788.4$　$R^2=0.9898$

11.2　水　稻　生　产

日本是世界水稻生产历史悠久的国家之一，虽然自然资源条件并不优越，但由于深远的国民稻作文化的影响，日本重视水稻的方方面面，是世界其他国家所少有的，因此日本水稻生产对日本农民的生产与生活至关重要，日本仍然是世界重要的稻米国家之一。

11.2.1　稻作生产

日本是世界上农产品自给率最低的国家之一。从 1984 年开始就取代苏联和德国成为世界最大的农产品进口国。据日本统计年鉴显示，2009 年，日本谷物自给率下降到 29%，主食用谷物自给率下降到 58%，按供给热量计算的粮食自给率下降到 40%。大米作为日本人的主食，一直受到日本政府的高度重视。自明治维新以来，日本政府就采取措施鼓励水稻种植，并号召国民食用国产大米，现在日本市场上出售的大米几乎全部是国产大米。日本政府公布的数据显示，2009 年日本大米的自给率保持在 95%（1995 年为 104%）。然而，日本大米的自给是以政府的高价津贴和消费者的高价支付为代价的，如果没有政府的支持，安全可靠的市场规律运作，日本的大米在国外大米市场早已是不堪一击。但日本水稻具有"国米"与"政治米"二位一体的特殊身价。

日本水稻是当之无愧的"国米"。日本栽培水稻有 2000 多年的历史。大米是日本人千百年来赖以生存的主要粮食来源，日本人对稻米的依附和由此发展起来的历史文化传统是那些非稻作国家难以理解的。日本民间至今仍保留着许多与稻作有关的习俗，好多传说、节日、庆典都与古代的稻作有关。许多日本人还认为日本文化中团结互助的团队精神来自于稻作，日本是唯一一个农业根植于稻米种植的工业化国家。尽管与稻米产业相关的经济在整个国民经济份额中有下降趋势，但是至今仍然占有相当的比例。目前水稻仍然是日本最重要的农作物，54% 从事商品农作物生产的农民以水稻种植为主，水稻种植面积占全国耕地面积的 40%，大米被日本人尊为"国米"当之无愧。

日本水稻具有名副其实的"政治米"特性。农村是日本自民党主要的选票来源之一。出于维护政治基础的需要，自民党一直努力保护农民的利益，日本政府从 20 世纪 20 年代初就制定了大米价格保护政策。实行稻田轮作和休耕制度后，政府赔偿农户因此造成的经济损失。仅 2002 年，日本政府为限产和减产共支付了约 5500 亿日元的财政补贴。许多日本老人对第二次世界大战期间食品短缺的艰难情景依然历历在目，小孩受到的教育是要尊重稻农，不许浪费一粒米。在资源十分紧缺的日本，大米被视为是一种战略物资。在大多数人看来，吃国产米是爱国的表现，进口大米不仅是对日本文化的入侵，更会危及国家安全。日本城市居民自愿支付高价购米以支持稻米产业，保存代表日本文化的传统日本农场。目前，日本正在推行"膳食指南"，宣传教育国民继承传统的饮食文化，更多地消费大米，提高食品自给率。保证大米的自给曾经是日本政府一直努力实现的目标之一。1999年实行关税制后，形式上可由政府和民间两个渠道进口大米，但因高关税，进口米没有价格竞争优势，进口商无利可图，大米进口事实上由政府控制。日本一般只进口不与国产大米相冲突的长粒米和中长粒米，供加工用，尽管日本政府宣称招标是"全球招标"，各国平等，但在招标中将大部分品种限定为中粒米，而中粒米只有美国生产，美国大米虽然价高，但每年在招标中仍占据"半壁江山"，余下部分在澳大利亚等日本的"盟国"中分配，其他亚洲大米出口国基本无缘中标。在日本国内大米有着浓厚的政治色彩，大米是名副其实的"政治米"。大米在日本的特殊地位决定了日本稻米政策的非同寻常。当然也应看到，日本作为世界第十大稻米产业国家，日本水稻不仅品质优良、适口性好，而且专用化和功能化趋势明显。近年来日本又在饲料稻品种选育方面取得了明显成效。

11.2.2 水稻面积

水稻是日本的国粮，其重要性不言而喻，日本水稻种植面积和收获面积变化较大。1961～2010 年，日本水稻收获面积总体上呈下降趋势，按照 1961～1963 年三年平均计算，全国水稻收获面积 329 万公顷，2008～2010 年平均下降到 163 万公顷，年均下降 3.5万公顷，年递增率－1.49%，从近期来看，虽然目前仍有一定的年度波动，但仍处在收获面积缓慢下降阶段。从整个长时期来看，年度波动和阶段性波动都较大，如图 11-6 所示，下降过程比较明显，这种变化过程，可以用二次多项式方程加以模拟，其解释程度达到 96.27%。

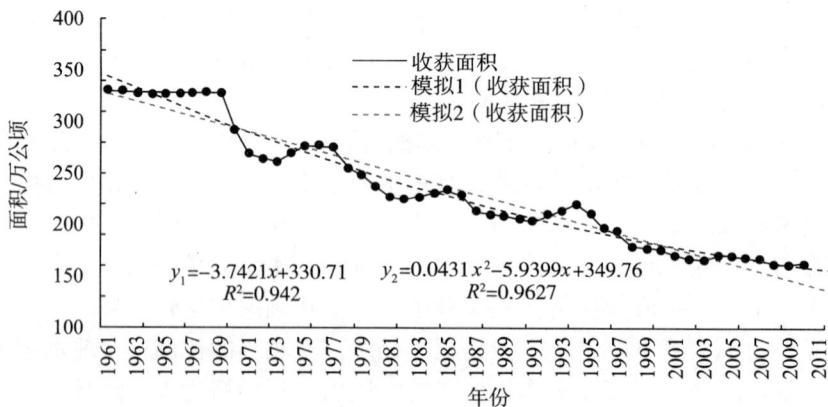

图中公式：
$$y_1 = -3.7421x + 330.71 \quad R^2 = 0.942$$
$$y_2 = 0.0431x^2 - 5.9399x + 349.76 \quad R^2 = 0.9627$$

图 11-6 日本水稻收获面积变化

11.2.3 水稻产量

日本是世界上重要的水稻生产国家之一，水稻产量的变化，对于国内稻农，甚至整个世界大米市场都有重要影响。纵观日本水稻产量变化，按照 1961～1963 年三年平均计算，全国产量 1658 万吨，按照 2008～2010 年三年平均计算的水稻产量为 1074 万吨，年均下降 12 万吨，年递增率－0.92％。日本水稻产量长期变化情况与模拟结果详见图 11-7。

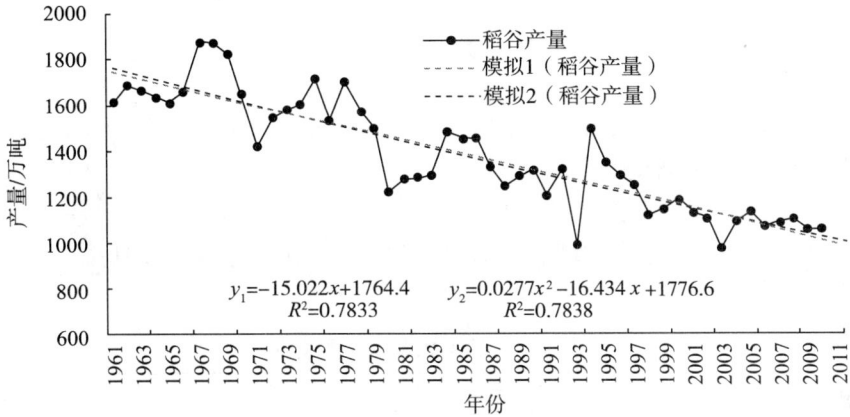

图 11-7　日本水稻产量变化

在过去 50 年中，日本水稻产量在波动中不断下降，平均 4 年左右出现一个波动过程，这个过程可以用二次多项式方程来描述，解释性仍然达到 78.38％，与线性方程解释程度 78.33％相当。

11.2.4　单产变化

按照单位面积计算水稻产量，日本水稻单产总体上在较大波动中逐步提高，经历了一个明显的上升过程。按照 1961～1963 年三年平均计算的单产为每公顷 5033 公斤，按照 2008～2010 年三年平均计算的单产为 6604 公斤，年均提高 33 公斤，年递增率只有 0.58％，日本是单产水稻起点较高，但提高速度缓慢的国家之一。日本水稻单产长期变化情况与模拟结果详见图 11-8。

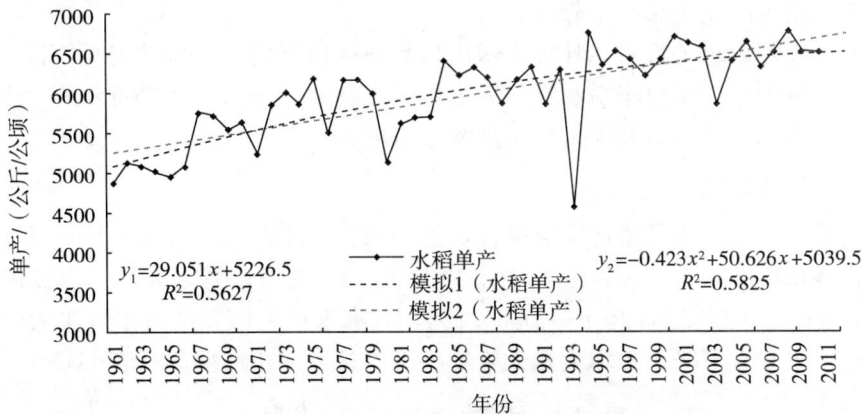

图 11-8　日本水稻单产变化

从长期变化过程看，日本水稻单产水平在较大的波动中逐步有所提高，但提高速度十分缓慢，近期甚至有所下降，用二次多项式方程模拟，解释程度只有 58.25％，甚至不如线性方程的解释程度高。

11.3 供求关系

按照一定时期总供给量与总使用量相等的原则，考察在特定时期内，日本稻米(按大米计算)供求关系变化的长期情况。

11.3.1 供求平衡表

从供求平衡角度分析，供给方包括生产量、进口量和库存变化量三个部分，需求方包括国内用量、出口量和损耗量三个部分。

大米供求量是大米总供给与总需求的均衡量，1961～1963 年三年平均 1148.7 万吨，2007～2009 年三年平均 759.9 万吨，长期年度平均 953.1 万吨，年递增率－0.89%。日本大米供求平衡表详见表 11-1。

表 11-1　日本大米供求平衡表

时间	总供求 /万吨	供给/万吨			需求/万吨			比值	
		生产量	进口量	库存变化量	国内使用量	出口量	损耗量	产用比	出进比
1961 年	1131.0	1077.9	13.41	39.7	1109.7	0.0	21.3	0.97	0.0
2009 年	743.7	706.4	63.04	－25.7	728.2	1.6	13.9	0.97	0.0
初期平均	1148.7	1105.8	18.1	24.8	1127.1	0.0	21.6	0.98	0.0
末期平均	759.9	722.8	60.0	－23.0	743.3	2.4	14.2	0.97	0.0
年均增量	953.1	925.7	30.7	－3.3	922.7	13.1	17.3	1.00	4.2
递增率/%	－0.89	－0.92	2.64	—	－0.90	10.96	－0.90	1.02	8.21

注："初期平均"指本表所列年份最初三年年度平均值，"末期平均"指本表所列年份最后三年年度平均值

资料来源：根据 FAO 数据库历年数据整理并计算

从供求平衡关系角度看，计算大米生产量与国内使用量的"产用比"表明，日本总体上生产量小于使用量，而且"产用比"已由初期平均的 0.98 下降到近期的 0.97，表明国内生产的大米占使用量的比重略有下降。

从国内和国际供求关系看，计算大米出口量与进口量的"出进比"表明，日本有几个小阶段性出口少量大米，多数年份都有较大进口量，日本已经成为世界重要的大米进口国之一，因此，日本大米进口对其大米供求平衡很重要。

11.3.2 供给变化

大米的供给，对于水稻生产国家来说，主要来自于生产量，日本也是一样。日本大米生产量一直是供给的重要主体，按 1961～1963 年三年平均计算，大米生产量占供给量的比重为 96.3%，2007～2009 年下降到 95.1%，日本水稻生产发展对于解决大米供给问题很重要，但比重却在下降。日本大米供给量与结构长期变化情况详见表 11-2。

表 11-2　日本大米供给量与结构变化

时间	数量/万吨				结构/%		
	总供给	生产量	进口量	库存变化量	生产量	进口量	库存变化量
1961 年	1131.0	1077.9	13.4	39.7	95.3	1.2	3.5
2009 年	743.7	706.4	63.0	－25.7	95.0	8.5	－3.4

续表

时间	数量/万吨				结构/%		
	总供给	生产量	进口量	库存变化量	生产量	进口量	库存变化量
初期平均	1148.7	1105.8	18.1	24.8	96.3	1.6	137.1
末期平均	759.9	722.8	60.0	−23.0	95.1	8.3	−38.2
年均增量	953.1	925.7	30.7	−3.3	97.0	3.5	−0.5
递增率/%	−0.9	−0.9	2.64	—	−0.03	3.6	—

注："初期平均"指本表所列年份最初三年度平均值，"末期平均"指本表所列年份最后三年度平均值
资料来源：根据 FAO 数据库历年数据整理并计算

在供给量中，大米进口量是作为国内需求的重要保障，是解决供给问题的必要补充，随着水稻生产能力不断下降，日本逐步增加了大米进口量。1965 年进口量 110 万吨，1994 年进口量 216 万吨，其他年份一般较少，但近年一般在 50 万～70 万吨。按照 1961～1933 年三年平均计算的进口量为 18.1 万吨，按照 2007～2009 年三年平均计算的进口量为 60.0 万吨，年递增率 2.64%，可见进口解决大米供给问题，对于日本具有极其重要的意义。

在供给量中，库存变化量是一种调剂。日本大米库存量比重从 −45.5%（1994）到 24.2%（1993）不等，在年度间的变化也比较大。总体上看，日本大米年度库存量在充实库存与减少库存之间的变化比较大，库存增加最大量是 1971 年 288 万吨，减少最大量是 1994 年 −380 万吨。

11.3.3 需求变化

需求量变化，主要是由国内使用量、出口量以及损耗量，关键是国内功能性使用所决定的，国内使用量是水稻生产大国的主体。

日本大米国内使用量总量较大，占需求量的比重，已由 1961～1963 年三年平均的 98.1% 下降到 2007～2009 年三年平均的 97.8%，在其他条件不变的情况下，说明国内需求的相对重要性有所降低。日本大米需求量与结构长期变化情况详见表 11-3。

表 11-3　日本大米需求量与结构变化

时间	数量/万吨				结构/%			损耗率/%	
	总需求	国内使用量	出口量	损耗量	国内使用量	出口量	损耗量	耗产率	耗用率
1961 年	1131.0	1109.7	0.0	21.3	98.1	0.0	1.9	2.0	1.9
2009 年	743.7	728.2	1.6	13.9	97.9	0.2	1.9	2.0	1.9
初期平均	1148.7	1127.1	0.0	21.6	98.1	0.0	1.9	2.0	1.9
末期平均	759.9	743.3	2.4	14.2	97.8	0.3	1.9	2.0	1.9
年均增量	953.1	922.7	13.1	17.3	96.9	1.3	1.8	1.9	1.9
递增率/%	−0.9	−0.9	11.0	−0.9	−0.01	12.0	0.0	0.0	0.0

注："初期平均"指本表所列年份最初三年度平均值，"末期平均"指本表所列年份最后三年度平均值
资料来源：根据 FAO 数据库历年数据整理并计算

在需求量中，日本大米对于满足国际需求的出口量十分微弱。日本大米出口量，按照初期平均计算为每年 0.02 万吨，按照近期平均计算为 2.39 万吨。

在需求量中，使用过程中的损耗也相对较小。日本国内大米损耗量由 1961～1963 年三年平均 21.6 万吨下降到 2007～2009 年三年平均 14.2 万吨。日本大米损耗量占需求量的比重，一般在 1.9% 左右；损耗量占生产量的比重，一般在 2.0% 左右；损耗量占国内使用量的比重，一般在 1.9% 左右。

11.4　大米食用

从水稻生产的目的性和需求的功能性来看，发展水稻生产旨在满足国内日益增长的食用需求，在于为人们提供生存与发展所需要的能量和营养。

11.4.1　食用量比较

1961～2009 年，按照 1961～1963 年和 2007～2009 年三年平均计算，日本大米食用量由 1068.2 万吨下降到 696.9 万吨，年均下降 7.9 万吨，表现为总体上不断下降的变化过程。日本大米、小麦、玉米和其他谷物食用量变化情况详见表 11-4。

表 11-4　日本谷物食用量变化比较

时间	人口/万人	食用量/万吨				人均食用量/(公斤/人)			
		大米	小麦	玉米	其他	大米	小麦	玉米	其他
1961 年	9336	1053	312	7	101	112.8	33.4	0.7	10.9
2009 年	12655	683	607	143	19	54.0	48.0	11.3	1.5
初期平均	9428.3	1068.2	330.5	9.3	87.8	113.3	35.0	1.0	9.3
末期平均	12653.7	696.9	596.9	148.0	20.5	55.1	47.2	11.7	1.6
年度平均	11577.3	852.0	498.0	151.6	34.1	75.2	42.8	12.7	3.1
年均增量	68.6	−7.9	5.7	3.0	−1.4	−1.2	0.3	0.2	−0.2
递增率/%	0.64	−0.92	1.29	6.21	−3.12	−1.56	0.65	5.54	−3.74

注："初期平均"指本表所列年份最初三年年度平均值，"末期平均"指本表所列年份最后三年年度平均值

资料来源：根据 FAO 数据库历年数据整理并计算

剔除人口增加的影响，计算大米人均食用量，日本大米人均食用量已经稳定地处在不断下降的过程中。就平均来看，按照 1961～1963 年三年平均计算，人均食用量 113.5 公斤，2007～2009 年已经下降到 55.1 公斤。与人均食用量的变化相反，小麦人均食用量由 35.0 公斤上升到 47.2 公斤；玉米人均食用量较低，由 1.0 公斤上升到 11.7 公斤；其他谷物人均食用量由 9.3 公斤下降到 1.6 公斤。日本大米、小麦、玉米和其他谷物人均食用量长期变化情况详见图 11-9。

11.4.2　米食营养

就日本全国平均而言，国民通过食物获取营养量，总体上并不高，并且开始明显下降。在食物营养中，日本国民主要是通过植物性食物获取能量和营养。食用大米获取营养，对于日本国民来说，还是人们生活中十分重要的事情。如表 11-5 所示，按照 1961～1963 年三年平均计算，每人每日通过食物获得热量 2568 千卡，按照 2007～2009 年三年平均计算的每人每日通过食物获取的热量为 2771 千卡，年均增加 4 千卡，年递增率

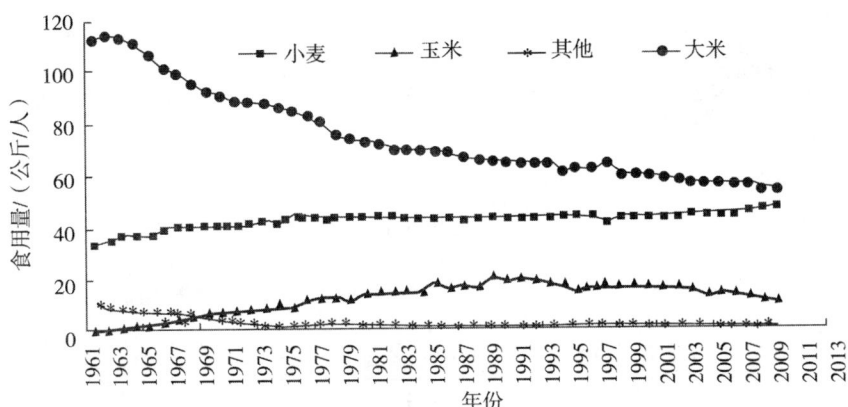

图 11-9　日本四类谷物人均食用量变化

0.16％。日本每人每日食物营养量变化情况详见表 11-5。

表 11-5　日本每人每日食物营养量年度变化

时间	总营养量（A）		植物性食物营养量（B）		大米营养量		大米热量占比/%		大米蛋白质占比/%	
	热量/千卡	蛋白质/克	热量/千卡	蛋白质/克	热量/千卡	蛋白质/克	(A)	(B)	(A)	(B)
1961 年	2524	74.0	2275	49.7	1170	20.8	46.4	28.1	51.4	41.9
2009 年	2723	89.6	2158	39.0	581	10.3	21.3	11.5	26.9	26.4
初期平均	2568	75.4	2298	49.4	1172	20.8	45.6	51.0	27.6	42.1
末期平均	2771	90.4	2199	39.5	593	10.5	21.4	27.0	11.7	26.7
年度平均	2804	89.5	2283	43.1	793	14.1	28.3	34.7	15.7	32.7
年均增量	4.3	0.3	−2.1	−0.2	−12.3	−0.2	−0.5	−0.5	−0.3	−0.3
递增率/%	0.16	0.39	−0.10	−0.49	−1.47	−1.47	−1.63	−1.38	−1.86	−0.99

注："初期平均"指本表所列年份最初三年年度平均值，"末期平均"指本表所列年份最后三年年度平均值

资料来源：根据 FAO 数据库历年数据整理并计算

　　日本人以植物性食物为主，大米占有重要位置，为全国人民提供了重要的食物保障，从营养角度来看也是如此，但已经明显下降。按照 1961～1963 年三年平均计算，日本人食用大米获得的热量为 1172 千卡，按照 2007～2009 年三年平均计算，大米热量下降到593 千卡，年均下降 12.3 千卡，年递增率−1.47％。同期，大米还提供了 20.8 克和 10.5克的蛋白质及一定量的植物性脂质。据此计算，大米为日本人提供的热量占食物总热量的比重由 45.6％下降到 21.4％，占植物性食物热量的比重由 51.0％下降到 27.0％。大米为日本人提供的蛋白质占蛋白质总量的比重由 27.6％下降到 11.7％，大米为日本人提供的蛋白质占植物性食物蛋白质的比重由 42.1％下降到 26.7％。由此可见，在大米食物量不断下降的过程中，日本国民大米营养在整个食物营养和植物性食物营养供给中已经稳定地处在不断下降过程中。日本每人每日通过大米获取的热量与蛋白质长期变化情况详见图11-10。

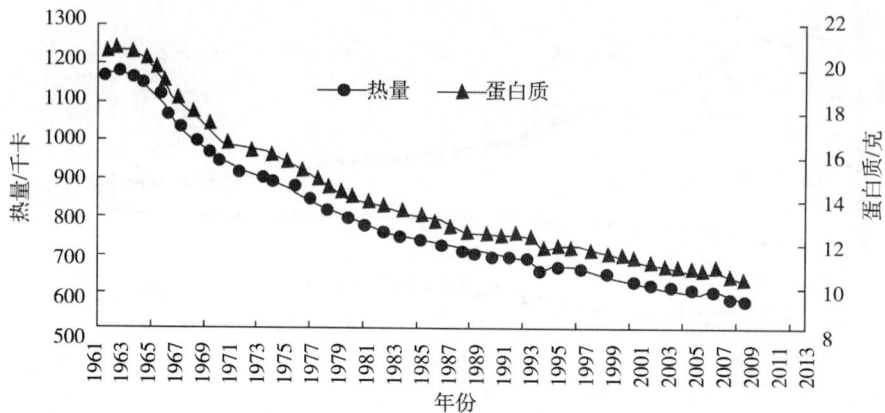

图 11-10　日本每人每日大米营养量变化

11.5　市场贸易

大米市场分为国内市场与国际市场。在国内市场上，通过价格变化来反映国内大米市场变化走势。在国际市场上，主要通过价格和贸易量的变化来反映该国大米在国际大米市场上的地位及其变化情况。

11.5.1　国内大米价格

(1)多品种多地区糙米批发价格年度变化。根据统计数据，得到日本 2009～2012 年全国各地糙米直接交易价格数据，据此计算日本国内大米批发价格，结果表明，2012 年日本国内糙米平均批发价格为每公斤 33.2 元(已折算成人民币)，与 2009 年持平，但高于2010 年和 2011 年。日本国内不同产地、不同品种的糙米批发价格年度变化情况详见表 11-6。

表 11-6　日本糙米批发价格年度变化

产地	糙米批发价格/(日元/60 公斤)				糙米价格/(元/公斤)			
	2009 年	2010 年	2011 年	2012 年	2009 年	2010 年	2011 年	2012 年
平均	14 470	12 711	13 626	15 744	33.0	27.4	28.0	33.2
北海道 a	13 669	11 196	12 772	14 767	31.2	24.1	26.3	31.1
北海道 b	13 803	11 549	12 604	14 828	31.5	24.9	25.9	31.3
青森 a	13 780	11 300	12 204	14 562	31.5	24.4	25.1	30.7
青森 b	13 454	10 912	11 719	14 079	30.7	23.5	24.1	29.7
岩手 a	14 374	12 065	12 880	14 867	32.8	26.0	26.5	31.4
岩手 b	13 910	11 904	12 996	15 383	31.8	25.7	26.7	32.4
岩手 c	13 671	11 048	—	15 282	31.2	23.8	—	32.2
宫城 a	14 526	12 044	12 977	15 310	33.2	26.0	26.7	32.3
宫城 b	14 871	12 119	13 512	15 996	34.0	26.1	27.8	33.7
宫城 c	13 294	10 940	—	15 523	30.4	23.6	—	32.7
秋田 a	14 603	12 457	13 386	15 789	33.3	26.9	27.5	33.3
秋田 b	13 694	11 582	—	16 111	31.3	25.0	—	34.0

续表

产地	糙米批发价格/(日元/60 公斤)				糙米价格/(元/公斤)			
	2009 年	2010 年	2011 年	2012 年	2009 年	2010 年	2011 年	2012 年
山形	13 914	11 700	12 654	14 879	31.8	25.2	26.0	31.4
福島 a	14 149	12 486	13 384	14 315	32.3	26.9	27.5	30.2
福島 b	15 005	13 646	15 017	16 518	34.3	29.4	30.9	34.8
福島 c	13 894	11 472	12 913	14 446	31.7	24.7	26.5	30.5
茨城	14 388	13 070	14 632	16 028	32.9	28.2	30.1	33.8
栃木 a	14 235	12 680	13 556	15 801	32.5	27.3	27.9	33.3
栃木 b	13 085	10 883	—	15 353	29.9	23.5	—	32.4
千葉 a	14 360	12 907	14 494	16 429	32.8	27.8	29.8	34.6
千葉 b	13 517	11 480	—	16 148	30.9	24.8	—	34.1
長野	14 732	13 660	15 167	16 282	33.6	29.5	31.2	34.3
新潟 a	16 286	15 653	17 139	18 645	37.2	33.8	35.2	39.3
新潟 b	22 866	21 685	22 472	23 945	52.2	46.8	46.2	50.5
新潟 c	13 952	12 628	—	16 203	31.9	27.2	—	34.2
富山 a	14 721	13 786	14 799	16 394	33.6	29.7	30.4	34.6
富山 b	14 223	12 426	—	15 599	32.5	26.8	—	32.9
石川	14 556	13 313	14 727	16 466	33.2	28.7	30.3	34.7
福井	14 934	13 400	15 120	16 403	34.1	28.9	31.1	34.6
三重	14 639	13 138	15 271	16 498	33.4	28.3	31.4	34.8
滋賀 a	14 617	13 277	14 699	16 555	33.4	28.6	30.2	34.9
滋賀 b	14 133	11 889	13 669	15 596	32.3	25.6	28.1	32.9
鳥取 a	14 518	13 161	13 753	16 250	33.2	28.4	28.3	34.3
鳥取 b	13 981	12 111	13 033	15 182	31.9	26.1	26.8	32.0
島根	14 510	13 206	14 135	16 356	33.1	28.5	29.1	34.5
岡山 a	13 299	11 982	—	16 369	30.4	25.8	—	34.5
岡山 b	12 410	11 089	12 557	15 119	28.3	23.9	25.8	31.9
広島	14 532	12 085	13 565	15 590	33.2	26.1	27.9	32.9
德島	14 359	12 845	14 434	17 008	32.8	27.7	29.7	35.9
福岡	14 079	12 224	12 055	14 996	32.2	26.4	26.6	31.6
大分	14 066	12 016	13 116	15 725	32.1	25.9	27.0	33.2
宮崎	15 227	13 878	—	18 587	34.8	29.9	—	39.2

注：表中小写英文字母表示各产地不同水稻品种。汇率折算系数：每 100 日元兑换人民币，2009 年为 7.2986 元，2010 年为 7.7274，2011 年为 8.1060，2012 年为 7.9032

资料来源：根据《日本农林水产省统计月报》(各期)有关数据整理计算

(2)日本大城市精米零售价格月度变化。根据日本农林水产省统计数据，分析日本东京和大阪精米零售价格数据表明，2012 年全年(1～11 月)，东京精米零售价格每公斤 73.5 元(人民币)，同比 2011 年(1～12 月)72.4 元，每公斤上涨了 1.0 元，上涨幅度 1.41％。大阪 2012 年零售价格每公斤 66.7 元，比 2011 年全年 64.1 元上涨了 2.6 元，上涨幅度 4.05％。2011～2012 年日本大城市精米零售价格月度变化情况详见表 11-7。

表 11-7　日本大城市精米零售价格月度变化

时间	2012 年		2011 年		2012 年增量		2012 年增率/%	
	东京	大阪	东京	大阪	东京	大阪	东京	大阪
1 月	73.4	62.6	72.0	63.1	1.3	−0.5	1.86	−0.80
2 月	73.4	65.3	73.4	66.8	0.0	−1.5	−0.02	−2.27
3 月	71.9	67.2	72.9	66.8	−1.0	0.4	−1.42	0.57
4 月	73.4	67.6	73.8	63.3	−0.4	4.3	−0.52	6.80
5 月	75.3	65.7	72.8	63.3	2.5	2.4	3.44	3.80
6 月	73.8	68.3	73.8	63.3	0.0	5.1	−0.01	8.00
7 月	74.1	67.8	71.3	63.3	2.8	4.6	3.99	7.20
8 月	72.0	66.7	71.3	64.3	0.7	2.4	0.97	3.74
9 月	73.6	67.8	71.4	63.3	2.2	4.6	3.10	7.20
10 月	74.1	67.3	72.9	65.0	1.2	2.3	1.70	3.50
11 月	73.1	67.3	71.3	65.0	1.8	2.3	2.57	3.50
12 月	—	—	72.4	61.7	—	—	—	—
全年	73.5	66.7	72.4	64.1	1.0	2.6	1.41	4.05

注：本表中"2012 年增率"之外的项目单位为"元/公斤"

资料来源：根据《日本农林水产省统计月报》（各期）有关数据整理计算

日本是世界重要的大米进口国家，而日本大米出口量却不大，其价格变化，尤其是进口大米的价格变化，对世界大米市场的走势有重要影响。

在国际大米市场，日本大米国际贸易的重要地位因进口大国而有特别重要性。按照 1986～2010 年平均（包括无数据的年份），每年出口大米平均 1.26 万吨，进口量年均 23.6 万吨。在 2000 年以前，出口量和进口量都很少，此后，进口量剧增。自 1986 年以来，日本大米进出口贸易变化情况详见表 11-8。

表 11-8　日本大米进出口贸易变化

年份	出口			进口		
	数量/万吨	金额/万美元	价格/（美元/吨）	数量/万吨	金额/万美元	价格/（美元/吨）
1986	0.006	22	3476.2	0.63	156	247.8
1987	0.003	18	5333.3	0.62	170	271.5
1988	0.002	16	7045.5	0.44	141	318.0
1989	0.002	12	7176.5	0.57	211	367.6
2000	3.44	1164	338.0	45.8	19 283	421.4
2001	6.06	1097	181.1	42.3	13 378	316.5
2002	—			54.5	18 104	332.4
2003	2.27	635	279.7	57.7	20 416	353.8
2004	4.84	1282	264.9	54.4	29 749	546.7
2005	1.20	562	467.0	61.2	26 242	429.1
2006	2.23	967	433.7	50.3	26 256	521.8
2007	1.86	997	537.4	52.9	30 677	579.8
2008	4.04	1971	487.6	47.9	34 532	721.2

续表

年份	出口			进口		
	数量/万吨	金额/万美元	价格/(美元/吨)	数量/万吨	金额/万美元	价格/(美元/吨)
2009	1.69	1381	818.1	57.7	56 376	977.6
2010	3.81	2742	718.9	64.0	50 088	783.1
年数/个	14	14	14	15	15	15
年均	2.25	919	409.0	39.4	21 719	551.4
1986~2010 平均	1.26	515	409.0	23.6	13 031	551.4

资料来源：根据 FAO 数据库历年数据整理并计算

　　长期来看，1961~2010 年，日本大米国际贸易量变化情况如图 11-11 所示，已经明显地由有所出口变成大量进口大米，而且进口量年度间的波动也有所加大。

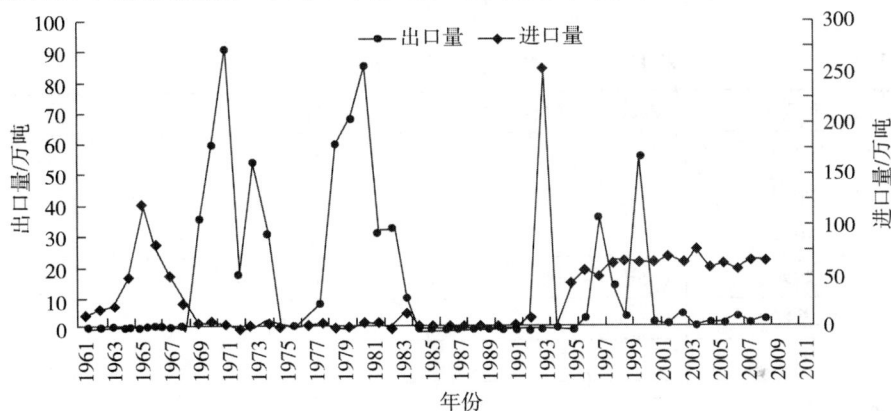

图 11-11　日本大米国际贸易量长期变化

11.5.3　进口来源

　　1986~2010 年（包括无数据的年份），日本总共从 11 个国家进口，长期年均进口大米 236 319 吨，按照实际进口年份（不包括无数据的年份），长期年均进口大米 393 865 吨。按照 25 年平均计算，第 1 位美国，占 50.07%；第 2 位泰国，占 22.53%；第 3 位中国，占 14.01%；第 4 位澳大利亚，占 6.93%；第 5 位越南，占 6.31%。按照 1986~2010 年年度平均计算，日本进口大米的国家和地区的分布情况详见表 11-9。

表 11-9　日本长期进口大米的国家和地区

位次与国家和地区		1986~2010 年平均/吨	占比/%	累比/%
1	美国	118 337	50.07	50.1
2	泰国	53 240	22.53	72.6
3	中国	33 101	14.01	86.6
4	澳大利亚	16 386	6.93	93.5
5	越南	14 910	6.31	99.9
6	乌拉圭	194	0.08	99.9

位次与国家和地区		1986～2010年平均/吨	占比/%	累比/%
7	巴基斯坦	90	0.04	100.0
8	印度	30	0.01	100.0
9	意大利	29	0.01	100.0
10	巴西	2	0.00	100.0
11	新加坡	1	0.00	100.0

资料来源：根据FAO数据库历年数据整理并计算

从2008～2010年近三年日本进口大米的情况来看，按照三年平均计算，日本总共从7个国家进口大米，每年平均进口56.5万吨。第1位美国，占55.178%；第2位泰国，占35.21%；第3位中国，占9.15%；第4位越南，占0.41%；第5位巴基斯坦，占0.55%。日本进口大米的国家和地区的分布情况详见表11-10。

表 11-10 日本近期进口大米的国家和地区

位次与国家和地区		2008～2010年平均/吨	占比/%	累比/%
1	美国	311 700	55.17	55.17
2	泰国	198 926	35.21	90.37
3	中国	51 681	9.15	99.52
4	越南	2323	0.41	99.93
5	巴基斯坦	260	0.05	99.98
6	印度	70	0.01	99.99
7	意大利	51	0.01	100.00

资料来源：根据FAO数据库历年数据整理并计算

11.5.4 出口去向

与大米进口来源相比，日本大米出口去向的分布十分分散。1986～2010年，共向91个国家出口大米，年均出口量12 585吨，每年平均向每个国家出口大米138吨。日本大米出口去向，第1位尼泊尔，占8.52%；第2位毛里塔尼亚，占6.46%；第3位加纳，占6.45%；第4位尼日尔，占5.62%；第5位马达加斯加，占5.26%。1986～2010年，日本出口大米的前50位国家和地区的分布情况详见表11-11。

表 11-11 日本长期出口大米的国家和地区

位次与国家和地区		1986～2010年平均/吨	占比/%	累比/%
1	尼泊尔	1073	8.52	8.52
2	毛里塔尼亚	813	6.46	14.98
3	加纳	812	6.45	21.43
4	尼日尔	707	5.62	27.05
5	马达加斯加	661	5.26	32.30
6	蒙古	633	5.03	37.33

续表

位次与国家和地区		1986～2010 年平均/吨	占比/%	累比/%
7	几内亚	621	4.93	42.26
8	塞内加尔	585	4.65	46.91
9	贝宁	511	4.06	50.98
10	老挝	490	3.90	54.87
11	坦桑尼亚	476	3.78	58.65
12	马里	434	3.45	62.10
13	刚果	370	2.94	65.04
14	安哥拉	350	2.78	67.82
15	莫桑比克	343	2.73	70.54
16	科特迪瓦	342	2.72	73.26
17	圣多美和普林西比	311	2.47	75.73
18	柬埔寨	303	2.41	78.14
19	佛得角	294	2.33	80.47
20	孟加拉国	236	1.88	82.35

资料来源：根据 FAO 数据库历年数据整理并计算

从 2008～2010 年日本近年出口大米的情况看，日本每年出口量 31818 吨，共向 56 个国家和地区出口大米。出口去向，第 1 位尼日尔，占 19.19%；第 2 位尼日尔，占 12.16%；第 3 位马里，占 11.37%；第 4 位蒙古，占 10.21%；第 5 位科特迪瓦，占 6.72%。2008～2010 年，日本出口大米的国家和地区的分布情况详见表 11-12。

表 11-12　日本近期出口大米的国家和地区

位次与国家和地区		2008～2010 年平均/吨	占比/%	累比/%
1	尼泊尔	6107	19.19	19.194
2	尼日尔	3869	12.16	31.352
3	马里	3617	11.37	42.719
4	蒙古	3249	10.21	52.929
5	科特迪瓦	2139	6.72	59.653
6	几内亚	1922	6.04	65.692
7	坦桑尼亚	1770	5.56	71.255
8	海地	1275	4.01	75.261
9	刚果民主共和国	1200	3.77	79.033
10	冈比亚	1200	3.77	82.804
11	乌干达	1001	3.15	85.950
12	贝宁	936	2.94	88.892
13	刚果	888	2.79	91.682
14	几内亚比绍	746	2.34	94.026

位次与国家和地区		2008～2010 年平均/吨	占比/%	累比/%
15	中国香港	460	1.45	95.472
16	中国内地	418	1.31	96.785
17	新加坡	212	0.67	97.451
18	孟加拉国	143	0.45	97.900
19	老挝	116	0.36	98.263
20	菲律宾	110	0.35	98.609

资料来源：根据 FAO 数据库历年数据整理并计算

11.6 展　望

日本是世界上重要的水稻生产国家，基于国家粮食安全的需求，日本严格管制水稻生产和大米流通，由于耕地下降等原因，日本水稻生产不断下降，预计日本水稻生产仍将缓慢下降，但下降速度会有所放缓。

日本是一个大米消费大国，在提供国民营养、解决贫困人口主食供应等方面都具有重要价值。随着大米人均食用量长期持续减少，即使在总人口不断增加的情况下，国内大米食用量和人均食用量都将缓慢下降。

与许多其他国家相比，日本国内大米价格总体上与国民收入水平不相适应，价格长期居高，加上对国内大米流通变相管制，价格有所上涨，但上涨较为稳定有序。

在国际大米市场上，日本大米出口量不大，估计出口量增长速度不会很快，作为重要的大米进口国家，预计进口量仍将有所增加，但年度波动将会更大。

致　　谢

本书得到农业部现代农业产业技术体系建设专项资金资助。同时得到浙江大学"985工程"和浙江省"现代农业与农村发展研究"创新团队项目支持。